# MONUMENTA
# POLONICA

# MONUMENTA POLONICA

## THE FIRST FOUR CENTURIES OF POLISH POETRY

A BILINGUAL ANTHOLOGY

Bogdana Carpenter

MICHIGAN SLAVIC PUBLICATIONS

© 1989 by Bogdana Carpenter
All rights reserved
Michigan Slavic Publications
Modern Language Building
Ann Arbor, Michigan 48109



Cover illustration
by Terry Butler
The University of Michigan
Marketing Communications








Michigan Slavic Materials, No. 31
ISBN 0-930042-68-9

*Ojcu*
*For my father*
*Dr. Józef Chętkowski*

Romanesque fortified church in the village of Tum, near Łęczyca, 12th c.

# ACKNOWLEDGMENTS

The preparation of this volume was made possible in part by a grant from the National Endowment for the Humanities, an independent federal agency, by a grant from the Barbara Piasecka Johnson Foundation, by a grant from The University of Michigan Rackham School of Graduate Studies, as well as a Faculty Assistance Grant from the College of Literature, Science and the Arts.

I would like to express my gratitude to several persons who generously assisted me at different stages of this anthology: my husband John who cotranslated the poems with me and edited my English texts, the late Professor Wiktor Weintraub whom I consulted extensively on the meaning and interpretation of several poems, Dr. Maria Ewelina Weintraub whose hospitality transformed the consultation into a delightful evening, Tadeusz Witkowski and his wife Lilka who typed the Polish texts and were my "computer-editors," Mr. Marian Krzyzowski who kindly helped with the printing process, and Professor Ladislav Matejka who both initiated and finalized the entire project.

The following translations are reproduced with the kind permission of their authors:

"Bogurodzica," "Easter Song," "Lament of Our Lady at the Foot of the Cross," and parts of "Conversation of a Master with Death," translated by David Welsh, reprinted from his manuscript.

Jan Kochanowski: Epigrams: "On His Linden" and "On His House in Czarnolas," "St. John's Eve," Laments IX and XVIII reprinted from *Poems*, translated by Dorothea P. Radin, Marjorie B. Peacock, Ruth E. Merrill, Hazel H. Havermale and George R. Noyes (University of California Press, 1928). Laments I, III, IV, V, VII, VIII, X, XI, and XIII translated by Adam Czerniawski and reprinted from his manuscript.

Sebastian Klonowic: "The Raftsman," reprinted from *The Boatman*, translated by Marion Moore Coleman (Alliance College, 1958). Copyright 1958 by M. M. Coleman.

Daniel Naborowski: "On the Eyes of the English Princess," translated by Harold B. Segel, reprinted from *The Baroque Poem* (E. P. Dutton, 1974). Copyright by Harold B. Segel.

Jan Andrzej Morsztyn: "Inconstancy," "On His Mistress," "To His Mistress," "On the Little Cross On a Certain Lady's Breast" and "Departure," translated by Harold B. Segel, reprinted from *The Baroque Poem* (E. P. Dutton, 1974). Copyright by Harold B. Segel.

Wacław Potocki: "What Time Finds, Time Ruins," translated by Harold. B. Segel, reprinted from *The Baroque Poem* (E. P. Dutton, 1974). Copyright by Harold B. Segel.

Stanisław Herakliusz Lubomirski: "Sonnet on the Lord's Passion," translated by Harold B. Segel, reprinted from *The Baroque Poem* (E. P. Dutton, 1974). Copyright Harold B. Segel.

Adam Naruszewicz: "The Canaries: a Fable," translated by David Welsh, reprinted from his manuscript.

Ignacy Krasicki: "Drunkennness" and "The Fashionable Wife," translated by David Welsh, reprinted from his manuscript. "Preface to the Fables," "The Philosopher," "The Lion and the Animals," "The Bigot," "The Bread and the Sword," "Charity," "The Wolf and the Sheep," and "The Lamb and the Wolves," translated by Gerard T. Kapolka, reprinted from his manuscript.

Stanisław Trembecki: "The Stag Contemplating Himself," "The Gardens of Powązki," and "The Sofiówka Estate" translated by David Welsh, reprinted from his manuscript.

Franciszek Karpiński: "To Justyna," translated by Paul Soboleski, reprinted from *Poets and Poetry of Poland* (1929). Copyright 1929 Paul Soboleski Society.

Dionizy Kniaźnin: "On Eliza," translated by David Welsh, reprinted from his manuscript.

# CONTENTS

PREFACE — xix

## PART I
## THE MIDDLE AGES

INTRODUCTION — 3

Bogurodzica * Mother of God — 7

Easter Song — 11

Lament of Our Lady at the Foot of the Cross — 15

Słota — 21
    On Table Manners — 23

A Satire on Lazy Peasants — 29

Conversation of a Master with Death — 33

Lament of a Dying Man — 61

The Soul Had Left the Body — 73

A Poem on Marriage — 75

## PART II
## THE RENAISSANCE

INTRODUCTION — 81

| | |
|---|---|
| Biernat of Lublin | 85 |
|   "There was an unusual man..." | 87 |
|   "Destiny, the most important..." | 89 |
|   Nobility Depends on Virtue | 91 |
|   He Who Holds the Sword Enjoys Peace | 93 |
| Mikołaj Rej | 95 |
|   A Short Conversation Between Three Persons, a Squire, a Bailiff, and a Parson | 99 |
|   Man—a Glass Phial | 107 |
|   Martin Luther, the Doctor | 109 |
|   Cracow's Cloth Hall: The Sukiennice | 111 |
|   Sigismund, the Bell of the Royal Castle | 113 |
|   Pranks | 115 |
|     On the Precarious Agreement | 115 |
|     The Man Who Did Not Want To Confess Because His Wife Had Confessed | 115 |
| A Christmas Carol (Anonymous) | 117 |
|   "An angel told the shepherds..." | 119 |
|   A Song (Anonymous) | 121 |
|   "A soldier goes riding through woods..." | 123 |
| Jan Kochanowski | 127 |
|   Songs | 131 |
|     II: "The heart bursts with joy..." | 131 |
|     XXIV: "Armed with an unusual not everyday quill..." | 135 |
|     XXV: "What do you want from us, Lord..." | 137 |
|   Epigrams | 141 |
|     On His Linden | 141 |
|     On His House at Czarnolas | 143 |
|     To a Maid | 145 |
|   St. John's Eve | 147 |

| | |
|---|---:|
| Laments | 159 |
|     Lament I | 159 |
|     Lament III | 161 |
|     Lament IV | 163 |
|     Lament V | 165 |
|     Lament VII | 167 |
|     Lament VIII | 169 |
|     Lament IX | 171 |
|     Lament X | 173 |
|     Lament XI | 175 |
|     Lament XIII | 177 |
|     Lament XVIII | 179 |
| | |
| **Sebastian Klonowic** | 183 |
|   The Raftsman | 185 |
| | |
| **Mikołaj Sęp Szarzyński** | 193 |
|   Sonnets | 197 |
|     Sonnet I | 197 |
|     Sonnet II | 199 |
|     Sonnet III | 201 |
|     Sonnet IV | 203 |
|     Sonnet V | 205 |
|   Song About Fridrusz | 207 |
|   Epitaph for Rome | 211 |
| | |
| **Sebastian Grabowiecki** | 213 |
|   VII: "My life, measured by a brief span as with a rope..." | 217 |
|   XCVII: "Like the ocean that has enormous depths..." | 219 |
|   CXII: "My Lord, O my Lord, how patient you are with me..." | 221 |
|   CLXXV: "When the quiet night is cooling its shadows..." | 223 |

| | |
|---|---|
| Kasper Miaskowski | 227 |
|     On a Painted Glass Goblet | 229 |
| | |
| Szymon Szymonowic | 231 |
|     The Wedding Cake | 235 |
|     Mopsus [from The Suitors] | 245 |

## PART III
## THE BAROQUE

| | |
|---|---|
| INTRODUCTION | 251 |
| | |
| Daniel Naborowski | 255 |
|     Spectacle: Calando Poggiando, Now Up, Now Down | 257 |
|     The Brevity of Life | 259 |
|     On the Same Subject | 261 |
|     To Anna | 263 |
|     On the Eyes of the English Princess | 265 |
| | |
| Hieronim Morsztyn | 267 |
|     Worldly Pleasure | 271 |
|     Steward Wealth | 273 |
|     Fortunate Years | 275 |
|     Time | 277 |
| | |
| Szymon Zimorowic | 279 |
|     Helenora | 283 |
|     Hippolyte | 285 |
|     Bineda | 287 |
|     Hiacynth | 289 |
|     Halcydis | 291 |
| | |
| Bartłomiej Zimorowic | 293 |
|     Miłosz [from The Wine Makers] | 295 |

| | |
|---|---|
| The Singers | 297 |
| Lasota [from The Matchmakers] | 301 |
| **Jan Andrzej Morsztyn** | **303** |
| Inconstancy: "The sooner will you trap the wind, small bits..." | 307 |
| On His Mistress | 309 |
| To His Mistress | 311 |
| To a Corpse | 313 |
| On the Little Cross On a Certain Lady's Breast | 315 |
| To a Butterfly | 317 |
| Bee in Amber | 319 |
| Departure | 321 |
| A Smart Maiden | 323 |
| To Walek | 323 |
| **Zbigniew Morsztyn** | **325** |
| Song of Captivity | 327 |
| Human Thought | 337 |
| The Nose | 343 |
| Emblem 8: "My heart, scorched and burned by the fire of love..." | 347 |
| Emblem 41: "My Bridegroom, into Your own holy hands..." | 349 |
| **Wacław Potocki** | **351** |
| The War of Khotim | 355 |
| What Time Finds, Time Ruins | 361 |
| Let it sleep, Drunk | 363 |
| **Wespazjan Kochowski** | **365** |
| A Monument for Brave Soldiers | 367 |
| A Curse on the Sons of the Crown | 371 |
| A Full Glass for Victory | 375 |
| Psalm XXVI | 379 |

| | |
|---|---|
| Stanisław Herakliusz Lubomirski | 385 |
|    Sonnet on the Lord's Passion | 387 |
|    Somnus | 389 |
|    Fortuna | 393 |
| A Song of the Bar Confederacy (Anonymous) | 395 |
|    A Brave Polish Soldier on the Field of Mars | 397 |

## PART IV
## THE ENLIGHTENMENT

| | |
|---|---|
| INTRODUCTION | 403 |
| Adam Naruszewicz | 407 |
|    The Dandy | 411 |
|    Song of the Charlatan at a Street Fair | 413 |
|    Grateful Acknowledgment for a Watch Received from His Majesty the King | 421 |
|    The Canaries: A Fable | 423 |
| Ignacy Krasicki | 427 |
|    "My Precious Thought, Sweet When Peaceful..." | 431 |
|    Satires | 433 |
|       Drunkenness | 433 |
|       The Fashionable Wife | 441 |
|    Fables | 453 |
|       Preface to the Fables | 453 |
|       The Philosopher | 455 |
|       The Lion and the Animals | 457 |
|       The Bigot | 459 |
|       The Bread and the Sword | 461 |
|       Charity | 463 |
|       The Wolf and the Sheep | 465 |
|       The Lamb and the Wolves | 467 |

| | |
|---|---|
| Stanisław Trembecki | 469 |
|    The Stag Contemplating Himself | 473 |
|    The Gardens of Powązki | 475 |
|    The Sofiówka Estate | 477 |
| Tomasz Kajetan Węgierski | 479 |
|    On the Advantages of Being Poor | 483 |
| Franciszek Zabłocki | 487 |
|    Denunciation | 489 |
|    On What, to Some, Is a Source of Pride | 491 |
| Julian Ursyn Niemcewicz | 493 |
|    A Building in Decay | 497 |
| Jakub Jasiński | 503 |
|    To the Nation | 505 |
| Franciszek Karpiński | 509 |
|    To Justyna. Yearnings in the Spring | 513 |
|    Mazurka | 515 |
|    Morning Song | 517 |
|    On the Lord's Nativity | 519 |
| Franciszek Dionizy Kniaźnin | 523 |
|    To the Stars | 525 |
|    The Looms | 527 |
|    The Effect of Pleasure | 531 |
|    On Eliza | 533 |
| NOTES | 535 |
| BIBLIOGRAPHY | 557 |

ILLUSTRATIONS

| | |
|---|---|
| Romanesque church in Tum | vi |
| Tombstone in Warsaw Cathedral | xviii |
| Romanesque portal in Trzebnica | xxiv |
| Romanesque door in Gniezno | 2 |
| St. Mary's in Gdańsk | 5 |
| Madonna with Child, Częstochowa | 6 |
| Christ Resurrected, Cracow | 10 |
| Resurrection | 11 |
| Crying Woman | 14 |
| *Supper at Herod's* | 20 |
| Countryside near Rzeszów | 28 |
| Adam and Eve, St. Mary's, Cracow | 32 |
| A Mask of "Death" | 33 |
| Devil, St. Mary's, Cracow | 60 |
| Woman churning butter | 74 |
| The Jagellonian University in Cracow | 78 |
| Window casements, Wawel, Cracow | 80 |
| Biernat, *The Life of Aesop* | 84 |
| Portrait of Mikołaj Rej | 94 |
| "Sigismund" Bell in Cracow | 96 |
| Sigismund Chapel in Cracow | 97 |
| *Nativity* | 116 |
| *The Battle of Orsza* | 120 |
| Portrait of Jan Kochanowski | 126 |
| Stucco decoration, Wawel, Cracow | 129 |
| *Boats on the Motława River in Gdańsk* | 182 |
| Tombstone, Kielce Cathedral | 192 |
| House in Zamość | 195 |
| Dome in Środa | 212 |
| Church facade in Gołąb | 215 |
| Wrought iron window grille, Cracow | 226 |
| House in Zamość | 230 |
| Village musician in Grębień | 233 |

| | |
|---|---|
| Organs in Leżajsk | 248 |
| Gate to Castle of Wiśnicz | 250 |
| Stucco ornament in Tarnów | 254 |
| "Allegory of the union of Gdańsk with Poland" | 266 |
| "Conversation of a Nobleman with Death," Tarłów | 269 |
| Figure in the Church in Gołąb | 278 |
| Figure of St. Barbara in Kielce | 281 |
| Tomb of Erazm Danigiel in Cracow | 292 |
| Queen Ludwika Maria Gonzaga | 302 |
| Stucco ceiling in Łańcut | 305 |
| "Death Dance," Cracow | 324 |
| *The Battle of Vienna* | 350 |
| Hussar's armor | 353 |
| Portrait of Wespazjan Kochowski | 364 |
| Panel of a bronze door, Wawel, Cracow | 384 |
| Figure of a knight, Rzeszów | 394 |
| *View of Warsaw* | 400 |
| *King Stanisław August* | 402 |
| Portrait of Adam Naruszewicz | 409 |
| Portrait of Ignacy Krasicki | 426 |
| Throne Hall, the Royal Castle, Warsaw | 429 |
| *Scenes from Court Life* by Canaletto | 468 |
| The Sibyl Temple in Puławy | 471 |
| *Krakowskie Przedmieście* by Canaletto | 478 |
| *Two Jews* by Canaletto | 481 |
| *Polish Marionettes* by Norblin | 486 |
| *Kościuszko's Oath in Cracow* by Smuglewicz | 492 |
| *Battle at Racławice* by Orłowski | 495 |
| Portrait of Jakub Jasiński | 502 |
| Mazowsze | 508 |
| *Excursion on a Lake* by Norblin | 511 |
| Portrait of Franciszek Dionizy Kniaźnin | 522 |
| Podhale region | 534 |

The tombstone of Stanisław and Janusz, last of the Mazovian princes, by Bernardino de Gianotis, 1526-1528, Warsaw Cathedral

# PREFACE

The aim of this anthology is to present the finest poems written during the first four centuries of Polish poetry. This period begins with the earliest Polish poetic text, "Bogurodzica"—the existing manuscript dates from 1407 though the poem was composed considerably earlier—and ends with poems written toward the end of the eighteenth century. These four hundred years saw a remarkable flowering of literature. The period between 1400 and 1800 was also, with the exception of its last decades, the time when Poland flourished politically. The sharp decline of the Polish Commonwealth in the eighteenth century, ending in the eventual loss of independence in 1795, marks the end of an epoch in Polish political as well as cultural history.

The Polish poetry from the Renaissance and following centuries is a significant and vital part of European poetry. Its highest achievements in the span of time represented by this anthology—the poetry of Jan Kochanowski, Mikołaj Sęp Szarzyński, Jan Andrzej Morsztyn, and Ignacy Krasicki—are on a par with the accomplishments of French, English or Italian poets, with Ronsard and La Fontaine, Donne and Pope, Gongora and Marino. In the context of Slavic cultures, the Polish poetry of the sixteenth, seventeenth and eighteenth centuries stands out as particularly advanced, both artistically and intellectually, and it frequently served as a model, especially for Russian poets. The first four centuries of Polish poetry are also essential for the understanding of what followed; they are the basis upon which nineteenth and twentieth century Polish poets have built. It is generally recognized that in Polish literature poetry is the strongest genre, and the poetry of the sixteenth, seventeenth, and eighteenth centuries confirms this view.

The anthology is intended both for the general reader interested in poetry, and also for the student of Polish literature. In addition to translations written by myself and John R. Carpenter, I have tried to gather the best translations that have appeared in English. The inaccessibility of these translations has been a great problem. Some were published long ago, went out of print, and were almost impossible for the English-speaking reader or student of Polish to find. Some were published in England, some in the United States; often they were printed in publications of limited circulation, or existed only in typescript. To the best of my knowledge no anthology of older Polish poetry is presently available. Jerzy Peterkiewicz's *Five Centuries of Polish Poetry* is useful but contains only 35 pages devoted to the pre-Romantic period, and is out of print. Sir John Bowring's *Specimens of the Polish Poets* dates from 1827, Paul Soboleski's *Poets and Poetry of Poland* had its last edition in 1929, and Watson Kirkconnell's A *Golden Treasury of Polish Lyrics* was printed in 1936. All three are dated, although one can occasionally find a fine translation still readable today.

    The anthology is divided into four sections: the Middle Ages, the Renaissance, the Baroque, and the Enlightenment. Each section is preceded by a short introduction whose purpose is to supply the necessary cultural, literary, and historical background so the anthology can be enjoyed by a reader unfamiliar with Polish literature. The arrangement of poets is chronological, according to dates of birth. Each poet—or poem in the case of anonymous texts—is preceded by a brief preface giving biographical and bibliographical data. Some poems are presented in excerpts; when there is a break in the text, this is indicated in the Polish original by brackets with dots. The footnotes contain information about the editions of Polish texts which are used, philological information, problems of translation, and explanations of biographical or historical allusions present in the texts. Thus the anthology forms a cohesive, self-contained whole, and does not require any supportive, additional reading. Those readers who are eager to explore the field in more depth might consult the bibliography.

A few words should be said about the principle of selection of these poems. The period covered by the anthology is extremely rich and varied. One of the first criteria for inclusion has been the literary quality of the text. Another was the representativeness of the texts, both for the author's style and for the style of the period. An attempt has been made to include all major authors. Although the anthology avoids second- and third-rate poets, occasionally I have included poems not because of their artistic value but because they are representative. These are limited to a minimum. Here I might mention a poem from the Bar Confederacy that is included because of its peculiar blend of Baroque style and Sarmatian ideology. Another consideration has been the translatability of the text. Poems relying on certain characteristics of the Polish language such as diminutives, for which there are no English equivalents, have been avoided. I have kept in mind, also, the appeal of the text to the foreign reader. (For example, epigrams about minor historical figures are of less interest to a foreign than a native reader.) Another criterion has been the originality of the works. Translations or adaptations of Latin or Greek poems, often of high artistic and linguistic value, have been avoided. Also none of the numerous poems written in Latin during the period are included, as they belong to a separate tradition of European neo-Latin poetry, and are not monuments of Polish literary language.

A final word should be said about the translations. About two thirds of the translations have been done by John R. Carpenter and myself, and the remaining one third is by others; a full list of these translators can be found in the acknowledgment section of the book, as well as underneath the title of each individual translation. The translations differ greatly from one another in both style and method. Some use rhyme and strict meter, some discard rhymes but preserve the syllabic regularity of lines; others discard both rhymes and syllabic count. Our own approach in the translations made for this anthology has varied from poet to poet. We have often dispensed with rhymes but employed regularity of line length in order to maintain meter, trimming a 13-syllable line to twelve or preferably ten syllables—that is, the iambic pentameter familiar in English prosody. We admit to a certain prejudice against rhymed translations, especially because rhyme can impede entry into the literal structure of the poem. Excessive concern with rhyme almost always distorts the meaning of the original, or in the best case is done at the expense of other elements in the poem such as tone, rhythm, imagery, organization, and succession of lines. In addition, it is next to impossible to rhyme the same words in English that were rhymed in the Polish original; most rhymed translations do not even attempt this. However, in the process of translation we noticed that as a result of abandoning rhymes some poets and poems fared better than others. Our solution has been a compromise, and we have tried to adapt the translation to the individual poet and individual poem. Each poem required a whole new set of decisions; in each case we have adapted the translation to the original. Our ultimate arbiter was our own ear. This is a bilinguial anthology, and the presence of Polish texts is important because they are the only "definitive" texts; even the best translations cannot match the rich texture of the originals.

    I put this anthology in the hands of the readers with some trepidation. When some five years ago I was asked by my colleague Professor Ladislav Matejka to prepare the anthology for the Michigan Slavic Publications Series, I initially refused and agreed only two years later with considerable hesitation. The project seemed indeed "monumental" and above my head. My field of research has been the twentieth century, and the only translations I had done were of contemporary poets. On the other hand, the anthology had already been given a start by the late Professor David Welsh, my predecessor at the University of Michigan and a distinguished scholar of Polish literature as well as very gifted translator. Even more important, I knew from experience how the inaccessibility of translations of older texts has hampered the study of Polish literature in American universities. My lectures, in which much time is necessarily devoted to summaries of plots and descriptions of poems, have become over the past fifteen years increasingly frustrating; the scarcity of translations makes it almost impossible to present a convincing, fair, and complete picture of pre-nineteenth century Polish literature. This pedagogical consideration was the primary reason I accepted the challenge. I know, and knew from the beginning, that such an anthology could not possibly satisfy everybody. I realize in all humility its numerous imperfections. I still hope that some of my fellow teachers will find it helpful in their classrooms, and this would be ample gratification for me.

Bogdana Carpenter

Romanesque portal of the Cistercian Church in Trzebnica, 13th c.

# I

# THE MIDDLE AGES

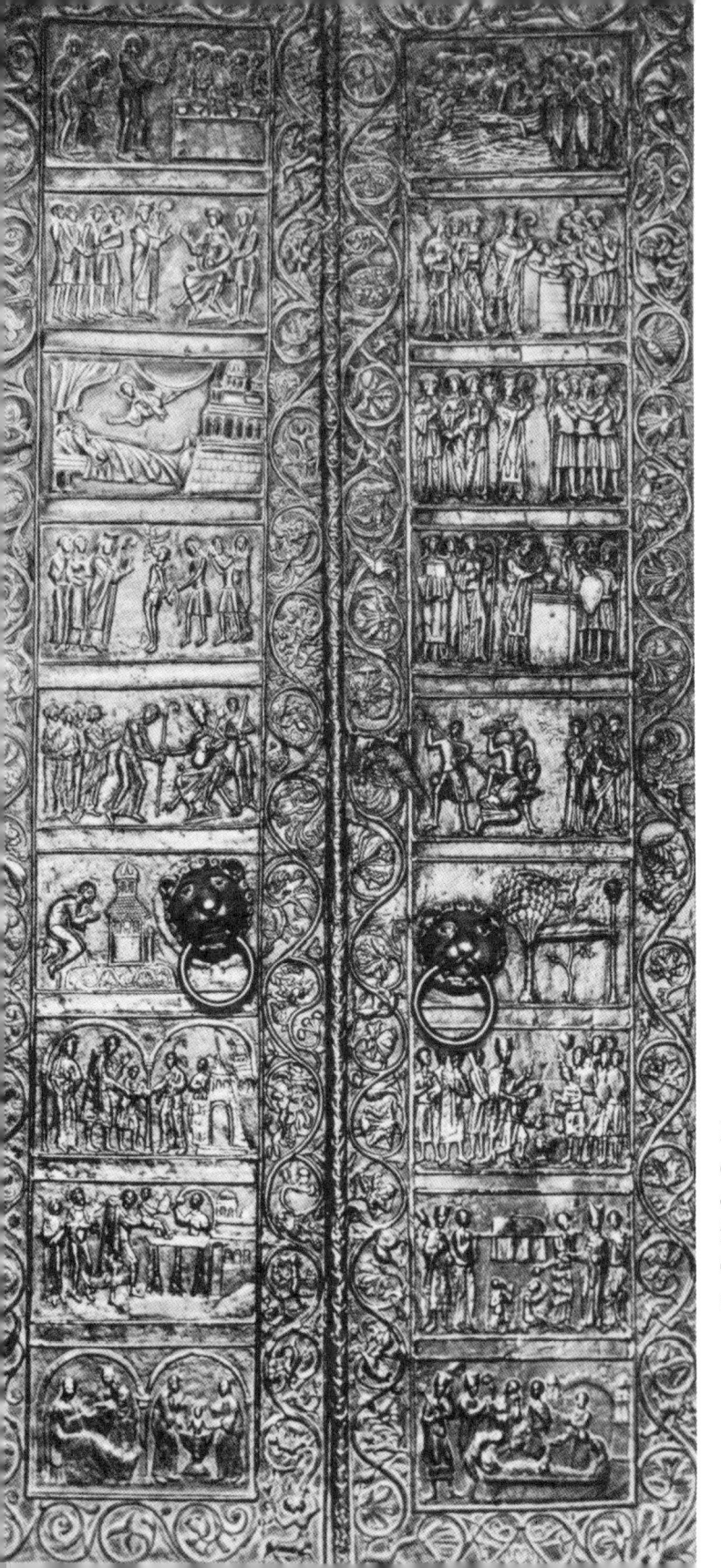

Romanesque door cast in bronze, Gniezno Cathedral, 1170

Five centuries separate the baptism of Poland in 966 and its official entry into the realm of Western civilization from the first poetic text written in vernacular Polish, "Bogurodzica." Polish medieval poetry is scarce. The official language used both by the state and the Church was Latin. Although a rich lore of oral poetry existed—folk tales, legends, and songs—the Polish poetry written prior to the fifteenth century that has been preserved consists of the two stanzas of "Bogurodzica" and a four-line "Easter Song." The fifteenth century brought more religious and secular poetry, but it was not until the second half of the sixteenth century, when the literary language was fully established, that Polish poetry truly flourished.

Polish medieval poetry lacks some of the sophisticated literary forms of its West European counterparts. The majority of the early texts were imitations of Western literature, especially Latin and Czech, although Polish authors tried to adapt concrete details to local conditions. The few extant examples of Polish medieval poetry are interesting above all as expression of religious, social, and political attitudes. They are also valuable as rare linguistic monuments, since the standard of written Polish was elaborated first in poetry, and only later in prose.

Polish medieval poetry with few exceptions is anonymous. It is impersonal and often heavily didactic. It was predominantly written by monks and priests. This explains why the religious poems outnumber secular poems, and are superior to them artistically. Due to Polish cultural conditions, secular poetry was particularly meagre. Since Poland did not have the institution of knighthood as it existed in the West, courtly literature and love poetry never developed.

The oldest Polish poetry was asyllabic. The beginnings of syllabic verse were the result of the influence of Latin poetry. Poems were written mostly in 13-syllable and 8-syllable lines. The rhymes, mostly paired and grammatical, were frequently based on assonance. Throughout the fifteenth century syllabic and asyllabic verse coexisted. Some poems such as the "Lament of a Dying Man" are surprisingly regular; others, like "Conversation of a Master with Death," are asyllabic. Most poems are syllabic but not entirely consistent.

Spelling, like versification, was another stumbling block for medieval poets. The difficulties in adapting Polish, which was very rich in sounds, to the Latin alphabet were tremendous. Orthographic rules that regularized spelling and introduced letters and diacritic marks for specifically Polish sounds—which had no equivalents in Latin—were established only in the second half of the sixteenth century. In medieval Polish for example there was no orthographic system to designate the softness of consonants, so characteristic of Polish. The soft $\acute{s}$ could be written as $s$ or $sz$, and could not be distinguished from $\acute{s}$ or $sz$. Polish texts in the present anthology are given in modern transcriptions with the exception of "Bogurodzica," which is presented both in the original and in a modernised version, thus enabling the reader to have a taste of old Polish.

Gothic Church of St. Mary's in Gdańsk, 1343-1502

Madonna with Child, 14th c., the Pauline Church in Częstochowa

## BOGURODZICA * MOTHER OF GOD
(14th century)

"Bogurodzica" is the oldest song written in Polish that has survived to the present. It has been preserved in several different manuscripts from the fifteenth and the first half of the sixteenth century. The oldest of them, the so-called Cracow Text I (Tekst krakowski I), dates from 1407, but the poem may have been composed two centuries earlier. The Cracow text (reproduced here both in the original and the modernised versions) consists of two stanzas, the first addressed to the Virgin Mary and the second to Jesus Christ. Both stanzas end with a refrain "Kyrie Eleison." The original text has been altered in other versions and enlarged by additional stanzas, manufactured for various occasions and only loosely connected to the first two. None of them have the formal compression of the original text.

The problem of the origin of "Bogurodzica" has been an object of controversy among scholars for almost a century. Critics drew attention to a convergence between "Bogurodzica" and Byzantine iconography on the one hand, and between its musical, metrical structure and Latin hymns on the other. Its language betrays the influence of Old Church Slavic and Czech as well as spoken Ruthenian. The controversy concerns also the date of its composition, and the different hypotheses range from the eleventh to the fourteenth centuries.

According to Jan Długosz, a fifteenth century Polish historian, "Bogurodzica" was sung as a *carmen patrium* in 1410 at the battle of Grunwald. During the reign of the Jagellonian dynasty it had the function of a national anthem and was sung at important official events. After falling into oblivion in the second half of the sixteenth century, it reappeared in patriotic poetry from Juliusz Słowacki to Krzysztof Kamil Baczyński.

# BOGURODZICA

*Tekst krakowski I*

Bogv rodzicza dzewicza bogem ſlawena maria
U twego ſyna goſpodzina matko ſwolena maria
Siſzczi nam ſpwczi nam Kyrieleyſon
Twego dzela krzcziczela boſzicze Uſliſz gloſi
naplen miſli czlowecze Sliſz modlitwo yoſz
noſimi A dacz raczi gegoſz proſimi a naſwecze
zbozni pobith poſziwocze raſki przebith kyrieleyſon

*Modernised version*

Bogurodzica dziewica, Bogiem sławiena Maryja,
U twego syna Gospodzina matko zwolena, Maryja!
Zyszczy nam, spu‹ś›ci nam.
    Kyrieleison.

Twego dziela Krzciciela, bożycze,
Usłysz głosy, napełń myśli człowiecze.
Słysz modlitwę, jąż nosimy,
A dać raczy, jegoż prosimy:
A na świecie zbożny pobyt,
Po żywocie ra‹j›ski przebyt.
    Kyrieleison.

MOTHER OF GOD

*Translated by David Welsh*


O Mother of God, Virgin blessed by God, Maria!
With your son, our Lord, O mother chosen, Maria!
Intercede for us, send Him to us.
    Kyrie Eleison.

For the sake of thy Baptist, O Son of God,
Hear our voices, grant the wishes of men
Hear the prayer which we offer
And deign to give what we ask,
On earth a happy sojourn,
And after life to reside in paradise.
    Kyrie Eleison.

Christ Resurrected, the Dominican Church in Cracow, 15th c.

# EASTER SONG
## (1365)

This short, four-line song was recorded in 1365. It is part of a medieval Prayer Book *(Gradual)* found in the Chapter Library in Płock. It was first published in 1899.

Resurrection, painting on glass

PIEŚŃ WIELKANOCNA

Chrystus z martwych wstał je,
ludu przykład dał je,
eż nam z martwych wstaci,
z Bogiem krolewaci.

EASTER SONG

*Translated by David Welsh*


Christ from the dead is risen,
To the people an example is given,
That we are to rise from the dead
To reign with God.

Crying Woman, a wood sculpture

# LAMENT OF OUR LADY AT THE FOOT OF THE CROSS
## (c. 1450)

The anonymous *Lament of our Lady at the Foot of the Cross (Żale Matki Boskiej pod krzyżem)*, known variably as *Planctus (Płacz)* or *Lament of the Holy Cross (Lament swiętokrzyski)*, was part of a manuscript that contained five songs *(Pieśni łysogórskie)*, four of them devoted to the Virgin Mary and one to Jesus Christ. The manuscript used to belong to the monastery of the Holy Cross on Łysa Góra, but was lost during the second World War. The song included here is the first and artistically the most accomplished of the five songs. Conjectures have been made that the song was part of a mystery play. Its directness and simplicity, as well as the presentation of Saint Mary in purely human categories as a grieving mother, confers upon the poem its exceptional lyric power.

## ŻALE MATKI BOSKIEJ POD KRZYŻEM

Posłuchajcie, bracia miła!
Chcęć wam skorzyć, krwawa głowa;
Usłyszycie moj zamątek,
Jen mi się stał w wielki piątek.

Pożałuj mię stary, młody,
Boć mi przyszły krwawe gody:
Jednegociem syna miała
I tegociem ożelała.

Zamęt ciężki dostał się mnie ubogiej żenie,
Widząc rozkrwawione me miłe narodzenie;
Ciężka moja chwila, krwawa godzina,
Widząc niewiernego żydowina,
Iż on bije, męczy mego miłego syna.

Synku miły i wybrany,
Rozdziel z matką swoją rany;
A wszakom cię synku miły w swem sercu nosiła,
A takież tobie wiernie służyła.
Przemow k matce, bych się ucieszyła;
Bo już idziesz odemnie, moja nadzieja miła.

Synku, bych cię nisko miała,
Niecoć bych ci wspomagała:
Twoja głowka krzywo wisa, toć bych ją podparła;
Krew po tobie płynie, toć bych ją utarła;
Picia wołasz, piciać bych ci dała,
Ale nielza dosiąc twego świętego ciała.

# LAMENT OF OUR LADY AT THE FOOT OF THE CROSS

*Translated by David Welsh*


Hearken to me, dear brothers,
I wish to lament this blood-stained head;
listen to the affliction which befell me
on Good Friday.

Pity me, young and old,
A celebration of blood has come upon us;
I had but one son,
And I weep for him.

A heavy affliction has befallen me, a poor woman,
Seeing my birthright blood-stained;
grievous was the moment, bloody the hour,
seeing the infidel Jew
beat and torment my beloved Son.

O my son, sweet, singled out,
share your sufferings with your mother;
I bore you close to my heart, dear son,
and served you truly.
Speak to your mother, console my grief;
now that you are deserting me and all my dearest hopes.

O my little son, if I had you closer,
I would help you somehow:
your dear head hangs awry, I would support it;
blood flows from you, I would cleanse it away;
you cry for water, I would give you to drink
but I cannot reach your holy body.

O angiele Gabryjele,
Gdzie jest ono twe wiesiele,
Cożeś mi go obiecował tako barzo wiele,
A rzekący: panno! pełna jeś miłości!
A ja pełna smutku i żałości;
Sprochniało we mnie ciało i moje wszytki kości.

Proścież Boga, wy miłe i żądne maciory,
By wam nad dziatkami nie były takie to pozory,
Jele ja nieboga ninie dziś zeźrzała
Nad swym, nad miłem synem krasnym,
Iż on cirpi męki, niebędąc w żadnej winie.

Nie mam ani będę mieć inego,
Jedno ciebie, synu, na krzyżu rozbitego.

    O angel Gabriel,
where is that joy
of which you promised me so much,
saying: O Virgin thou art filled with love!
yet I am filled with grief,
my body has rotted within me, and all my bones.

    Implore God, you sweet and mourning mothers,
that such a fate may never befall your children,
which I, a poor woman, now witness
befalling my beloved son,
as he suffers torment yet is guiltless.

    I have no other and shall have no other son,
only Thou, stretched upon the cross.

*Supper at Herod's* by an unknown painter, 15th c.

# SŁOTA: ON TABLE MANNERS
## (c. 1400)

The poem "On Table Manners" is the oldest Polish secular poem. All we know about its author, Przecław Słota or Złota, is that he was burgrave of Poznań in the years 1398-1400. The poem, composed of 114 lines, was preserved in a copy from 1410-20. It was found in the nineteenth century by Alexander Brückner in St. Petersburg, among manuscripts that had belonged to the Załuski library; he had it published in 1891 in its original sequence. A new arrangement proposed by Bruckner in 1926 is thematically more consistent, since the poem is in fact composed of two separate parts which were mixed together in the manuscript: the first part speaks of table manners, while the second is a dithyramb in honor of women. The manuscript was destroyed during the second World War.

The poem is similar to other texts on the same subject that were written in Latin, French, German, and Czech. This peculiarly Polish "treatise on manners," a kind of medieval *savoir vivre*, is written in a simple, didactic style. It uses 8-syllable lines, albeit inconsistently. The rhymes, paired and even triple, are mostly grammatical and often approximate.

# O ZACHOWANIU SIĘ PRZY STOLE
(Fragmenty)

[G]ospodnie! Da mi to wiedzieć,
Bych mogł o tem czso powiedzieć,
O chlebowem stole.
Zgarnie na się wszytko pole,
Czso w sto[do]le i tobole,
Czsole się na niwie zwięże,
To wszytko na stole lęże.
Przetoć stoł wieliki świeboda:
Staje na nim piwo i woda,
I k temu mięso i chleb,
I wiele jinych potrzeb,
Podług dostatka tego,
Ktole może dostać czego.
    Z jutra wiesioł nikt nie będzie —
Aliż gdy za stołem siędzie,
Toż wszego myślenia zbędzie;
A ma z pokojem sieść,
A przytem się ma najeść.
A mnogi idzie za stoł,
Siędzie za nim jako woł,
Jakoby w ziemię wetknął koł;
Nie ma talerza karmieniu swemu,
Eżby ji ukroił drugiemu,
A grabi się w misę przod,
Iż mu miedźwno jako miod —
Bogdaj mu zaległ usta wrzod!
A je z mnogą twarzą cudną,
A będzie mieć rękę brudną,
Ana też ma k niemu rzecz obłudną.
A pełną misę nadrobi.
Jako on, co motyką robi.
Sięga w misę prze drugiego,

## ON TABLE MANNERS
(Excerpts)


    My Lord! Let me learn
About the bread table
So I may speak of it.
It gathers up the entire field—
What is in the barn, or the sack,
Everything that sprouts in the earth
Will find its way to the table.
Thus the table is a grand lord:
Beer and water stand on it,
Plenty of meat as well as bread
And other necessary things.
According to his wealth and means
Each person puts there what he can.
    In the morning no one is happy
Until he sits at the table
And puts aside all his thoughts.
He should sit calmly
And eat his fill.
Many a one goes to the table,
Sits there like an ox
Or a stake driven in the ground.
He does not take his own plate,
He does not slice food for others
But he is first to grab from the bowl;
To him it tastes sweet as honey—
May an abcess spread in his mouth!
He eats in the company of ladies,
Yet his hands are dirty
And they pretend not to see.
He crumbles the food in his bowl
Like a man working with a hoe.
He reaches across others,

Szukaję kęsa lubego,
Niedostojen nic dobrego.
. . . . . . . . . . . . . . . . .

   Panny, na to się trzymajcie,
Małe kęsy przed się krajcie!
Tako panna, jako pani
Ma to wiedzieć, czso się gani;
Lecz rycerz albo panosza
Czci żeńską twarz, toć przysłusza.
Czso masz na stole lepszego przed sobą,
Czci ją, iżby żyła z tobą.
Bo, ktoć je chce sobie zachować,
Będą ji wszytki miłować
I kromie oczu dziękować.
Ja was chwalę, panny, panie,
Iż przed wami niczs lepszego nie.
Boć jest korona czsna pani;
Przepaść by mu, kto ją gani.
Ot Matki Boże tę moc mają,
Iż przeciw jim książęta wstają
I wielką jim chwałę dają.
Boć paniami stoji wiesiele,
Jego jest na świecie wiele —
I ot nich wszytkę dobroć mamy,
Jedno na to sami dbajmy.
I toć są źli, co jim szkodzą,
Bo nas ku wszej czci przywodzą.
Kto nie wie, przecz by to było,
Ja mu powiem, ać mu miło.
Ktokoli czsną matkę ma,
S niej wszytkę cześć otrzyma.
Prze nię mu nikt nie nagani;
Teć ma moc każda czsna pani,
Przetoż je nam chwalić słusza,
W kiem jeść koli dobra dusza.

Looking for the best morsels;
He does not deserve anything!

. . . . . . . . . . . . . . . . . . . .

   Maidens, always follow this rule,
Cut the pieces before you small!
The maiden, as well as the lady,
Must know what is improper.
As for you, knights and squires,
Respect women, it is your duty.
Serve her the finest morsels
So she will want to live with you!
Do it to win their favors,
They all love a courteous man
And thank him not only with their eyes.
I praise you, ladies and maidens,
For there is nothing better than you.
A virtuous woman is like a crown,
May he perish who speaks ill of her.
They have this power from the Virgin Mary,
At their sight princes rise to their feet
And show them great respect.
The ladies bring us joy,
The world is full of it;
All goodness comes from them,
But we must give it care.
Women bestow honor on us
And those who hurt them are evil.
If someone does not know this,
I can explain it to him:
The man with a virtuous mother
Receives all his honor from her;
Thanks to her no one offends him.
Such is the virtuous woman's power.
It becomes all of us to praise them,
All who have an honest soul.

Ktokoli czci żeńską twarz,
Matko Boża, ji tym odarz:
Przymi ji za sługę swego,
Schowaj grzecha śmiertnego
I też skończenia nagłego.
Przymicie to powiedanie
Prze waszę cześć, panny, panie!
Też, miły Gospodnie moj,
S ł o t a, grzeszny sługa twoj,
Prosi za to twej miłości,
Udziel nam wszem swej radości! Amen.

O Mother of God, reward the one
Devoted to the gentler sex.
Accept him as Your servant,
Shield him from mortal sin
And from sudden death.
Accept this poem
In your honor, ladies and maidens!
Also, my dear Lord,
Your sinful servant Slota
Asks Your love and mercy.
Bestow upon all of us Your joy! Amen.

# A SATIRE ON LAZY PEASANTS
(second half of the 15th century)

The manuscript of this anonymous poem, dated 1483, has been preserved in the library of a Cracow chapter house, and was published for the first time in 1874. The poem is an interesting document about social relations in Poland. Although it satirizes the peasants and is written from the point of view of a master with his particular interests, its tone is humorous, not bitter or sermonizing. Constructed as a series of vignettes illustrating a peasant's reluctance to work for his master—sleeping late, using defective tools, or sneaking behind a bush to take a nap—the author's main purpose is to entertain. The poem, composed of only 26 verses is written in eight-syllable lines and pairs of simple rhymes.

## SATYRA NA LENIWYCH CHŁOPÓW

Chytrze bydlą z pany kmiecie,
Wiele się w jich siercu plecie:
Gdy dzień panu robić mają,
Częstokroć odpoczywają,
A robią silno obłudnie:
Jedwo wynidą pod południe,
A na drodze postawają,
Rzekomo pługi oprawiają;
Żelazną wić doma złoży,
A drzewianą na pług włoży;
Wprzągają chory dobytek,
Chcąc zlechmanić ten dzień wszytek:
Bo umyślnie na to godzi,
Iż się panu źle urodzi.
Gdy pan przydzie, dobrze orze —
Gdy odydzie, jako gorze;
Rzekomoć mu pług orać nie chce;
Namysłem potraci kliny,
Stoji na roli, w lemiesz klekce:
Bieży do chrosta po jiny;
Szedw do chrosta za krzem leży,
Nierychło zasię wybieży.
Mnimać każdy człowiek prawie,
By był prostak na postawie,
Boć się zda jako prawy wołek,
Alić jest chytry pachołek.

## A SATIRE ON LAZY PEASANTS

Peasants are sly with their masters,
In their hearts they brew many things.
On the day they labor for their lord
They like to take frequent rests,
And as they work they greatly cheat.
They hardly come out before noon
And make many stops on the way,
Pretending they are fixing ploughs.
They leave the iron ring at home,
Put in a wooden one instead.
They harness cattle that are sick,
Eager to idle away the day.
The peasant purposefully wants
The master's harvest to be bad.
If the master comes—how he ploughs!
The master leaves—he wants to rest.
The plough, it seems, no longer works,
The cotter pin was lost on purpose.
He stops, knocks against the ploughshare,
Runs to the woods for a new pin,
Once there lies down behind a bush
And does not come back soon to work.
Everyone is right to think him
A simpleton in appearance
Because he looks like a real ox,
But he is a cunning fellow.

Adam and Eve, altar of Wit Stwosz,
15th c., St. Mary's Church in Cracow

# CONVERSATION OF A MASTER WITH DEATH
## DE MORTE PROLOGUS
(15th century)

*The Conversation of a Master with Death (Rozmowa mistrza Polikarpa ze Śmiercią)*, which has a subtitle *De Morte Prologus*, is the longest known specimen of secular versification in medieval Polish literature. The fifteenth century manuscript was preserved in Płock, but disappeared during World War II. The poem is an adaptation from a Latin work in prose entitled *Colloquium inter Mortem et Magistrum Polycarpum*. Compared to its Latin model, the Polish version is considerably more lively and humorous. The poem is anchored in Polish reality and full of picturesque details. The tone is set by Death, a "horrible figure...of a female kind" who is at the same time full of verve, has a quick mind, and an even quicker temperament. Her sharp tongue gives the poem a satirical edge. The Polish version (498 lines) breaks off unfinished, though there is an Old Russian version dating from the end of the sixteenth century, from which the ending of the Polish text has been reconstructed by scholars. The excerpt of the Polish version presented in this anthology reproduces a modernised text.

# ROZMOWA MISTRZA POLIKARPA ZE ŚMIERCIĄ

*DE MORTE PROLOGUS*

    Gospodzinie wszechmogący,
Nade wszytko stworzenie więcszy,
Pomoży mi to działo słożyć,
Bych je mogł pilnie wyłożyć
Ku twej fały rozmnożeniu,
Ku ludzkiemu polepszeniu!
    Wszytcy ludzie, posłuchajcie,
Okrutność śmirci poznajcie! —
Wy, co jej nizacz nie macie,
Przy skonaniu ją poznacie.
Bądź to stary albo młody
Żadny nie ujdzie śmiertelnej szkody;
Kogokoli śmierć udusi,
Każdy w jej szkole być musi;
Dziwno się swym żakom stawi,
Każdego żywota zbawi.
Przykład o tem chcę powiedzieć,
Słuchaj tego, kto chce wiedzieć!
Polikarpus, tak wezwany,
Mędrzec wieliki, mistrz wybrany,
Prosił Boga o to prawie,
By uźrzał śmierć w jej postawie.
Gdy się moglił Bogu wiele,
Ostał wszech ludzi w kościele,
Uźrzał człowieka nagiego,
Przyrodzenia niewieściego,
Obraza wielmi skaradego,
Łoktuszą przepasanego.
Chuda, blada, żołte lice
Lści się jako miednica;
Upadł ci jej koniec nosa,

# CONVERSATION OF A MASTER WITH DEATH

*Translated in part by David Welsh*

O Almighty Lord,
Above all things
Help me compose this work,
So I may compile it diligently
To the multiplication of Thy glory
And to the betterment of man!
    Hearken, all ye people,
You shall learn the cruelty of Death!
You who hold her for naught
On your deathbed shall know her.
Young or old,
None shall escape mortal harm.
Death ends all men,
All must attend her school;
She amazes her pupils,
Takes every life.
I wish to provide an example,
Let he who wishes to know, listen!
Policarp by name
A great sage, excellent master,
Earnestly begged the Lord
To behold Death in person.
As he prayed to God,
All men left the church
And he beheld a naked figure
Of the female kind,
A figure very horrible
Wrapped in a white cloth,
Thin, pale, with yellow features,
Gleaming like a cannikin;
The tip of its nose had fallen off,

Z oczu płynie krwawa rosa;
Przewiązała głowę chustą,
Jako samojedź krzywousta;
Nie było warg u jej gęby,
Poziewając skrżyta zęby;
Miece oczy zawracając,
Groźną kosę w ręku mając;
Goła głowa, przykra mowa,
Ze wszech stron skarada postawa —
Wypięła żebra i kości,
Groźno siecze przez lutości.
Mistrz widząc obraz skarady,
Żołte oczy, żywot blady,
Groźno się tego przelęknął,
Padł na ziemię, eże stęknął.
Gdy leżał wznak jako wiła,
Śmierć do niego przemowiła:
— Czemu się tako barzo lękasz?
Wrzekomoś zdrow, a [w]żdy stękasz!
Pan Bog tę rzecz tako nosił,
Iżyś go o to barzo prosił,
Abych ci się ukazała,
Wszytkę swą moc wzjawiła;
Otoż ci przed tobą stoję,
Oglądaj postawę moję:
Każdemu się tak ukażę,
Gdy go żywota zbawię.
Nie [lę]kaj się mie tym razem,
Iż mię widzisz przed obrazem;
Gdy przydę, namilejszy, k tobie,
Tedy barzo zeckniesz sobie:
Zableszczysz na strony oczy,
Eż ci z ciała pot poskoczy;
Rzucęć się, jako kot na myszy,
Aż twe sirce ciężko wdyszy.
Otchoceć się z miodem tarnek,

Bloody tears were flowing from its eyes;
Its head tied up in a cloth,
Like a cannibal with bloody mouth;
No lips to its visage,
Yawning, it gnashed its teeth
Casting around its eyes,
A threatening scythe in one hand:
Bare-headed, of disagreeable presence,
All in all a loathsome figure—
It showed its ribs and bones,
Reaped threateningly, ruthlessly.
The Master, seeing this image of nastiness,
Yellow eyes, pallid belly,
Greatly terrified
Fell down and groaned.
As he lay like a fool,
Death spoke to him:
—Why fear you so?
You look healthy, yet you groan!
The Lord has brought to pass
That for which you begged Him,
That I should appear to you
In all my might,
And here I stand before you.
Look well upon me:
Thus do I appear to each man
When I take his life.
Fear not this time,
Seeing me before you;
When I come, my beloved, to you,
You will swoon away,
Gaze around you
Sweat bursting from your body;
I shall pounce on you like a cat on a mouse,
So your heart will sigh,
You will spurn plums in honey

Gdyć przyniosę jadu garnek —
Musisz ji pić przez dzięki;
Gdy pożywiesz wielikiej męki,
Będziesz mieć dosyć tesnice,
Odbędziesz swej miłośnice.
Ostań tego wszech, tobie wielę,
Przez dzięki cię z nią rozdzielę.
Mow ze mną, boć mam działo,
Gdyć się ze mną mowić chciało;
Widzisz, iżem ci robotnica —
Czemu cię wzięła taka tesnica?
Ma kosa wisz, trawę siecze,
Przed nią nikt nie uciecze.
Wstań, mistrzu, odpowiedz, jestli umiesz!
Za po polsku nie rozumiesz?
Snać ci *Sortes* nie pomoże,
Przelęknąłeś się, nieboże!
Już odetchni, nieboraku,
Mow ze mną, ubogi żaku,
Nie boj się dziś mojej szkoły,
Nie dam ci czyść epistoły.

MAGISTER RESPONDIT:

    Mistrz przemowił wielmi skromnie:
Lęknąłem się, eż nic po mnie.
Ta mi rzecz barzo niemiła,
Iżeś mię tako postraszyła;
By była co przykrego przemowiła,
Zerwałaby się we mnie każda żyła;
Nagle by mię umorzyła
I duszę by wypędziła.
Proszę ciebie, ostąp mało,
Boć nie wiem, coć mi się stało:
Mgleję wszytek i bladzieję.
Straciłem zdrowie i nadzieję;

When I bring you a jug of poison—
You must drink it despite yourself;
When you know the great torment,
You will have a surfeit of love
And you will abandon your mistress.
Leave all this, I tell you,
For I will sever you from her by force.
Speak, for I have other business,
If you would speak with me;
You see how industrious I am—
Why has such grief come upon you?
My scythe reaps bulrushes, grass,
Before it none escapes.
Arise, Master, reply if you can,
Or do you not understand Polish?
Be sure, Socrates will not help you,
You are paralysed with fright, poor wretch!
Breathe easily, miserable man!
Speak to me, poor student,
Do not fear my school today,
I shall not give you lesson to read!

MAGISTER RESPONDIT:

    The Master spoke very modestly:
—I was afraid it was my end.
It is disagreeable to me
That you alarm me thus:
Had you said anything nasty
All my veins would have burst:
Suddenly you would have killed me
And driven out my soul.
I beg you, step aside a little
For I know not what has come over me:
I faint and turn pale,
Am sick and hopeless;

Racz rzucić od siebie kosę,
Ać swoję głowę podniosę!

MORS DICIT:

Darma, mistrzu, twoja mowa,
Tegom ci uczynić nie gotowa;
Dzirżę kosę na reistrze,
Siekę doktory i mistrze,
Zawżdy ją gotową noszę,
Przez dzięki noclegu proszę.
Wstań ku mnie, możesz mi wierzać,
Nie chcęć się dzisia zniewierzać!
    Wstał mistrz jedwo lelejąc się,
Drżą mu nogi, przeleknął się.

MAGISTER DICIT:

Miła Śmierci, gdzieś się wzięła,
Dawno liś się urodziła?
Rad bych wiedział do ostatka,
Gdzie twoj ociec albo matka.

MORS DICIT:

Gdy stworzył Bog człowieka,
Iżby był żyw eż do wieka,
Stworzył Bog Jewę z kości
Adamowi ku radości.
Dał jemu moc nad zwierzęty,
By panował jako święty;
Podał jemu ryby z morza
Chcąc go zbawić wszego gorza;
Polecił mu rajskie sady
Chcąc ji zbawić wszej biady.
To wszytko w jego moc dał,

Pray, cast away that scythe
So I may raise my head.

MORS DICIT:

You speak in vain, Master;
I am not prepared to do so;
I hold my scythe in readiness,
I chop down doctors and masters.
I always carry it ready,
With it I ask for lodging.
Rise to me, you can trust me,
I do not wish to betray your trust today.
    The Master rose staggering.
His legs shook, he was afraid.

MAGISTER DICIT:

Dear Death, whence come you?
Were you born long ago?
I would like to know everything:
Where are your father and your mother?

MORS DICIT:

When God created man
That He might live forever,
God created Eve from a bone
For the pleasure of Adam.
He gave him power over the beasts,
That he might rule as a saint;
He gave him the fish of the sea
Wishing to spare him all misery;
He gave him the garden of Paradise
Wishing to spare him all woe.
He gave him all that power,

Jedno mu drzewo zakazał,
By go owszejki nie ruszał
Ani się na nie pokuszał,
Rzeknąc jemu: «Jedno ruszysz,
Tedy pewno umrzeć musisz!»
Ale zły duch Jewę zdradził,
Gdy jej owoc ruszyć radził.
Ewa się ułakomiła,
Śmiałość uczyniła;
W ten czas się ja poczęła,
Gdy Ewa jabłko ruszyła;
Adamowi jebłka dała,
A ja w onem jebłk[u] była.
Adam mie w jebłce ukusił,
Przeto przez mię umrzeć musił;
W tem Boga barzo obraził,
Wszytko swe plemię zaraził.

MAGISTER DICIT:

Miła Śmirci, racz mi wzjewić,
Przecz chcesz ludzie żywota zbawić,
Czemu twą łaskę stracili.
Zać co złego uczynili?
Chcem do ciebie pczty nosić,
Aby się dała przeprosić;
Dał bych dobry kołacz upiec,
Bych mogł przed tobą uciec.

MORS DICIT:

Chowaj sobie poczty swoje,
Rozdraźnisz mię tyle dwoje!
W pocztach ci ja nie korzyszczę,
Wszytki w żywocie zaniszczę.
Chcesz li wiedzieć statecznie,

Only one tree He forbade him
To touch at all
Or ever to reach for,
Saying to him: 'If you but touch
Then assuredly you must die!'
But the evil spirit betrayed Eve,
And suggested she should take the fruit.
Eve was greedy,
Undertook this bold deed,
And then was I conceived.
When Eve took the apple
She gave the apple to Adam,
I was within that apple,
Adam tasted me,
On my account he had to die;
In this he greatly incensed God
And infected all his tribe.

MAGISTER DICIT:

Sweet Death, deign to reveal to me
Why you seek to take man's life,
Why have men forfeited your mercy?
What evil have they done to you?
We would bring you gifts
That you might forgive us.
I would give you a good cake to feast on
If I could escape you.

MORS DICIT:

Keep your gifts,
You double my hostility;
I will not take advantage of your gifts,
I will utterly destroy them.
If you wish earnestly to know

Powiem tobie przezpiecznie:
Stworzyciel wszego stworzenia
Pożyczył mi takiej mocy,
Bych morzyła we dnie i w nocy.
Morzę na wschod, na południe,
A umiem to działo cudnie;
Od połnocy do zachodu
Chodzę nie pytając brodu.
Toć me nawięcsze wiesiele,
Gdy mam morzyć żywych wiele:
Gdy się jimę z kosą plęsać,
Chcę jich tysiąc pokęsać.
Toć jest mojej mocy znamię —
Morzę wszytko ludzkie plemię:
Morzę mądre i też wiły,
W tym skazuję swoje siły;
I chorego, i zdrowego,
Zbawię żywota każdego;
Lubo stary, lubo młody,
Każdemu ma kosa zgodzi;
Bądź ubodzy i bogaci,
Wszytki ma kosa potraci;
W [o] jewody i czestniki,
Wszytki świeckie miłostniki,
Bądź książęta albo grabie,
Wszytki ja pobierzę k sobie.
Ja z krola koronę zemknę,
Za włosy ji pod kosę wemknę;
Też bywam w cesarskiej sieni,
Zimie, lecie i w jesieni.
Filozofi i gwiazdarze,
Wszytki na swej stawiam sparze —
Rzemieślniki, kupce i oracze,
Każdy przed mą kosą skacze;
Wszytki zdradźce i lifniki
Zostawię je nieboszczyki.

I will tell you boldly:
The Lord of all creation
Endowed me with power
To slaughter by day and by night.
I slaughter from east to south
And can miraculously do so.
From north to west
I slaughter without considering age.
My greatest delight is
When I have to slaughter many;
When I set my scythe dancing
I reap them by the thousand.
This is my sign—
I slaughter the entire human race
I slaughter the wise and the foolish,
Thus demonstrate my powers;
Both sick and well,
I take the life of every man;
Whether old or young
My scythe takes all;
Whether poor or rich
My scythe takes every man.
Palatines and cup-bearers,
All worldly loves,
Whether prince or duke,
I gather them all unto myself.
I take the king's crown,
I cut off his hair with my scythe;
I also dwell in royal chambers
By winter, summer and in autumn.
Philosophers and astrologers,
I lay my net for them all—
Craftsmen, merchants and ploughmen,
All cringe before my scythe;
All traitors and usurers
I leave them as dead bodies.

Karczmarze, co źle piwa dają,
Nie często na mię wspominają;
Jako swe miechy natkają,
W ten czas mą kosę poznają;
Kiedy nawiedzą mą szkołę,
Będę jim lać w gardło smołę.
Jedno się poruszę,
Wszytki nagle zdawić muszę:
Naprzod zdawię dziewki, chłopce,
Aż się chłop po sircu zmiekce.
Ja zabiła Goliasza,
Annasza i Kaifasza;
Ja Judasza obiesiła
I dw[u] łotru na krzyż wbiła;
Alem kosy naruszyła,
Gdym Krystusa umorzyła,
Bo w niem była Boska siła.
Ten jeden mą kosę zwyciężył,
Iż trzeciego dnia ożył;
Z tegom się żywotem biedziła,
Potem jużem wszytkę moc straciła.
   Mam moc nad ludźmi dobremi,
Ale więcej nade złemi;
Kto nawięcej czyni złości,
Temu złamię kości.
Chcesz li, jeszcze wzjawię tobie,
Jedno bierz na rozum sobie:
Powiem ci o mej kosie,
Jedno jej powąchaj w nosie,
Chcesz li spatrzać, jako ostra.
Zapłacze nad tobą siostra,
Mistrzostwać nic nie pomogą,
W ocemgnieniu wezdrzysz nogą;
Jedno wyjmę z puzdra kosy,
Natychmiast zmienisz głosy.
Dał ci mi to Wszechmogący,

Inn-keepers who sell bad beer
Do not like to recall me;
As they fasten their money-bags,
Then they recognize my scythe;
When they visit my school
I shall pour pitch down their throats.
Do I but stir
I must choke one and all;
First I choke girls and lads,
Until the lad's heart fails him.
I slew Goliath,
Ananias and Caiphas;
I hanged Judas
And nailed two scoundrels to the Cross.
But I broke my scythe
When I put Christ to death,
For in Him was God's strength.
He alone vanquished my scythe,
For He arose on the third day;
I struggled for that life
But then lost all my power.
   I have power over good folk,
But more over the wicked;
He who does most evil,
I break his bones.
If you wish I will reveal yet more to you,
Only bear in mind:
I will tell you of my scythe,
Only take a sniff of it
You would see how sharp it is,
Your sister will weep over you;
Your mastery will be no help,
In a moment your legs will fail you
I have but to take my scythe,
Instantly you will change your tone.
The Almighty gave me it

Bych morzyła lud żywiący;
Zawżdy wsłynie moja siła:
Jam obrzymy pomorzyła,
Salomona tak mądrego,
Absolona nadobnego,
Sampsona wielmi mocnego
I Wietrzycha obrzymskiego.
Ja się nad niemi pomściła,
A swą kosę ucieszyła;
Jać też dziwy poczynam,
Jedny wieszam, drugie ścinam.

MAGISTER RESPONDIT:

Jać nie wiem, z kim się ty zbracisz,
Gdy wszytki ludzie potracisz;
Gdy wszytki ludzic posicczcsz,
A gdzież sama ucieczesz?
Wżdyć trzeba ludzkiej przyjaźni,
By cię zgrzeli w swojej łaźni,
Aby się w niej napociła,
Gdyby się urobiła —
A potem lepiej [czyniła].

MORS DICIT:

Owa, ja tu ciebie zmyję,
W ocemgnieniu zetnę szyję.
Czemu się tako z rzeczą wciekasz,
Snać tu jutra nie doczekasz!
Mowisz mi to tako śmiele,
Utnęć szyję i w kościele!
Otoż, mistrzu barzo głupi,
Nie rozumiesz o tej kupi:
Nie korzyszczęć ja w odzieniu
Ani w nawięcszem jimieniu;

To slaughter living people.
My power is famed everywhere:
I have slain giants,
Solomon the wise,
Absolom the handsome,
Samson the most powerful
And Dietrich the giant of Berne.
I slew them
And took pleasure in my scythe;
I also work wonders,
One I hang, the others I cut down.

MAGISTER RESPONDIT:

I know not with whom you fraternize
Since you cut down every man;
Since you reap all persons,
Wherein lies your pleasure?
After all, human friendship is necessary,
To warm you in your bath
So you can sweat in it
After working hard—
Then you will work even better.

MORS DICIT:

Come now, I will polish you off,
Cut your throat in a moment.
Why stick your nose in these matters,
You will not live to see the morrow!
You say all this so boldly to me,
I will cut off your head even in the church!
Look you here, you very stupid Master,
You know nothing of this trade:
I will not profit from your clothing
Nor from your greatest property;

Twe rozynki i migdały
Zawżdyć mi za mało stały;
Eksamity i postawce—
Tych się mnie nigdy nie chce.
W grzechu się ludzkiem kocham,
A tego nigdy nie przeniecham;
Duchownego i świeckiego,
Zbawię żywota każdego;
A każdego morzę, łupię,
O to nigdy nie pokupię:
Kanonicy i proboszcze
Będą w mojej szkole jeszcze,
I plebani z miąszą szyją,
Jiżto barzo piwo piją,
I podgardłki na pirsiach wieszają;
Dobre kupce, rostocharze,
Wszytki moja kosa skarze;
Panie i tłuste niewiasty,
Co sobie czynią rozpasty,
Mordarze i okrutniki,
Ty posiekę nieboszczyki;
Dziewki, wdowy i mężatki
Posiekę je za jich niestatki;
Szlachcicam bierzę szypy, tulce,
A ostawiam je w jenej koszulce;
Żaki i dworaki,
Ty posiekę nieboraki;
Wszytki, co na ostre gonią,
Biegam za nimi z pogonią;
Kto się rad ku bitwie miece,
Utnę mu rękę i plece,
Rozdzielę ji z swoją miłą,
A ostawię ji prawym wiłą;
Chcę mu sama trafić włosy,
Iże zmieni głosy.

I do not care a whit
For your nuts and almonds,
Samites and precious linens—
These I never want.
I am in love with human sin
And that I never spurn;
Of priest or commoner
I take the life of each;
And each one I slaughter, slay,
For this I never pay the price;
Canons and priests
Will yet attend to my school,
And vicars with thick necks
Who drink much beer,
And hang chokers around their necks;
Good merchants, horse-dealers,
My scythe punishes them all;
Ladies and fat females
Who are dissolute,
Murderers and robbers
I render into dead bodies;
Girls, widows and married women,
These I cut down for their sins;
I take the quivers and arrows from gentlefolk
And leave them but with one shirt;
Pages and courtiers,
These unfortunates I cut down too;
All who ride briskly,
These I chase in pursuit,
He who gladly rushes into battle,
I cut his hand and shoulder,
I will sunder him from his beloved
And make a fool out of him,
Myself I will dress his hair
Until he changes his tune.

MAGISTER DICIT:

By mię chciała trocha słuchać,
Chciał bych cię nieco pytać:
Czemu się lekarze stają,
Gdy z twej mocy nie wybawiają
I też powiedają,
Eże wieliką moc zioła mają?

MORS RESPONDIT:

Otoć każdy lekarz faści,
Nie pomogą jego maści;
Pożywają mistrzostwa swego,
Poki nietu czasu mego;
A poki jest wola Boża,
Poty człowick praw niczboża.
Nie pomogą apoteki,
Przeciw mnie żadne leki,—
A wżdy umrzeć każdy musi,
Kto jich lekarstwa zakusi;
Na mały czas mogą pomoc,
Iż niemocny weźmie swą moc.
A wżdy koniec temu będzie,
Gdy lekarz w mej szkole siędzie,
Bowiem przeciw śmirtelnej szkodzie,
Nie najdzie ziela na ogrodzie.
Darmo pożywasz lubieszczka,
Jużci zgotowana deszczka;
Nie pomoże kurzenie piołyna,
Gdy przydzie moja godzina;
Nie pomogą i szełwije —
Wszytko śmirć przez ługu zmyje.
Jać nie dbam o żadne ziele,
A wżdy już lat przeszło wiele,
Gdy pożywam swego państwa,

MAGISTER DICIT:

If you will deign to listen to me,
I would like to ask you something:
For what do doctors serve
If they cannot save us from your might?
Yet they claim
That herbs have great power.

MORS RESPONDIT:

Well, every doctor cheats;
Their ointments do not help.
They use their learning
Until my time has come,
And as long as it is God's will,
Man is free from misfortune.
Pharmacies are of no avail,
There is no remedy against me—
Each one who takes his medicine
Still has to die.
For a short while they help
The sick man regain his strength,
But all of it will end
When the doctor sits in my school;
For in his garden he will find no herb
Against a mortal sickness.
In vain will you take lovage,
My board is prepared for you.
Nor will the spirit of wormwood help
When my hour arrives,
Sage will not help either—
Death will easily wash everything away.
I do not take any herbs
Yet I enjoy my dominion;
The years continue to pass,

A nie dbam o żadne lekarstwa;
Swe poczwy nad ludźmi stroję,
A wżdy w jenej mierze stoję.
Morzę sędzie i podsędki,
Zadam jim wielikie smętki.
Gdy swą rodzinę sądzą,
Często na skazaniu błądzą;
Ale gdy przydzie sąd Boży,
Sędzia w miech piszczeli włoży —
Już nie pojedzie na roki,
Czyniąc niesprawnie otwłoki,
Co przewracał sądy wierne,
Bierząc winy nieumierne,
Bierząc od złostników dary,
Sprawiając jich niewiery —
To wszytko będzie wzjawiono
I ciężko pomszczono.

MAGISTER DICIT:

Proszę ciebie, słuchaj tego,
A niechaj mowienia swego.
Twoja kosa wszytki siecze,
Tako szlachtę, jako kmiecie;
Dawisz wszytki przez lutości,
Nie czyniąc żadnej miłości.
Chciał bych oto mowić z tobą:
Mogł-li bych się skryć przed tobą,
Gdy bych się w ziemi chował
Albo twardo zamurował?
Żali bych uszedł twej mocy,
Gdy bych strzegł we dnie i w nocy?
Temu bych uczynił wrożę
I postawił dobrą strożę.

Still I do not care about medicine.
I play my tricks on people,
But I myself remain the same age.
I kill judges and magistrates,
I inflict great grief on them.
When they judge their own family
They often err in the verdict,
But when God's judgment comes,
Then the judge sings small:
He will no longer go to trials
Or delay the terms of a sentence,
Overturn verdicts that are just,
Impose excessive fines
Or accept gifts from criminals,
Acquitting them of their lies;
All of this will be unmasked,
And harshly avenged.

MAGISTER DICIT:

Please stop talking, I beg you,
And listen to me.
Your scythe cuts down everyone,
Both gentlefolk and peasants;
Pitilessly you strangle all
And never bestow any love.
I would like to ask you this:
Could I escape from you
If I hid in the ground,
Or tightly walled myself up?
Could I elude your power
If I kept watch both day and night?
For this I would build a tower,
And place a good guard there.

MORS DICIT:

Chcesz–li tego skosztować,
Dam ci się w żelezie skować
I też w ziemi zakopać —
Ale cię pewno potrzepię,
Jed[no] sobie kosę sklepię;
Uwijaj się, jako umiesz,
Aza mej mocy ujdziesz...
Jużem ci naostrzyła kosę,
A darmo jej nie podnoszę,
Ciebie ją podgolić muszę.

MAGISTER DICIT:

Miła Śmierci, nie mow mi tego,
Zbawisz mię żywota mego;
Już ci nie wiem, coć mi się złego stało:
Głowa mi się wkoło toczy,
Z niej chcą wypaść oczy.

MORS DICIT:

Czemu się tak wiele przeciwiasz,
Mirziączki ze mną nabywasz!
Nikt się przede mną nie skryje,
Wszytkiem żywem utnę szyje.
Sama w lisie jamy lażę,
Wszytki liszki w zdrowiu każę:
Za kunami lażę w dzienie,
Łupieże dam na odzienie;
Ja dawię gronostaje
I wiewiorkam się dostaje;
Jać też kosą siekę wilki,
Sarny łapam drugiej filki,
Przez płoty chłopie

MORS DICIT:

If you wanted to try,
I could put you in chains
And bury you in the ground;
But assuredly I will strike you,
Let me only get my scythe ready—
Struggle as you may,
Still you will not escape my power.
Now I have sharpened my scythe
And I do not lift it for nothing;
I will have to snuff you out.

MAGISTER DICIT:

Dear death, do not tell me this,
You are taking my life away;
Already I do not know what is happening,
My head spins,
My eyes are about to fall out.

MORS DICIT:

Why are you so quarrelsome?
You provoke my anger!
No one can hide from me,
I will cut the throats of all the living.
I go myself into fox dens
And destroy the foxes there.
I follow martens into their burrows,
And give away their hide for clothing;
Ermines I strangle
And squirrels get their share as well.
With my scythe I slaughter wolves,
The next moment I catch a deer,
I chase cranes and buzzards

Gonię żorawie i dropie;
Z gęsi też wypędzam [duszki?]
Pierze dawam na poduszki —
Zwierzęta i wszytki ptaki
Ja posiekę, nieboraki.
Cokoli martwym niosą,
Ci bylim pod mą kosą —
   Przetoć ten przykład przywodzę:
Każdego w żywocie szkodzę.
By się podnosił na powietrze,
Musisz płacić świętopietrze.
Jen ma grody i pałace,
Każdy przed mą kosą skacze;
By też miał żelazna wrota,
Nie ujdzie ze mną kłopota.
Wszytki sobie za nic ważę,
Z każdego duszę wydłażę:
Stoić za mało papież
I naliszszy żebrak takież;
Kardynały i biskupy —
Zadam jim wielikie łupy,
Pogniatam ci kanoniki,
Proboszcze, sufragany,
A ni mam o to przygany;
Wszytki mnichy i opaty
Posiekę przez zapłaty. [...]

Over peasants' fences;
I drive the life out of geese
And give their feathers for pillows—
I kill the animals
And all birds, the poor devils.
Whatever dead are being carried away,
They were under my scythe.
   I give you proof:
I destroy the life of everyone.
Even if you could lift yourself into the air,
You would have to pay Peter's pence.
He who has castles and palaces
Leaps in front of my scythe.
Even if he had an iron gate,
He could not escape harm from me.
No one receives my respect,
I will squeeze the soul out of each one;
The pope counts as little
As the most miserable beggar.
Cardinals, and bishops—
I will give them a thrashing.
I crush the canons,
Parish priests, diocesan bishops
And I get no blame for this—
I kill all the monks
And abbots for free.

Devil, altar of Wit Stwosz, 15th c., St. Mary's Church in Cracow

# LAMENT OF A DYING MAN
(c.1424)

According to some scholars this anonymous poem is a Polish adaptation of the Czech song, "O rozdělení duše s tělem" (On the separation of the soul from the body). It has been preserved in two manuscripts from the 15th century. The first, earlier text, the so-called Płock version, written in eight-syllable lines with paired rhymes, is composed of 23 four-line stanzas, each one beginning with a successive letter of the alphabet. The second, so-called Wrocław version, comes from the second half of the fifteenth century, is considerably shorter, and has the form of a dialogue. It is followed by folk song, "The Soul Has Left the Body" ("Dusza z ciała wyleciała"). Both versions were published for the first time in the nineteenth century. The poem as well as the song very likely constituted part of a funereal ritual. The present anthology gives the earlier version of the poem, but it includes the short folk song from the Wrocław manuscript. The poem is an example of nearly perfect syllabic consistency.

## SKARGA UMIERAJĄCEGO

### 1A

Ach! Moj smętku, ma żałości!
Nie mogę się dowiedzieci,
Gdzie mam pirwy nocleg mieci,
Gdy dusza z ciała wyleci.

### 2B

Byłem z młodości w rozkoszy,
Nie usłałem swojej duszy,
Już stękam, już mi umrzeci,
Dusza nie wie, gdzie się dzieci.

### 3C

Com miał jimienia na dworze,
Com miał w skrzyni i w komorze,
To mi wszytko opuścici,
Na wieki się nie wrocici.

### 4D

Dziatki z matką narzekają,
Bracia mię rzkomo żałują,
Ku jimieniu przymierzają,
Na mą duszę nic nie dbają.

# LAMENT OF A DYING MAN

### 1A

Ah, my grief! And my great sorrow!
How will I be able to learn
Where I am to spend the first night,
When my soul has left the body?

### 2B

Before, when young, I sought pleasure,
I prepared no place for my soul.
Now I groan, it is time to die:
The soul does not know where to go.

### 3C

Coffers and chests inside my house,
All of the wealth of my estate,
Everything will abandon me,
Never will it return to me.

### 4D

Day and night my children lament,
And their mother; my brothers grieve
But with their eyes measure my wealth,
They have no concern for my soul.

### 5E

Eja, eja, dusza moja,
Ocuci się, dawnoś spała,
Nie masz wierniejszego k sobie,
Uczyń dobrze sama sobie!

### 6F

Fałszywy mi świat powiedał,
Bych ja długo żyw byci miał;
Wczora mi tego nie powiedał,
Bych ja długo żyw byci miał.

### 7G

Gdzie ma siła, ma robota?
Głupiem robił po ty lata:
Ośm miar płotna, siedm stop w grobie,
Tom tylo wyrobił sobie.

### 8H

Halerzem łakomo zbierał,
Swoj żywot rozpustnie chował:
Prze ty dwa bogi przeklęta
Nie czciłem żadnego święta.

### 9I

Jałmużnym nędznym nie dawał,
Ofierym Bogu nie czynił,
Ni z pirwiny, ni z nowiny
Bogum nie dał z siebie winy.

### 5E

End your sleep, my soul, and awake;
For too long have you slumbered here.
You are most loyal to yourself,
You must do well unto yourself!

### 6F

False world! It would often tell me
That I will live for a long time.
But yesterday it did not say
That I will live for a long time.

### 7G

Gone is my strength and my labor,
Foolishly I worked all these years.
Eight lengths of linen, seven of grave—
So much did I earn for myself.

### 8H

How greedily I sought thalers,
How licentious was my life.
Because of these two cursed gods
I never honored holidays.

### 9I

I did not give alms to the poor,
I made no offering to God;
With harvest's first fruits and tilling
I would never give God His due.

## 10K

Kędy to moj rozum głupi!
Sobiem był szczodr, Bogu skąpy:
Com kiedy Bogu poślubił,
Tegom nigdy nie uczynił.

## 11L

Leży ciało, barzo stęka,
Duszyca się barzo lęka,
Bog się z liczby upomina,
Diabeł na grzechy wspomina.

## 12M

Młotcm moje pirsi biją.
Dusza nie śmie wynić szyją:
Widzi niebo zatworzone,
Widzi piekło otworzone.

## 13N

Niegdzie się przed Bogiem skryci,
Dusza nie śmie przed sąd jici,
Widzi niebo zatworzone,
Widzi piekło otworzone.

## 14O

O duszyco, drogi kwiecie,
Nic droższego na tem świecie,
Tanieś się diabłu przedała,
Iżeś się w grzeszech kochała.

## 10K

Know the knavery of my reason!
I was generous with myself
But always miserly with God.
My vows to God I never kept.

## 11L

Lying spread out, the body moans.
My soul is very much afraid.
God asks I make a reckoning,
The devil recalls all my sins.

## 12M

My heart is pounding like a hammer.
My soul dares not leave through the neck;
It sees that heaven has been closed,
It sees that hell is wide open.

## 13N

Nowhere can I escape from God,
My soul dares not go to Judgment.
It sees that heaven has been closed,
It sees that hell is wide open.

## 14O

O my soul, O my dear blossom,
Nothing in the world is more dear.
You sold yourself to the devil
Because you were fond of sinning.

## 15P

Pamiętaj, coś na chrzcie ślubowała,
Gdyś się diabła odrzekała,
Jego pychy, jego działa —
Toś wszytko przestępowała.

## 16Q

Qwap się rychło ku spowiedzi,
Kapłany w swoj dom powiedzi,
Płacz za grzechy, przymi świętość,
Boże ciało, święty olej!

## 17R

Rolą z domem dziatkam podaj,
Coś urobił, za duszę daj,
Z jimienia przyjacioł nabywaj,
Coć przyłączą twą duszę w raj.

## 18S

Sbierz dłużniki i gniewniki,
Odproś, zapłać dług wszytkim,
Nie trać dusze swe o cudz pieniądz —
Iza [nie] źle w piekle gorzeć?

## 19T

Tam sam oczy moje ględzą,
Toć już trzy złe duchy widzą,
Na mię me grzechy wzjawiają,
Mej duszy sidła stawiają.

## 15P

Please recall your baptismal vow:
How you then renounced the devil,
Not only his pride but his works.
All of these you have since transgressed.

## 16Q

Quickly, hasten to confession!
Call the priests to come to your house:
Repent and receive communion,
The body of Christ, holy oil!

## 17R

Return farmlands to your children.
For your soul, give away earnings;
With your money, acquire friends
To take your soul to paradise.

## 18S

Send for your creditors to come,
Apologise and pay each one.
Do not lose your soul for money.
Is it not bad to burn in hell?

## 19T

To and fro my eyes are darting:
They can see three evil spirits
Who reveal all my sins to me.
They are setting traps for my soul.

### 20W

Wircę się, wołam pomocy,
Nikt za mię nie chce umrzeci,
Ni przyjaciel na tym świecie,
Jedno w Bodze nadzieję mieci.

### 21X

Chryste, przez twe umęczenie,
Rozprosz diable obstąpienie,
Daj duszycy przeżegnanie,
Daj ciału dobre skonanie!

### 22Y

Ja twoj synek marnotrawny,
Tyś moj ociec miłosierny.
Żal mi tego, iżem cię gniewał,
Ale ciem się nie odrzekał.

### 23Z

Zażżycież mi świeczkę ale,
Moji mili przyjaciele!
Dusza jidzie z krwawym potem;
Co mnie dzisia, to wam potem. Amen.

### 20W

Weakly I squirm, calling for help,
No one wants to die in my place.
I have no friend in this world,
All that is left is hope in God.

### 21X

Christ, because of your suffering
Put these besieging devils to flight.
Give my soul Your benediction,
Give to the body a good death.

### 22Y

You are my merciful father
While I am Your prodigal son.
I regret I offended You,
But I have not renounced You.

### 23Z

Zealous friends, light me a candle!
My soul leaves in a bloody sweat.
That which happens to me today
Will happen later on to you. Amen.

## DUSZA Z CIAŁA WYLECIAŁA...

Dusza z ciała wyleciała,
Na zielone łące stała —
Stawszy silno, barzo rzewno zapłakała.

K nie przyszedł święty Piotr arzeknący:
«Czemu, duszo, rzewno płaczesz?» —

Ona rzekła:
«Nie wola mi rzewno płakać,
A ja nie wiem, kam się podzieć».

Rzekł święty Piotr jej:
«Pojdzi, duszo moja miła!
Powiedę cię do rajskiego,
Do krolestwa niebieskiego».

## THE SOUL HAD LEFT THE BODY...

The soul had left the body
And stopped in a green meadow—
It cried pitifully where it stood.

Saint Peter came to it and asked:
"Soul, why do you cry so pitifully?"

It said:
"I do not want to cry,
But I do not know here to go."

Saint Peter said to it:
"Come, dear soul,
I will take you to paradise,
To the kingdom of heaven."

A woman churning butter

# A POEM ON MARRIAGE
*Cantilena Vulgaris*
(14th century)


The text of this popular song was found in a collection of medieval sermons, and most likely it is only a fragment of a larger whole. It was quoted in a sermon about marriage, and is sometimes referred to as "A Poem on Marriage" ("Wiersz o małżeństwie"). The sermon advises young men to select a wife not for her beauty or her money— "bargaining as if one was selling or buying a cow"—but for the qualities of her character. Beauty will go away, wealth or property can burn down or be stolen, but "with a good wife even a common and poor man can easily achieve everything." As proof, the sermon quotes a few lines from a song "that is being sung in these parts."

WIERSZ O MAŁŻEŃSTWIE

*CANTILENA VULGARIS*

Nie wybiraj, junochu, oczyma,
Ale słuchaj cichyma uszyma...
Przeradzi cię, junochu, kowanie,
A i ono liczka wychowanie;
Każdać panna po licu rumiana,
Ale patrzy, być była domowa.

A POEM ON MARRIAGE

*CANTILENA VULGARIS*


Do not choose, young man, with your eyes,
But listen with your ears quiet.
Trinkets will deceive you, young man,
And the loveliness of a face.
Every maiden is fair of face,
Be careful she is a housewife.

The Jagellonian University in Cracow

# II

# THE RENAISSANCE

Window casements by Francis the Florentine, 1502-1507, Wawel, the Royal Castle in Cracow

The Polish Renaissance coincided roughly with the sixteenth century, but its boundaries were fluid; it would be difficult to designate a single artistic or literary event as its opening or closing date. The sixteenth century, referred to in Poland as the "golden age," was a period of prosperity and relative political stability. Its first half was marked by the onset of the Reformation as well as religious and political disputes. These were solved peacefully, however, without stakes or bloodshed, though not without harsh and violent words. The Reformation in Poland was widespread but free of fanaticism and extremism. In 1573 the Diet passed an edict, the so-called Warsaw Confederacy, that guaranteed protection to all religious denominations. The climate of tolerance attracted foreigners fleeing persecution in their own countries. Such was the case of Filippo Buonacorsi Callimachus, an eminent Italian humanist and neo-Latin poet, who found shelter from papal repression at the court of the Polish bishop Grzegorz of Sanok. With the advent of the Counter-Reformation the Renaissance gradually came to an end. The last phase of the Renaissance—some forty years between 1580 and 1620—overlapped with the beginning of the Baroque.

The moderation and temperance of the Reformation could be attributed to the humanistic ideals which deeply imbued Polish Renaissance culture. Humanism came to Poland from Western Europe. Foreigners who stayed in Poland like Callimachus or the German Konrad Celtis, founder of the society *Sodalitas litteraria Vistulana*, played an important role in diffusing humanistic ideas. Even more influential were the writings of Erasmus of Rotterdam, who had many admirers in Poland. Particularly important were contacts with Italy, where many Poles travelled to study. The university of Padua alone was the alma mater to both Nicholaus Copernicus and Jan Kochanowski, to mention only its most illustrious Polish graduates.

Polish Renaissance literature reflects the age when it was written; profoundly humanistic, it strove for ideals of harmony and moral equilibrium. Socially committed, it was rarely belligerent or caustic. Its strong didactic tendency—manifest in its numerous "mirrors" of the ideal nobleman and courtier, and in other genres—was counterbalanced by a certain benevolence, humor, and lack of puritanism. The abundant epigrammatic poetry provided an outlet for another, less exemplary side of Renaissance culture that was often bawdy. An ideal of pastoral happiness was also promoted. The most accomplished expression of this can be found in Jan Kochanowski's "Song of Saint John's Eve," with its praise of life in the countryside, peace, simplicity, friendship, and family; it laid the foundations of an arcadian dream that was to become one of the most distinctive features of Polish literature.

The poetry of Mikołaj Sęp Szarzyński opened a new chapter in the Polish Renaissance. His sensibility sharply differed from that of Jan Kochanowski, even though Sęp composed his poems during the same period of time when the great Renaissance poet was writing his mature poetry. Twenty years younger than Kochanowski, Sęp belonged not only to a different generation but to a different epoch. It was the Council of Trent (1545-1563) that effectively started the Catholic offensive against the Reformation. With the advent of the Counter-Reformation, the Renaissance ebullience, optimism, and self-confidence began to wane. At the same time the period of victorious and assertive Catholicism still belonged to the future. Sęp's vision of the world as hostile and full of contradictions, as well as his vision of man as "weak and divided within," reflect the uncertainty characteristic of the period of transition. This is also true of the religious poetry of Kasper Miaskowski or Sebastian Grabowiecki. Grabowiecki's tormented religious consciousness, occasionally recalling the Spanish mystics, denotes the cultural climate of the period following the

Council of Trent. The labels of "self-flagellating poet" and "Polish Job" describe well the tenor of his poems as well as that of the period. The style of Sęp Szarzyński, Miaskowski and Grabowiecki—especially their use of paradoxes and contrasts—prefigures the Baroque.

Polish Renaissance poetry is uneven. If the language of Biernat from Lublin is still awkward and his *Aesop's Fables* (1522) bear a strong medieval stamp, Jan Kochanowski's *Laments* written in 1583, belong to the most artistically refined achievements of Polish poetry of any time. Their language is rich, elegant, supple, and highly modulated, capable of expressing nuances of emotion as well as philosophical and moral reflection. During the sixty years that separate Biernat from Kochanowski Polish poetry made a giant stride forward.

Despite Mikołaj Rej's exhortation that "Poles are not geese and have their own tongue," Latin continued to occupy a prominent place as a literary language throughout the sixteenth century. A number of important poets wrote in Latin, among them Klemens Janicjusz, the greatest lyrical poet before Kochanowski. Some poets such as Kochanowski or Szymonowic wrote both in Latin and Polish.

Mikołaj Rej was the first poet to write exclusively in Polish, and for this he earned the title of "father of Polish literature." Although the Polish used by Rej was robust, it was also colloquial and rough-hewn. The formidable feat of bringing Polish poetry out of its medieval matrix, and raising it to a level at which it could compare well to both its Latin models and its Western European counterparts, was accomplished by Jan Kochanowski. Almost single-handedly he created the Polish literary language. He carefully weeded all colloquial and vulgar expressions from his poetry, and refined Polish syntax. His verse was strictly and consistently syllabic, yet he avoided rhythmic monotony through the free and expressive use of intonation.

Kochanowski's poetry gives the impression of directness, simplicity, and clarity, but this style—seemingly so natural and effortless—was in fact the result of extraordinary labor. His poetry became the canon for all poets who came after him. At the same time the standards he set were so high that he could claim no school, only followers.

Biernat of Lublin's *The Life of Aesop*, title page of the 1578 edition

# BIERNAT OF LUBLIN
(c.1465-after 1529)

The handful of facts that we know about Biernat of Lublin comes from a short autobiographical note written in Latin by the poet himself. Of plebeian origin, Biernat was a priest. He was involved in religious discussions, holding views heretical from the Church's point of view and close to the future teachings of Luther. In 1513 Biernat published in Cracow *The Paradise of the Soul* (*Raj duszny*), a prayer book adapted from Latin and one of the first books to be printed in Polish.

In 1522 appeared his most important work, *The Life of Aesop the Frygian, a Virtuous Sage, Together with His Proverbs* (*Żywot Ezopa Fryga, mędrca obyczajnego, wraz z przypowieściami jego*). Biernat based his work on the Latin translation by the Italian Ranuccio d'Arezzo, published in Milan in 1571. *The Life of Aesop* consists of two parts. The first describes Aesop's career; because of his intelligence and inventiveness, Aesop—a slave and an unusually ugly man—earns his freedom and becomes a king's minister. The second part contains over two hundred fables, to which Biernat added his own commentaries as well as titles made from Polish proverbs.

A humanist and social radical, a staunch opponent of the death penalty and a Protestant *avant la lettre*, Biernat ideologically belongs to the Renaissance. His language on the other hand, both vocabulary and grammar, is still deeply rooted in the middle ages. His verse, mostly composed with the eight-syllable line typical of medieval poetry, is not entirely consistent. A poet of the period of transition and the first to write exclusively in Polish, Biernat should be measured less by the sophistication of his achievements than by the tremendous effort he made to blaze a path, however narrow and imperfect, for Polish Renaissance poetry.

## [BYŁ JEDEN MĄŻ BARZO DZIWNY]

Był jeden mąż barzo dziwny,
W rządzeniu żywota pilny,
Urodzenia niewolnego,
A rozumu ślachetnego.

Z Ammonijum, wsi frygijskiej,
Która jest w ziemi trojańskiej,
Wyszedł Ezop, twarzy żadnej,
A wymowy barzo śladnej.

Głowę też miał barzo silną,
Oczy wpadłe, barwę czarną,
Krótkiej szyje, długoczelusty,
Czarnozęby, z wielkimi usty,

Szeroki, niskiego wzrostu,
Wielkich nóg, miąższego łystu,
Z tyłu niemiernie garbaty,
A z przodku lepak brzuchaty;

A k temu co gorszego miał,
Iże się barzo zająkał:
Ale za ty niedostatki
Miał dowcip na wszystki gadki.

## [THERE WAS AN UNUSUAL MAN]

There was an unusual man,
Most assiduous in his life,
By birth a miserable slave
Yet with a remarkable mind.

With an unsightly, ugly face
And very inferior speech,
Aesop came from Ammonium,
A Phrygian village near Troy.

He had an enormous head,
Deeply sunken eyes, dark black skin,
A short, stubby neck and long jaw.
Blacktoothed, with a mouth much too large,

Of low stature, broad and heavy,
With huge legs, thick and meaty thighs,
He had a large hump on the back
And a big belly in front.

Added to this, which is the worst,
He badly stuttered when he spoke.
But despite these deficiencies
For all riddles he had the keys.

## [ZRZĄDZENIE, PIERWSZE PO BODZE]

Zrządzenie, pierwsze po Bodze,
Dało ludziem tu dwie drodze;
Którzy ich niedobrze wiedzą,
W błędzie wielkim zawżdy chodzą.

Pierwsza droga, świebodności,
Ma naprzód swoje ciężkości:
Trudna, ostra i teskliwa,
Praca wielka na niej bywa;

Ale gdy nią mało pójdziesz,
Gładką, łatwią zawżdy najdziesz;
Kożdy sie na niej weseli,
Mając wszystko po swej woli.

Druga droga jest niewolej:
Barzoć łatwi przodek u niej,
Ale koniec barzo trudny,
Bowiem u niej jest żywot nędzny.

## [DESTINY, THE MOST IMPORTANT]

Destiny, the most important
After God, gave mankind two paths—
Those who cannot tell them apart
Will always go in great error.

The first path is that of freedom.
With hardships at the beginning
It is sharp, difficult, tiring,
And requires enormous labor.

But if you take it for a while
You will find it smooth and easy.
Everyone on it is happy
And has all things as he wills them.

The other path is slavery;
Its beginning is most easy,
But its end very difficult—
The slave's life is sheer misery.

## W CNOCIE ŚLACHECTWO ZALEŻY

Ryś z liszką niegdy się gadał,
Ślachectwem się jej przekładał:
„Jakom ja cudnej rodziny,
Ukazują me pstrociny."

Liszka rzecze: „Barzo błądzisz,
Iż się z skóry cudnym sądzisz,
Bo gdy z ciebie sierść opłynie,
Wszystko twe ślachectwo zginie.

Jać–em tedy ślachetniejsza
I więcej nad cię cudniejsza,
Iż o cudną sierść mało dbam,
W rozumie cudność pokładam."

Nietrwałe–ć zwierzchnie okrasy,
Wszystki sie mienią za czasy;
Aleć to prawie ślachetny,
Który w sobie ma rozum cny.

## NOBILITY DEPENDS ON VIRTUE

Once a lynx quarrelled with a fox
And boasted of his nobility.
"How glorious my family is
Can be seen in my fur's color."

The fox said: "You are mistaken
If you suppose you are noble
Because of your hide—if you lose it,
Your nobility will vanish.

"Therefore I am much more noble
Than you are, and grander by far,
For I care little about my fur;
My reason makes me superior."

Outer adornments do not last
And all of them will change with time;
Only he is truly noble
Who possesses a noble mind.

## KTO MIECZ TRZYMA, POKÓJ MIEWA

Węgorz niegdy węża pytał,
By mu przyczynę powiedział:
„Gdyż mawa stany podobne,
A czemu szczeście nierówne?

Ciebie-ciem się kożdy wstydzi,
Musi się bać, gdzie cię widzi;
A na mię taki chrap mają,
Barzo mię radzi łapają."

Rzekł wąż: „Przetoć ja pokój mam,
Iż od siebie szkodno kąsam;
A kto by mi chciał zaszkodzić,
Musi na mię gardło sadzić;

Aleś ty mąż bez obrony,
Cierpisz ucisk ze wszej strony;
Coby też moje zęby miał,
Rad ci by kożdy pokój dał."

Przetoż, kto chce w pokoju żyć,
Ma ku odporu gotów być;
Kożdy–ciem się draźnić chroni,
Kto natychmiast krzywdy broni.

## HE WHO HOLDS THE SWORD ENJOYS PEACE

The snake was asked once by the eel
To give him an explanation:
"Since we both look quite similar,
Why don't we have the same good luck?"

"All people run away from you
And at one glance become frightened,
But they always try to catch me,
I only whet their appetite."

The snake then replied: "I have peace
Because I can hurt by biting,
And the one who wants to harm me
Will have to risk his neck for it.

"But you have no defense at all,
So you are wronged on every side.
If you were armed with my sharp teeth
Everyone would leave you in peace."

He who desires to live in peace
Must be ready to counterattack.
No one ever dares to incense
The one who makes a quick defense.

Mikołaj Rej

# MIKOŁAJ REJ
## (1505-1569)

Mikołaj Rej was born in Żórawno near Halicz; his family was of the small gentry. His formal education was modest—he studied at the Cracow Academy for one year only—and he was mostly a self-taught man. Although Rej lacked any systematic knowledge, he was widely read and knew how to make use of his eclectic reading in his own writings. Rej was both a political activist and militant Protestant. His works abound in political allusions and sharp forays against the Catholic Church.

Rej was a prolific writer and quite popular during his lifetime. One of his early works is a satire in the form of a dialogue, *A Short Conversation Between Three Persons, a Squire, a Bailiff, and a Parson* (*Krótka rozprawa między trzema osobami, Panem, Wójtem a Plebanem*, 1543). His other works include two plays, *The Merchant* (*Kupiec*, 1543) and *The Life of Joseph from a Jewish Tribe* (*Żywot Józefa z pokolenia żydowskiego*, 1545); an adaptation of David's *Psalms* (*Psałterz Dawidów*, 1546); a lengthy work in verse entitled *A Faithful Image of an Honest Man* (*Wizerunk własny żywota człowieka poczciwego*, 1558), a collection of seven hundred epigrams under the title *Bestiary* (*Zwierzyniec*, 1562), and a work in prose, *The Mirror* (*Zwierciadło*, 1568). Rej is also the author of short, jocular poems which he called *Figliki* (*Pranks*).

Rej's style is distinctly his own. He uses colloquial language, and though it might lack sophistication and refinement, it is nevertheless robust, colorful, solidly rooted in everyday reality, and full of concrete details. Many of his works are in the form of a dialogue, and they teem with proverbs and plays on words as well as amusing, vividly drawn scenes from the Polish life of the time. It is Rej's humor and his keen gift of observation that counterbalance the didactic, moralistic aspect of his poetry, and that continue to delight his readers.

Bell "Sigismund" at Wawel in Cracow

Sigismund Chapel by Bartolomeo Berrecci, 1519-1533, at Wawel in Cracow

## KRÓTKA ROZPRAWA MIEDZY TRZEMA OSOBAMI, PANEM, WÓJTEM A PLEBANEM
(Fragmenty)

PAN MÓWI:

Miły wójcie, cóż sie dzieje?
Aboć sie ten ksiądz z nas śmieje?
Mało śpiewa, wszytko dzwoni,
Msza nie była jako łoni.
Na naszym dobrym nieszporze
Już więc tam swą każdy porze:
Jeden wrzeszczy, drugi śpiewa,
A też jednak rzadko bywa.
Jutrzniej, tej nigdy nie słychać,
Podobno musi zasypiać;
Odśpiewa ją czasem sowa,
Bo więc księdzu cięży głowa.
A wżdy przedsię jednak łają,
Chocia mało nauczają.
Ano wie Bóg, za tą sprawą
Obrócim li sie na prawą,
Bychmy jedno na lewicy
I z księdzem nie byli wszytcy.

WÓJT:

Miły panie, my prostacy,
A cóż wiemy nieboracy?
To mamy za wszytko zdrowie,
Co on nam w kazanie powie:
Iż gdy wydam dziesięcinę,
Bych był nagorszy, nie zginę,
A dam li dobrą kolędę,
Że z nogami w niebie będę.

## A SHORT CONVERSATION BETWEEN THREE PERSONS, A SQUIRE, A BAILIFF, AND A PARSON
(Excerpts)


THE SQUIRE SPEAKS:

Dear Bailiff, what is going on?
Is the Parson laughing at us?
He sings rarely, only rings the bells.
Mass is not as it used to be,
And when we come now for vespers
Everyone does as he pleases:
This one screams, that one sings—
Seldom are they celebrated.
No one can hear the morning mass,
It seems he always oversleeps.
Sometimes it is sung by an owl
When the priest's head is too heavy.
But he keeps scolding us, all right,
Even though he teaches little.
If this goes on only God knows
If we will end on His right side;
I hope we won't be on the left,
All of us put there with the priest.

BAILIFF:

Sir, we are only simple folk,
What can poor creatures like us know?
Whatever he tells us in his sermons,
We must take it all in earnest.
If I keep paying him my tithes
I won't die even if I sin,
If I make a good offering
I go to heaven safe and sound.

Abo gdy w obiad przybieży,
A kukla na stole leży,
To ją wnet z stołu ogoli,
A mnie kęs posypie soli,
Jakoby mię nogieć napadł;
Mniema, bych już chleba nie jadł.
Potym mię pokropi wodą,
To już z Bogiem idę zgodą.
Alić przedsię, jako gorze
Ciągni sie, wójcie nieboże!
Jednak niżli cię rozmachnie,
Przedsię ta rzecz mieszkiem pachnie.
Ja mniemam, gdy wszytko spłacą,
Iż sie z świętemi pobracą.

PLEBAN:

A wójtże sie to jął gdakać!
Czymże by tę gębę zatkać?
Gdzież to dzban piwa dobrego,
Przegadałby mędrca tego
Iście trzeciem nachyleniem.
Byłby tańszy z tym zbawieniem.
A jeszczeż ci w tym ksiądz wadzi,
Żeć owo na dobre radzi?
Bo nas sam Pan uczył temu:
Chcesz li sam brać, daj drugiemu.
A wielkie to upominki
U Boga, takie uczynki.
A tyś [w] wszytek świat rozwołał,
Żeś tej dziesięciny kęs dał. [...]

PAN:

Miły księże, dobrzeć by tak,
Lecz podobno czciesz czasem wspak.

When he drops by at dinnertime
And a loaf lies on the table,
He will clean it out completely.
He gives me just a bite, with salt,
As if I had some bad disease;
He thinks I eat bread no longer.
Then he sprinkles me with water
So I will be in peace with God.
But then, a poor devil like me,
I have to pay for it dearly!
Even before he moves his hand
It already smells of money.
Once the peasants pay all of these
I believe they will join the saints.

PARSON:

How that bailiff keeps rattling on!
What could we use to cork him up?
If I had a pitcher of beer
Only three gulps would be enough
To outtalk this wise know-it-all.
Then he would not be demanding
In these matters of salvation.
You hold it against the parson
That he gives you good counsel?
The Lord himself has taught us this:
If you want to take, you must give.
Such deeds gain great favor with God,
And you are bragging to the world
That you gave one whole crumb in tithes!

SQUIRE:

My dear father, all this sounds good
But sometimes you read things crosswise.

Hardzie tu strząsasz porożym,
A zowiesz sie posłem bożym.
Prawda, żeś jego pastyrzem,
A w wielu sprawach kanclerzem,
Lecz czasem na wełnę godzisz,
Kiedy za tym stadem chodzisz. [...]
   Ale dziś wasze nauki!
Rozliczne w nich najdzie sztuki. [...]
Aboć wezmą, abo co daj,
Tak kazał święty Mikołaj,
Bo jestli mu barana dasz,
Pewny pokój od wilka masz.
Dobry też Lenart dla koni,
Dla wieprzów święty Antoni.
Więc świętego Marka chwali,
Więc Piotra, co kopy pali,
Więc Michał, co liczy dusze.
Alić Masia z gęsią kłusze,
Bo już sobie tak spopadły,
Iżby dusze gęsi jadły,
A ona z tego gorąca
Nie jadłaby i zająca.
Na szyi wisi kobiałka,
W niej gomółka a powałka.
Mniema, że wszytko sprawiła,
Że tam z tą kobiałką była,
Że już siedm dusz wybawiła,
Sama sie ósma upiła.
   Bo sie już więc tam łomi chróst,
Kiedy sie zejdą na odpust.
Ksiądz w kościele woła, wrzeszczy,
Na cmyntarzu beczka trzeszczy,
Jeden potrząsa kobiałką,
Drugi bębnem a piszczałką,
Trzeci, wyciągając szyję,
Woła: — „Do kantora piję!" —

You both act arrogantly
And call yourself God's minister.
It is true you are His shepherd
And in many matters His vicar,
But when you take care of His flock
Often what you are after is wool.
    And the sermons you preach these days!
One finds all kinds of tricks in them.
Saint Nicholas commanded this:
Either you give or he will take.
If you give a mutton to him
Then you won't be bothered by wolves.
Saint Leonard is good for horses,
Saint Anthony is good for hogs.
Then in turn you must praise Saint Mark,
Then Saint Peter who burns haystacks
And then Saint Michael who counts souls.
So Mary runs to church with a goose,
For peasants got into their heads
That the souls of people eat geese.
Were she herself in that hot spot,
She would not even touch a hare!
A basket hangs around her neck,
Inside it are a bun and cheese;
She thinks she has done everything
By taking her basket to church—
Seven souls she has saved,
The eighth (herself) got drunk.
    When everyone comes to the fair
They trample down all the fences,
The priest in the church calls and roars,
A barrel shrills in the graveyard,
This one is rattling a basket,
Another, drums and a whistle,
A third is stretching out his neck
And shouts, "I drink to parson's health!"

Kury wrzeszczą, świnie kwiczą,
Na ołtarzu jajca liczą.
Wieręsmy odpust zyskali,
Iżechmy sie napiskali. [...]

Chickens are clucking, pigs snorting
And on the altar they count eggs.
I believe for all this shouting
We have received indulgences.

## CZŁOWIEK BAŃKA

Nie baczy żaden, iż jest by bańka stłuczona,
   Która ma być po chwili w śmieci wyrzucona,
Chociaj z niej szpikanarda nadobnie woniała,
   A po chwili we błocie wnet będzie leżała.
Nie toć jest jeszcze rozkosz, iż kto w obfitości
   Świata marnie używa a bez roztropności.
Umieć też to i źwirzę, co po lesie chodzi,
   Skacze sobie bujając, aż w sidło ugodzi.
A wszakoż nade wszytko dobre dokończenie,
   To ma mieć w każdej rzeczy osobne baczenie.
A kto tego nie patrzy, prędko sie wybodzie,
   Bo więc i nalepszą rzecz przywiedzie ku szkodzie,
Która gdy bez namysłu sprawowana będzie,
   Uplecie się jak kokosz we zgrzebiach na grzędzie.

## MAN—A GLASS PHIAL

Man is a delicate glass container,
   Thrown away at death—this we must remember.
Even if it still smells of fragrant oil,
   Soon it will be lying in muddy soil.
It is no joy to use the abundance
   Of the world poorly and with no prudence,
As an animal frolics with no mishap
   In the woods, till it stumbles in a trap.
It must be our concern to be watching
   Carefully for the good end of each thing.
He will come to harm who acts heedlessly—
   Even the best thing will conclude badly
If carried out with no thought, he will then
   Be tangled in hemp on his roost like a hen.

## MARCIN LUTER, DOKTOR

Pan z nieba za jeden dzień tysiąc lat szacuje,
   A długo, niż możność swą, czeka, okazuje;
Aleć i tu cirpliwość długo święta była,
   Iż się tak w szczyrych plotkach jego chwała ćmiła.
Aż nie mogła wycirpieć możność święta Jego
   I pobudził człowieka według zdania swego:
Marcina z Witemberku, doktora zacnego,
   Który wyniósł na światło sławną chwałę Jego.

## MARTIN LUTHER, THE DOCTOR

The Lord counts a thousand years as one day
    And waits long before He shows His power.
But His patience has lasted long enough
    To see His glory dimmed by sheer gossip;
Until He could suffer it no longer
    And called forth a man, learned, candid,
The honest doctor Martin from Wittenberg
    Who raised His glory to its fullest light.

## SUKIENNICE KRAKOWSKIE

Nadobną Krakowianie sztukę wyprawili
   Na owych Sukiennicach, co w rynku sprawili,
Bo króle na nich wkoło wszędy zmalowali,
   Jedno iż im wedle cnót herbów nie przydali;
Bo dobry, ten by godzien korony ze złotem,
   Wszetecznemu mógłby jej kęs przypluskać błotem.
Niech się wżdy cnota wdzięczna koronuje sławą,
   A wszeteczność odprawić jako wołu trawą.

## CRACOW'S CLOTH HALL: THE SUKIENNICE

Cracovians displayed fine art and taste
    When they built the Cloth Hall in their market place.
They painted kings on the walls all around
    But failed to match virtues with coats of arms;
For the good king is worth a crown of gold
    While the vicious one should be splashed with mud.
Let virtue be always crowned in glory
    But evil, like a mule, dealt hay only.

## ZYGMUNT, DZWON ZAMKU KRÓLEWSKIEGO

Dzwońże, miły Zygmuncie, tymi trzemi głosy,
   A niech twój ogromny brzęk bije ludziom w nosy,
Aby się pobudzali i ku Pańskiej chwale,
   I w Rzeczy pospolitej zawżdy trwali stale.
Bo słyszysz, coć się dzieje, żeć się wszytko miesza,
   Na cienkiej nici czemuś szczęście nas zawiesza;
Bo snadź ty drobne dzwonki uszy nam mieszają,
   A od przystojnych rzeczy barzo unaszają.

## SIGISMUND, THE BELL OF THE ROYAL CASTLE

Ring loud, Sigismund, with your triple voice.
    Let your huge sound strike men full in the face
And rouse them for the glory of the Lord;
    Make them stand fast by the Res Publica.
Everything is awry. Hear the bad news,
    On a thin thread our fortune is hanging.
The small bells are confusing to our ears,
    Distracting us from the important thing.

# FIGLIKI

## NA NIEPEWNE JEDNANIE

Powiedali na kura, iż wleciał na gruszkę,
   Widząc w polu biegając liszkę, panią duszkę.
Przyszedł lis. — «Panie kurze, nie wiesz, co sie zstało?
   Wszytko sie pojednało, co sie siebie bało.»
Kur sie wspina ku górze mówiąc, iż: — «Chart bieży!»
   A lis skoczy do lasa, sierść sie na nim jeży.
Kur zawołał: — «Poczekaj, wszak mamy jednanie!»
   Lis rzekł: — «Nie wiem, wie li chart o tym, miły panie!»

## CO SIE NIE CHCIAŁ SPOWIEDAĆ, IŻ SIE ŻONA SPOWIED[AŁA]

Jeden, co miał złą żonę, spowiedać sie przyszedł,
   Mnich do niego z postawą z zakrystyjej wyszedł.
Rzekł mu, iż: — «Wasza pani teraz też tu była,
   A na świętej spowiedzi wszytko wyliczyła.»
Ten rzekł: — «Już sie mnie, księże, spowiedać nie trzeba.
   Wszytko ta wywołała pewnie, jako trzeba,
Na mię i na sąsiady, i — by co wiedziała —
   I na Boga, to mi wierz, żeć by powiedziała.»

PRANKS


ON THE PRECARIOUS AGREEMENT


They say that the rooster rushed into a pear-tree
   When he saw the fox, Old Soul, coming through the
                                                      barley.
The fox ran up. "Mr. Rooster, you know of course
   A truce for all the animals is now in force."
The rooster climbed higher, shouting: "A hound runs here!"
   The fox darted for the forest bristling with fear.
The rooster called, "Wait—there has been an agreement."
   The fox: "I don't know, sir, if the hound gave his
                                                      consent."


THE MAN WHO DID NOT WANT TO CONFESS
BECAUSE HIS WIFE HAD CONFESSED


A man who had a bad wife went to confession.
   The priest came from the vestry with stern expression,
Told him: "A moment ago your wife was speaking
   With me in confession, and revealed everything."
The man said: "I have no need to confess, father.
   She has complained about everything I gather,
Me, the others we know, and also our neighbor—
   If she could then God himself she would belabor."

*Nativity* by an unknown painter, 16th c.

## A CHRISTMAS CAROL (ANONYMOUS)
(First half of the XVI Century)

The text of this Christmas carol was found in a manuscript dating from 1551-1555. Its source was very likely one stanza from an old Christmas song in Latin, *"Dies est laetitiae."* Today's Christmas carol that opens with the same words is a paraphrase of the sixteenth century song, but only the first stanzas are similar. It is sung to a melody that originated in the nineteenth century, and corresponds to the melody of *"Dies est laetitiae."*

# [ANJOŁ PASTERZOM MÓWIŁ]

Anjoł pasterzom mówił:
Chrystus się nam narodził,
W Betlejem, nie barzo podłym mieście.
Narodził się w ubóstwie,
Pan wszego stworzenia.

Chcąc się dowiedzieć tego
Poselstwa wesołego,
Bieżeli do Betlejem spieszliwie,
Naleźli dziecię w chlewie,
Maryją z Józefem.

Taki Pan chwały wielkiej
Uniżył się wysoki!
Pałacu wysokiego żadnego
Nie miał zbudowanego
Pan wszego stworzenia.

O dziwne narodzenie,
Nigdy nie wysławione!
Poczęła Panna Syna w czystości,
Porodziła w całości
Panieństwa swojego.

## [AN ANGEL TOLD THE SHEPHERDS]


An angel told the shepherds:
Christ has been born unto us
In Bethlehem, not the worst of towns.
He was born in poverty,
The Lord of all creation.

Eager to learn about
This most happy message,
They ran in all haste to Bethlehem.
They found the child in a sty
Next to Joseph and Mary.

The Lord of such great glory,
He so high humbled himself!
No tall palace anywhere in the world
Has ever been built for him,
The Lord of all creation.

O the most wonderful birth,
Never glorified enough!
The Maid conceived her Son in purity,
Giving birth to Him with her
Maidenhood immaculate.

*The Battle of Orsza* by an unknown painter, 1515-1520

A SONG (ANONYMOUS)
(Second half of the XVI century)

Very likely this folk song was composed on the occasion of the formation of a peasant infantry division in 1578 by King Stefan Batory; it was called *piechota wybraniecka* (selective infantry). The soldiers for the division were drawn from the peasants of the Crown estates. The song, known in many different variants, gained popularity in the nineteenth century when it began to be associated with the tradition of the Polish legions created during the Napoleonic wars in Italy. It also found its way into literature: Adam Mickiewicz introduced it into his *Pan Tadeusz*, and Stefan Żeromski included it into several of his stories and novels. Its popularity continues until the present day.

## [JEDZIE ŻOŁNIERZ BOREM, LASEM]

Jedzie żołnierz borem, lasem
Przymierając głodu czasem;
Chleba, soli nie żałować,
A żołnierza poratować.
Suknia na nim nie blakuje,
Dziurami wiatr wylatuje.
Chociaż żołnierz obszarpany,
Jednak idzie między pany,
W kotły, bębny uderzono,
Na wojenkę rozkazono.
«I ja też bym pojechał,
Gdyby mi kto konia dał.»
Starsza siostra konia dała
I sama go osiodłała.
W prawę rękę szablę dała,
Sobie rzewnie zapłakała.
«Nie płacz, siostro, nie płacz brata,
Wróci ci się za trzy lata.»
Nie wyszło roku półtora,
Jużci wojsko ciągnie z pola.
«Kłaniam wam, mości panowie,
Daleko tam brat na wojnie?»
«A leżyć on w szczerym polu,
Trzyma głowę na kamieniu,
Prawą nóżkę we strzemieniu,
A koń jego wedle niego,
Grzebie nóżką, żałuje go.»
«Kiedy ja miał swego pana,
Jadałem ja gołe ziarna,
Teraz nie mam sieczki, słomy,
Objadły mnie kruki, wrony.»
Lepiej w domu cepem buchać,
Niż na wojnie kuli słuchać,

## [A SOLDIER GOES RIDING THROUGH WOODS]

A soldier goes riding through woods
And through forests, pained by hunger.
Do not hold back your bread, your salt,
Help the soldier and save his life.
His clothes do not have time to fade,
The wind is blowing through their holes;
But even though in tattered rags
The soldier still can walk with lords!
Now they beat on drums and kettles—
The order is to go to war.
"If someone would give me a horse,
I too would like to go to war."
Then his older sister gives him
A horse, she saddles it herself.
Into his right hand she places
His sword and cries with tenderness.
"Sister, don't cry for your brother,
After three years he will come back."
Barely a year and a half pass,
The army returns from the field.
"I greet you, honored gentlemen,
How far behind is my brother?"
"He lies in a wide open field,
His head is resting on a stone.
His right leg is in the stirrup,
His horse is standing by him still
And paws with his leg, mourning him."
"When my master would ride with me
I used to eat nothing but grain;
Now I have neither straw nor chaff,
Ravens and crows ate everything."
Better to swing the flail at home
Than hear the bullets of a war.

Bo na wojnie szable kruszą,
Niejeden się żegna z duszą.
Lepszy w domu groch, kapusta,
Niż na wojnie kura tłusta.
Lepiej w domu pługiem orać,
Niż na wojnie szablą dołać.
Lepsza w domu kapuścina
Niż na wojnie kurczęcina.

In war they like to shatter swords
And more than one will lose his soul.
Better peas and cabbage at home
Than a fattened chicken in war;
Better follow the plough at home
Than swing a heavy sword in war.
Better thin cabbage soup at home
Than rich chicken broth in a war.

Jan Kochanowski, a tomb portrait in the church in Zwoleń

# JAN KOCHANOWSKI
## (1530-1584)

The son of a county lawyer, Jan Kochanowski was born in Sycyn near Radom. He studied at the Cracow Academy, and also at the University of Padua in Italy. His short stay at the court of King Zygmunt August between 1560 and 1564 left him with a feeling of bitterness. His ecclesiastical career proved equally ephemeral. In 1574 Kochanowski left both the court and the parish, happily married, and settled on his family estate of Czarnolas. The happiness of the last ten years of Kochanowski's life—until his sudden death in Lublin in 1584—was marred by the death of two of his daughters. The premature death of his favorite Orszula, in particular, inspired the *Laments* (*Treny*, 1580), Kochanowski's greatest poetic achievement.

Kochanowski started to publish late, and the dates of publication do not reflect the chronology in which individual works were written. *Songs* (*Pieśni*), published in 1586, and *Epigrams* (*Fraszki*), published in 1584, stretch over a period of some twenty years. The song "What do you want from us, Lord?" (included in this anthology) was written as early as 1562; a Renaissance manifesto, it is Kochanowski's first known Polish work. His earlier poems were written in Latin. Kochanowski's other works include several narrative poems such as *The Game of Chess* (*Szachy*, 1564), *Harmony* (*Zgoda*, 1564), *The Satyr, or the Wild Man* (*Satyr albo Dziki Mąż*, 1564) and *The Banner, or Homage from Prussia* (*Proporzec albo Hołd Pruski*, 1569). Kochanowski was also a masterful translator of the *Psalms* (*Psałterz Dawidowy*), and author of a play *The Dismissal of the Grecian Envoys* (*Odprawa posłów greckich*), both published in 1578. The greatest Polish Renaissance poet, Kochanowski found many imitators, but remained unequalled until Romanticism.

Kochanowski's poetry and in particular his *Laments* present an extraordinary challenge to the translator. It has been pointedly observed that in the *Laments*, the personal, emotion-filled voice of the father alternates with the rhetorical and more elevated voice of the Renaissance man. In order to account for this richness of tone, this anthology presents two different styles of translation of the *Laments*: those by Dorothea Prall Radin, originally published in 1928, are rhymed and metrically regular as well as more rhetorical, while the recent translations of Adam Czerniawski are direct and have a higher emotional pitch.

A stucco decoration by Bartolomeo Berrecci, 1519-1533, the Sigismund Chapel at Wawel in Cracow

## PIEŚŃ II

Serce roście patrząc na te czasy!
Mało przed tym gołe były lasy,
Śnieg na ziemi wysszej łokcia leżał,
A po rzekach wóz nacięższy zbieżał.

Teraz drzewa liście na się wzięły,
Polne łąki pięknie zakwitnęły;
Lody zeszły, a po czystej wodzie
Idą statki i ciosane łodzie.

Teraz prawie świat się wszystek śmieje,
Zboża wstały, wiatr zachodny wieje;
Ptacy sobie gniazda omyślają,
A przede dniem śpiewać poczynają.

Ale to grunt wesela prawego,
Kiedy człowiek sumnienia całego
Ani czuje w sercu żadnej wady,
Przeczby się miał wstydać swojej rady.

Temu wina nie trzeba przylewać
Ani grać na lutni, ani śpiewać;
Będzie wesół, byś chciał, i o wodzie,
Bo się czuje prawie na swobodzie.

Ale kogo gryzie mól zakryty,
Nie idzie mu w smak obiad obfity;
Żadna go pieśń, żadny głos nie ruszy,
Wszystko idzie na wiatr mimo uszy.

SONG II


The heart bursts with joy! A moment ago
Snow was lying higher than the elbow;
The woods were naked, so thick the cover
Of ice that wagons rode on the river.

Now fresh leaves have come to clothe every tree,
Forest meadows flower magnificently.
The ice has vanished, it no longer floats
Where there is clear water and wooden boats.

Now the whole world together is laughing,
The grain stands; the western wind is blowing
And already birds that come are planning
Their nests, before dawn they begin to sing.

But the truest source of joy is a clear
Conscience—when a man does not feel fear
For a vice that is in his own heart, nor
Does he feel shame at his own behavior.

He has no need for a goblet brimming
With wine, for playing the lute or singing.
With water alone he will be happy
For he feels he is entirely free.

But when a hidden larva gnaws, then there
Is no peace, or taste for a rich dinner;
No song will move him or voice that he hears,
They will all go with the wind past his ears.

Dobra myśli, której nie przywabi,
Choć kto ściany drogo ujedwabi,
Nie gardź moim chłodnikiem chruścianym,
A bądź ze mną, z trzeźwym i z pijanym!

Good thought, you that will not ever be lured
With walls covered by expensive velours—
Though made of twigs, do not spite my shelter;
Stay with me, if I am drunk or sober!

## PIEŚŃ XXIV

Niezwykłym i nie leda piórem opatrzony
Polecę precz, poeta, ze dwojej złożony
Natury: ani ja już przebywać na ziemi
Więcej będę; a więtszy nad zazdrość, ludnemi

Miasty wzgardzę. On, w równym szczęściu urodzony,
On ja, jako mię zowiesz, wielce ulubiony
Mój Myszkowski, nie umrę ani mię czarnymi
Styks niewesoła zamknie odnogami swymi.

Już mi skóra chropawa padnie na goleni,
Już mi w ptaka białego wierzch się głowy mieni;
Po palcach wszędy nowe piórka się puszczają,
A z ramion sążeniste skrzydła wyrastają.

Terazże, nad Ikara prędszy przeważnego,
Puste brzegi nawiedzę Bosfora hucznego
I Syrty Cyrynejskie, Muzom poświęcony
Ptak, i pola zabiegłe za zimne Tryjony.

O mnie Moskwa i będą wiedzieć Tatarowie,
I róznego mieszkańcy świata Anglikowie;
Mnie Niemiec i waleczny Hiszpan, mnie poznają
Którzy głęboki strumień Tybrowy pijają.

Niech przy próznym pogrzebie żadne narzekanie,
Żaden lament nie będzie ani uskarżanie:
Świec i dzwonów zaniechaj, i mar drogo słanych,
I głosem żałobliwym żołtarzów spiewanych!

# SONG XXIV

Armed with an unusual, not everyday quill,
I will fly away, a poet of a double
Nature; nor will I dwell any longer on earth.
Above envy I will spite the crowded cities.

He, who has been born in moderate happiness—
He-I, as you enjoy calling me, my dearest
Myszkowski—will not die, nor will the sorrowful
Styx ever come to enclose me with its black arms.

Rough skin already appears on my shins, the top
Of my head is turning now into a white bird.
On the fingers small new feathers sprout everywhere
And powerful wings are growing from my shoulders.

More rapidly than the brave Icarus I will
Visit the bleak shores of the noisy Bosporus
And the fields stretching beyond the Polar Bear—I,
A bird who is consecrated to the Muses.

Moscow, the Tartars will hear of me; the English
Who are inhabitants of a different world,
Germans and the brave Spaniards will learn about me,
And those who drink from the deep stream of the Tiber.

Let there be no complaints at my funeral that it
Is empty: let there be no laments or moaning,
Renounce all candles and bells, the expensively
Dressed hearse, and psalms that are sung with a wailing
                                                voice!

# PIEŚŃ XXV

Czego chcesz od nas, Panie, za twe hojne dary?
Czego za dobrodziejstwa, którym nie masz miary?
Kościół Cię nie ogarnie, wszędy pełno Ciebie,
I w otchłaniach, i w morzu, na ziemi, na niebie.

Złota też, wiem, nie pragniesz, bo to wszytko Twoje,
Cokolwiek na tym świecie człowiek mieni swoje.
Wdzięcznym Cię tedy sercem, Panie, wyznawamy,
Bo nad to przystojniejszej ofiary nie mamy.

Tyś pan wszytkiego świata, Tyś niebo zbudował
I złotymi gwiazdami ślicznieś uhaftował;
Tyś fundament założył nieobeszłej ziemi
I przykryłeś jej nagość zioły rozlicznemi.

Za Twoim rozkazaniem w brzegach morze stoi,
A zamierzonych granic przeskoczyć się boi;
Rzeki wód nieprzebranych wielką hojność mają.
Biały dzień a noc ciemna swoje czasy znają.

Tobie k'woli rozliczne kwiatki Wiosna rodzi,
Tobie k'woli w kłosianym wieńcu Lato chodzi.
Wino Jesień i jabłka rozmaite dawa,
Potym do gotowego gnuśna Zima wstawa.

Z Twej łaski nocna rosa na mdłe zioła padnie,
A zagorzałe zboża deszcz ożywia snadnie;
Z Twoich rąk wszelkie źwierzę patrza swej żywności,
A Ty każdego żywisz z Twej szczodrobliwości.

# SONG XXV

What do you want from us, Lord? Your countless
Gifts and Your beneficence are boundless.
The church does not contain You; everywhere,
In heaven, earth, sea, the depths, You are there.

I know You do not desire gold: it is
Yours, with all things of the world man calls his.
Therefore we praise You with our heart, we do
Not have any more worthy gift for You.

You built the whole world and the sky we see,
With stars You embroidered it beautifully.
For immense earth You laid the foundation
And dressed with herbs Your naked creation.

The sea tries to leap its limits, it roars
But by Your command stays within its shores.
River waters inexhaustibly flow
While clear day and dark night their own time know.

By Your will Spring blooms burst without number,
By Your will, in corn wreaths enters Summer.
Wines, many apples are gifts of Autumn;
When all is ready numb Winter will come.

Night dew falls on dry herbs by Your mercy
And parched wheat freshens when rain is timely.
Each animal looks for food that will be
From Your hands, from Your generosity.

Bądź na wieki pochwalon, nieśmiertelny Panie!
Twoja łaska, Twa dobroć nigdy nie ustanie.
Chowaj nas, póki raczysz na tej niskiej ziemi;
Jedno zawżdy niech będziem pod skrzydłami Twemi!

O immortal Lord, be praised forever!
To Your grace and goodness there will never
Be an end; as long as it is Your liking,
Keep us here on earth—but under Your wing!

# FRASZKI

## NA LIPĘ

Gościu, siądź pod mym liściem, a odpoczni sobie!
Nie dójdzie cię tu słońce, przyrzekam ja tobie,
Choć się nawysszej wzbije, a proste promienie
Ściągną pod swoje drzewa rozstrzelane cienie.
Tu zawżdy chłodne wiatry z pola zawiewają,
Tu słowicy, tu szpacy wdzięcznie narzekają.
Z mego wonnego kwiatu pracowite pszczoły
Biorą miód, który potym szlachci pańskie stoły.
A ja swym cichym szeptem sprawić umiem snadnie,
Że człowiekowi łacno słodki sen przypadnie.
Jabłek wprawdzie nie rodzę, lecz mię pan tak kładzie
Jako szczep napłodniejszy w hesperyskim sadzie.

EPIGRAMS

ON HIS LINDEN

*Translated by George Rapall Noyes and
Hazel H. Havermale*

Now seat thyself beneath my leaves, O guest,
        And rest.
I promise that the sharp-beaming sun
        Here shall not run,
But 'neath the trees spread out a heavy shade;
Here always from the fields cool winds have played,
Here sparrows and the nightingale have made
        Charming lament.
And all my fragrant flowers their sweets have spent
Upon the bees; my master's board is lent
        That honey's gold.
And I with gentle whisperings can fold
Sweet sleep upon thee. Yea, 'tis true I bear
No apples; yet my Lord speaks me as fair
        As the most fruitful trees
That graced the gardens of the Hesperides.

## NA DOM W CZARNOLESIE

Panie, to moja praca, a zdarzenie Twoje;
Raczyż błogosławieństwo dać do końca swoje!
Inszy niechaj pałace marmórowe mają
I szczerym złotogłowem ściany obijają,
Ja, Panie, niechaj mieszkam w tym gniaździe ojczystym,
A Ty mię zdrowiem opatrz i sumnieniem czystym,
Pożywieniem ućciwym, ludzką życzliwością,
Obyczajami znośnymi, nieprzykrą starością.

ON HIS HOUSE AT CZARNOLAS

*Translated by George Rapall Noyes and
Hazel H. Havermale*

My toil, Lord, and thy gift herein behold!
Thy blessing rests upon me to the end;
Not unto me those palaces that lend
Their marble walls to drapery of gold!

Here let me dwell within my sires' nest,
Endowed with health, with conscience clear of stain;
Possessing little, causing no man pain,
Content until old age shall bring me rest.

DO DZIEWKI

Nie uciekaj przede mną, dziewko urodziwa,
Z twoją rumianą twarzą moja broda siwa
Zgodzi się znamienicie; patrz, gdy wieniec wiją,
Że pospolicie sadzą przy różej leliją.

Nie uciekaj przede mną, dziewko urodziwa,
Serceć jeszcze niestare, chocia broda siwa;
Choć u mnie broda siwa, jeszczem niezganiony,
Czosnek ma głowę białą, a ogon zielony.

Nie uciekaj, ma rada; wszak wiesz: im kot starszy,
Tym, pospolicie mówią, ogon jego twardszy;
I dąb, choć mieści przeschnie, choć list na nim płowy,
Przedsię stoi potężnic, bo ma korzeń zdrowy.

## TO A MAID

No, do not run away from me, fair maid,
Your rosy cheek and my beard that has greyed
Will match perfectly; in a wreath well laced
Next to the rose, a lily is often placed.

Do not run away from me, fair young maid,
My heart is not old though my hair has greyed;
My beard is white, still there is wind in my sail.
Garlic has a white head and a green tail.

Do not run away for you know the tale,
The older the cat, the harder his tail.
The oak tree may be old and its leaves dry,
If its root is healthy it will stand high.

## PIEŚŃ ŚWIĘTOJAŃSKA O SOBÓTCE
(Fragmenty)

Gdy słońce Raka zagrzewa,
A słowik więcej nie spiewa,
Sobótkę, jako czas niesie,
Zapalono w Czarnym Lesie.

Tam goście, tam i domowi
Sypali się ku ogniowi;
Bąki za raz troje grały,
A sady się sprzeciwiały.

Siedli wszyscy na murawie;
Potym wstało sześć par prawie
Dziewek jednako ubranych
I belicą przepasanych.

Wszytki spiewać nauczone,
W tańcu także niezganione;
Więc koleją zaczynały,
A pierwszej tak począć dały: [...]

## ST. JOHN'S EVE
(Excerpts)

*Translated by George Rapall Noyes and Marjorie B. Peacock*


When sunbeams forth from Cancer pour,
And sings the nightingale no more,
In Czarny Las, *Sobotka* fires
Were lighted, as the time requires.

And as the flames burned bright and clear
The guests and household gathered near,
While bagpipes shrilled their melodies
And echoes rang amid the trees.

When all were seated on the green,
Uprose six pairs of maids serene;
As one they were in dress and hair,
And girt with artemisia fair.

Their lovely voices, strong and sweet,
Rivaled in grace their dancing feet,
As round the fire they formed a ring.
And thus the first began to sing.

## PANNA VI

Gorące dni nastawają,
Suche role się padają;
Polny świercz, co głosu sstaje,
Gwałtownemu słońcu łaje.

Już mdłe bydło szuka cienia
I ciekącego strumienia,
I pasterze, chodząc za niem,
Budzą lasy swoim graniem.

Żyto się w polu dostawa
I swoją barwą znać dawa,
Iż już niedaleko żniwo:
Miej się do sierpa co żywo!

Sierpa trzeba oziminie,
Kosa się zejdzie jarzynie;
A wy, młodszy, noście snopy,
Drudzy układajcie w kopy!

Gospodarzu nasz wybrany,
Ty masz mieć wieniec kłosiany,
Gdy w ostatek zboża zatnie
Krzywa kosa już ostatnie.

A kiedy z pola zbierzemy,
Tam dopiero odpoczniemy
Dołożywszy z wierzchem broga;
Już więc, dzieci, jedno Boga!

Wtenczas, gościu bywaj u mnie,
Kiedy wszystko najdziesz w gumnie,
A jesli ty rad odkładasz,
Mnie do siebie drogę zadasz.

## SIXTH MAIDEN

Hot, sultry days are drawing near;
The dusty fields are parched and sere;
The cricket chirps with all his might,
Bathed in the red sun's burning light.

The fainting cattle seek the shade
Beside the stream in yonder glade,
And herdsmen with their pipes arouse
The echo in the leafy boughs.

The rye has ripened in the field,
And by its golden hue revealed
That harvest time is here again.
Quick! Plunge your sickles in the grain!

For winter wheat the sickle keep,
The scythe the summer grain will reap.
Ye youths, bring up the sheaves of rye;
Let others fill the ricks on high.

Beloved master, thou shalt wear
A harvest wreath upon thy hair
When all the rye stalks low are laid
Beneath the scythe's bright, curving blade.

When we have gathered all the grain,
Yet rest from toil we shall not gain
Till we the lofty stack have raised:
Then God must for his gifts be praised.

At that time, guest, with me abide,
When friendly barn doors open wide;
And if thou here my guest wilt be,
'Twill give me leave to visit thee.

## PANNA VIII

Pracowite woły moje,
Przy tym lesie chłodne zdroje
I łąka nieprzepasiona,
Kosą nigdy nie sieczona.

Tu wasza dziś pasza będzie;
A ja, mając oko wszędzie,
Będę nad wami siedziała
I tym czasem kwiatki rwała.

Kwiatki barwy rozmaitej,
Które na łubce obszytej
Usadzę w nadobne koło
I włożę na swoje czoło.

Tak dziewka, jako młodzieniec,
Nie proś mię nikt o mój wieniec!
Samam go swą ręką wiła,
Sama go będę nosiła.

Dałam wczora taki drugi;
Będzie mi go żal czas długi;
Bo mię za raz pobrać dano,
Czego mi czynić nie miano.

Pracowite woły moje,
Wam płyną te chłodne zdroje;
Wam kwitnie łąka zielona,
Kosą nigdy nie sieczona!

# EIGHTH MAIDEN

My toiling oxen, let us go
Unto yon grove, whence cool springs flow
O'er verdant meadows long aloof
From ringing scythe or crushing hoof.

Here shall ye gaze, nor dream of fear,
While I, with watchful care, rest near,
Or while away the passing hours
In plucking yonder wind-swept flowers.

These brilliant blossoms, bathed with dew,
I weave on bark of silvery hue,
Select each flower with loving care,
And twine my brow with circlet fair.

Ye youths and maidens, pray entreat
Me not, then, for my garland sweet:
'Twas for myself my fingers wove
And fashioned this fair crown of love.

In sorrow I recall the wreath
I did but yesterday bequeath;
No promise held the flowery band,
Yet ardently they seek my hand.

My toiling oxen, let us go
Unto this grove, whence waters flow
O'er meadows kept for you aloof
From ringing scythe or crushing hoof.

## PANNA XII

Wsi spokojna, wsi wesoła,
Który głos twej chwale zdoła?
Kto twe wczasy, kto pożytki
Może wspomnieć za raz wszytki?

Człowiek w twej pieczy uczciwie
Bez wszelakiej lichwy żywie;
Pobożne jego staranie
I bezpieczne nabywanie.

Inszy się ciągną przy dworze
Albo żeglują przez morze,
Gdzie człowieka wicher pędzi,
A śmierć bliżej niż na piędzi.

Najdziesz, kto w płat język dawa,
A radę na funt przedawa,
Krwią drudzy zysk oblewają,
Gardła na to odważają.

Oracz pługiem zarznie w ziemię;
Stąd i siebie, i swe plemię,
Stąd roczną czeladź i wszytek
Opatruje swój dobytek.

Jemu sady obradzają,
Jemu pszczoły miód dawają;
Nań przychodzi z owiec wełna
I zagroda jagniąt pełna.

On łąki, on pola kosi,
A do gumna wszytko nosi.
Skoro też siew odprawiemy,
Komin wkoło obsiędziemy.

## TWELFTH MAIDEN

Fair village, peaceful and yet gay,
What words can thy quaint charms convey?
Who without effort can recall
All thy delights, both great and small?

The man who lives amid thy care
In life is just, in dealings fair;
His pious efforts on him rain
Abundant, honorable gain.

Some men spend weary lives at court,
Or sail the seas from port to port,
Where storms pursue from day to day,
And death is never far away.

One man may give his tongue for gold,
And freely is his counsel sold;
While some with blood their honor stain,
And risk their very lives for gain.

The plowman thrusts his plowshare bright
Into the earth from morn till night;
Thus for his household he provides,
And for his flocks and herds besides.

For him their fruit the orchards yield,
For him the bees their combs have sealed;
For him the flocks of sheep are shorn,
And many lambs his pens adorn.

He mows the meadow and the field
And to the barn conveys the yield;
Soon, also, when the grain is sown,
We gather round the broad hearthstone.

Tam już pieśni rozmaite,
Tam będą gadki pokryte,
Tam trefne plęsy z ukłony,
Tam cenar, [tam] i goniony.

A gospodarz wziąwszy siatkę
Idzie mrokiem na usadkę
Albo sidła stawia w lesie;
Jednak zawżdy co przyniesie.

W rzece ma gęste więcierze,
Czasem wędą ryby bierze;
A rozliczni ptacy wkoło
Ozywają się wesoło.

Stada igrają przy wodzie,
A sam pasterz, siedząc w chłodzie,
Gra w piszczałkę proste pieśni;
A faunowie skaczą leśni.

Zatym sprzętna gospodyni
O wieczerzej pilność czyni,
Mając doma ten dostatek,
Że się obejdzie bez jatek.

Ona sama bydło liczy,
Kiedy z pola idąc ryczy,
Ona i spuszczać pomoże;
Męża wzmaga, jako może.

A niedorośli wnukowie,
Chyląc się ku starszej głowie,
Wykną przestawać na male,
Wstyd i cnotę chować w cale.

There straightway will be merry song,
There will be riddles hard and long;
There we shall dance, till break of day,
The *cenar* and *goniony* gay.

The farmer, with his net in hand,
At night goes hunting o'er his land,
Or sets his snares within the wood;
And ever finds his luck is good.

He lines the stream with traps thick-set,
Or fishes with a hook and net;
And birds dart from the trees near by,
Each uttering its joyous cry.

The flocks beside the river graze,
While in the shade the shepherd plays
Upon his pipe such simple airs
That dancing Fauns desert their lairs.

Meanwhile the busy wife with zeal
Gives heed unto the evening meal,
And has at home such vast supplies
That she at market never buys.

She numbers at the close of day
The herd that homeward winds its way;
The ropes she looses like a man,
And helps her husband all she can.

The grandchildren, as is most fit,
To elder heads their lives submit,
And thus no false ambitions gain,
While modest virtues they retain.

Dzień tu, ale jasne zorze
Zapadłyby znowu w morze,
Niżby mój głos wyrzekł wszytki
Wieśne wczasy i pożytki.

The sun, which now is in the east,
Its daily journey would have ceased
Before my voice could utter all
The village joys both great and small.

# TREN I

Wszytki płacze, wszytki łzy Heraklitowe
I lamenty, i skargi Symonidowe,
Wszytki troski na świecie, wszytki wzdychania
I żale, i frasunki, i rąk łamania,
Wszytki a wszytki za raz w dom się mój noście,
A mnie płakać mej wdzięcznej dziewki pomożcie,
Z którą mię niepobożna śmierć rozdzieliła
I wszytkich moich pociech nagle zbawiła.
Tak więc smok, upatrzywszy gniazdo kryjome,
Słowiczki liche zbiera, a swe łakome
Gardło pasie; tymczasem matka szczebiece
Uboga, a na zbójcę coraz się miece,
Prózno! bo i na samę okrutnik zmierza,
A ta nieboga ledwe umyka pierza.
„Prózno płakać" – podobno drudzy rzeczecie.
Cóż, prze Bóg żywy, nie jest prózno na świecie?
Wszytko prózno! Macamy, gdzie miękcej w rzeczy,
A ono wszędy ciśnie! Błąd – wiek człowieczy!
Nie wiem, co lżej: czy w smutku jawnie żałować,
Czyli się z przyrodzeniem gwałtem mocować?

## LAMENT I

*Translated by Adam Czerniawski*

All lamentations and Heraclitean tears,
All keening and the Simonidean dirge,
All human cares and longings,
Griefs, sorrows and wringing of hands,
All but all enter my house at once
To help me mourn my precious girl,
Whom impious Death has snatched from me,
Suddenly ending all my joy.
Thus, spotting a hidden nest, a greedy snake
Snatches fledgling nightingales
While the poor hen rails
At the threat in vain,
As cruelly he next turns on her:
She barely saves her wings.
'You mourn in vain'—they say. But
Then what, by God, is not vain on earth?
All is futile! We grope for relief
But grief pinches on all sides.
Error is our curse!
Is it better openly to grieve
Or struggle grimly against nature's course?

## TREN III

Wzgardziłaś mną, dziedziczko moja ucieszona!
Zdałaś się ojca twego barziej uszczuplona
Ojczyzna, niżlibyś ty przestać na niej miała.
To prawda, żeby była nigdy nie zrównała
Z ranym rozumem twoim, z pięknymi przymioty,
Z których się już znaczyły twoje przyszłe cnoty.
O słowa! o zabawo! o wdzięczne ukłony!
Jakożem ja dziś po was wielce zasmucony!
A ty, pociecho moja, już mi się nie wrócisz
Na wieki ani mojej tesknice okrócisz!
Nie lza, nie lza, jedno się za tobą gotować
A stopeczkami twymi ciebie naszladować.
Tam cię ujźrzę, da Pan Bóg, a ty więc drogimi
Rzuć się ojcu do szyję ręczynkami swymi!

# LAMENT III

*Translated by Adam Czerniawski*

You've scorned me, my delightful heiress!
Your patrimony you judged too meagre
To inherit.
True, it was no match
For your fresh mind and graceful ways,
Which gave an inkling of your future merits.
Your speech, your play, your gentle bearing:
These I deeply mourn!
And you, my joy, will never return,
Never end my longings!
I must make ready your steps to trace.
There, God willing, to feel
Your embrace.

## TREN IV

Zgwałciłaś, niepobożna Śmierci, oczy moje,
Żem widział umierając miłe dziecię swoje!
Widziałem, kiedyś trzęsła owoc niedordzały
A rodzicom nieszczęsnym serca się krajały.
Nigdyć by ona była bez wielkiej żałości
Mojej umrzeć nie mogła, nigdy bez ciężkości
I serdecznego bolu, w którymkolwiek lecie
Mnie by smutnego była odbiegła na świecie;
Alem ja już z jej śmierci nigdy żałościwszy,
Nigdy smutniejszy nie mógł być ani teskliwszy.
A ona, by był Bóg chciał, dłuższym wiekiem swoim
Siła pociech przymnożyć mogła oczom moim.
A przynamniej tymczasem mogłem był odprawić
Wiek swój i Persefonie ostatniej się stawić,
Nie uczuwszy na sercu tak wielkiej żałości,
Której równia nie widzę w tej tu śmiertelności.
Nie dziwuję Niobie, że na martwe ciała
Swoich namilszych dziatek patrząc skamieniała.

# LAMENT IV

*Translated by Adam Czerniawski*

Blaspheming Death, you have raped mine eye
When I beheld my daughter die. As you shook
The unripe fruit, parental hearts bled.
At no time could she have fled
Without my sorrow, never
Without grave and heartful ache,
In whatever year
Were she to leave me desolate on earth,
But never could I have been
More pained and grieving at her death.
And she, with God's assent, could in her fuller life
Have multiplied my joys.
I could have run my course
And gone to meet Persephone
Without that deepest chagrin
The like no mortal eyes have seen.
It is no surprise that Niobe turned to stone
Watching the bodies of her dearest young.

## TREN V

Jako oliwka mała pod wysokim sadem
Idzie z ziemie ku górze macierzyńskim śladem,
Jeszcze ani gałązek, ani listków rodząc,
Sama tylko dopiro szczupłym prątkiem wschodząc:
Tę jesli, ostre ciernie lub rodne pokrzywy
Uprzątając, sadownik podciął ukwapliwy,
Mdleje zaraz, a zbywszy siły przyrodzonej,
Upada przed nogami matki ulubionej —
Takci się mej namilszej Orszuli dostało.
Przed oczyma rodziców swoich rostąc, mało
Od ziemie się co wzniószwszy, duchem zaraźliwym
Srogiej Śmierci otchniona, rodzicom troskliwym
U nóg martwa upadła. O zła Persefono,
Mogłażeś tak wielu łzom dać upłynąć płono?

# LAMENT V

*Translated by Adam Czerniawski*


Just as when a small olive plant among tall trees
That climbs in her mother's steps,
Still bare of twigs and leaves,
Being but a tender sap,
And is lopped by a hasty pruner's hand
Clearing sharp thorns and rampant weeds,
Soon wilts, and short of natural strength
Drops to the feet of her beloved dam—
So it befell my gentle Orszula:
Growing under parental care,
Hardly risen above ground,
Veiled in poisonous mists
Of dreadful Death, she fell senseless
At her care-full parents' feet.
Oh terrible Persephone, how could you let
So many tears be shed in vain?

## TREN VII

Nieszczęsne ochędóstwo, żałosne ubiory
    Mojej namilszej cory!
Po co me smutne oczy za sobą ciągniecie,
    Żalu mi przydajecie?
Już ona członeczków swych wami nie odzieje —
    Nie masz, nie masz nadzieje!
Ujął ją sen żelazny, twardy, nieprzespany...
    Już letniczek pisany
I uploteczki wniwecz, i paski złocone,
    Matczyne dary płone.
Nie do takiej łożnice, moja dziewko droga,
    Miała cię mać uboga
Doprowadzić! Nie takąć dać obiecowała
    Wyprawę, jakąć dała!
Giezłeczkoć tylko dała a lichą tkaneczkę;
    Ociec ziemie bryłeczkę
W główki włożył. — Niestetyż, i posag, i ona
    W jednej skrzynce zamkniona!

# LAMENT VII

*Translated by Adam Czerniawski*

Pitiful garments, lamentable frocks
Of my beloved child—why do you draw mine eyes
To heap grief on grief? Never will they clad
Her tiny limbs, there is no hope: she lies
Gripped in an endless vice-like rest.
Her brightly-patterned summer dress,
Her ribbons, her gold-studded belts,
Her mother's gifts, all to no end.
Not to such a bed, dear child,
Were you to be led! The outfit: a vest
And shift—isn't the one your mother pledged.
Beneath your head I place a clod of earth:
Alas! you and your dowry in one chest lie wedged!

## TREN VIII

Wielkieś mi uczyniła pustki w domu moim,
Moja droga Orszulo, tym zniknieniem swoim!
Pełno nas, a jakoby nikogo nie było:
Jedną maluczką duszą tak wiele ubyło.
Tyś za wszystki mówiła, za wszystki śpiewała,
Wszytkiś w domu kąciki zawżdy pobiegała.
Nie dopuściłaś nigdy matce się frasować
Ani ojcu myśleniem zbytnim głowy psować,
To tego, to owego wdzięcznie obłapiając
I onym swym uciesznym śmiechem zabawiając.
Teraz wszytko umilkło, szczyre pustki w domu,
Nie masz zabawki, nie masz rośmiać się nikomu.
Z każdego kąta żałość człowieka ujmuje,
A serce swej pociechy darmo upatruje.

## LAMENT VIII

*Translated by Adam Czerniawski*

Your flight, my dearest, caused
The vast emptiness in this house.
We are a crowd yet no one's here:
One tiny soul and so much has gone.
You spoke and sang for all the rest,
You skipped in all the corners of the house.
You never let your mother fret,
You never let your father brood,
Clasping first one and then the other,
Cheering all with your infectious grin.
Now all is silent, the house stands bare
With no frolic, sport or caper.
From every corner stares remorseless grief
As gnawing heartache vainly seeks relief.

# TREN IX

Kupić by cię, Mądrości, za drogie pieniądze!
Która, jesli prawdziwie mienią, wszytki żądze,
Wszytki ludzkie frasunki umiesz wykorzenić,
A człowieka tylko nie w anioła odmienić,
Który nie wie, co boleść, frasunku nie czuje,
Złym przygodam nie podległ, strachom nie hołduje.
Ty wszytki rzeczy ludzkie masz za fraszkę sobie,
Jednaką myśl tak w szczęściu, jako i w żałobie
Zawżdy niesiesz. Ty śmierci namniej się nie boisz,
Bezpieczna, nieodmienna, niepożyta stoisz.
Ty bogactwa nie złotem, nie skarby wielkimi,
Ale dosytem mierzysz i przyrodzonymi
Potrzebami. Ty okiem swym nieuchronionym
Nędznika upatrujesz pod dachem złoconym
A uboższym nie zajźrzysz szczęśliwego mienia,
Kto by jedno chciał słuchać twego upomnienia.
Nieszczęśliwy ja człowiek, którym lata swoje
Na tym strawił, żebych był ujźrzał progi twoje!
Terazem nagle z stopniów ostatnich zrzucony
I miedzy insze, jeden z wiela, policzony.

# LAMENT IX

*Translated by Dorothea Prall Radin*

Thou shouldst be purchased, Wisdom, for much gold
If all they say of thee is truly told:
That thou canst root out from the mind the host
Of longings and canst change a man almost
Into an angel whom no grief can sap,
Who is not prone to fear nor evil hap.
Thou seest all things human as they are—
Trifles. Thou bearest in thy breast a star
Fixed and tranquil, and dost contemplate
Death unafraid, still calm, inviolate.
Of riches, one thing thou dost hold the measure:
Proportion to man's needs—not gold nor treasure;
Thy searching eyes have power to behold
The beggar housed beneath the roof of gold,
Nor dost thou grudge the poor man fame as blest
If he but harken him to thy behest.
Oh, hapless, hapless man am I, who sought
If I might gain thy thresholds by much thought,
Cast down from thy last steps after so long,
But one amid the countless, hopeless throng!

## TREN X

Orszulo moja wdzięczna, gdzieś mi się podziała?
W którą stronę, w któraś się krainę udała?
Czyś ty nad wszytki nieba wysoko wniesiona
I tam w liczbę aniołków małych policzona?
Czyliś do raju wzięta? Czyliś na szczęśliwe
Wyspy zaprowadzona? Czy cię przez teskliwe
Charon jeziora wiezie i napawa zdrojem
Niepomnym, że ty nie wiesz nic o płaczu mojem?
Czy, człowieka zrzuciwszy i myśli dziewicze,
Wzięłaś na się postawę i piórka słowicze?
Czyli się w czyścu czyścisz, jesli z strony ciała
Jakakolwiek zmazeczka na tobie została?
Czyś po śmierci tam poszła, kędyś pierwej była,
Niżeś się na mą ciężką żałość urodziła?
Gdzieśkolwiek jest, jesliś jest, lituj mej żałości,
A nie możesz li w onej dawnej swej całości,
Pociesz mię, jako możesz, a staw się przede mną
Lubo snem, lubo cieniem, lub marą nikczemną!

# LAMENT X

*Translated by Adam Czerniawski*

My fair Orszula, where are you fled?
Are you above the heavens, numbered
Among angelic hosts? Are you in paradise?
Or are you taken to the Fortunate Isles?
Does Charon guide you through disconsolate lakes,
Proffering a draught from the erasing stream
And you ignore my sobs?
Or shedding human shape and girlish dreams,
Have you assumed a nightingale's wings and form?
Or are you being cleansed in purgatorial flames
Lest you carry still the marks of tainted flesh?
Or have you now returned to where you dwelt
'Ere you were born for my deep sorrow?
Wherever you are, if you exist, take pity on my grief,
And if you cannot in embodied state,
Console me, if you can, appear to me
As nightmare, shade or vision!

# TREN XI

Fraszka cnota! — powiedział Brutus porażony...
Fraszka, kto się przypatrzy, fraszka z każdej strony!
Kogo kiedy pobożność jego ratowała?
Kogo dobroć przypadku złego uchowała?
Nieznajomy wróg jakiś miesza ludzkie rzeczy
Nie mając ani dobrych, ani złych na pieczy.
Kędy jego duch więnie, żaden nie ulęże;
Praw-li, krzyw-li, bez braku każdego dosięże.
A my rozumy swoje przedsię udać chcemy:
Hardzi miedzy prostaki, że nic nie umiemy,
Wspinamy się do nieba, boże tajemnice
Upatrując; ale wzrok śmiertelnej źrzenice
Tępy na to! Sny lekkie, sny płoche nas bawią,
Które się nam podobno nigdy nie wyjawią...
Żałości! co mi czynisz? Owa już oboje
Mam stracić: i pociechę, i baczenie swoje?

# LAMENT XI

*Translated by Adam Czerniawski*

Virtue: a trifle!—stricken Brutus found.
A trifle, if you see it in the round!
Have worthy actions ever stemmed your tears?
A lurking foe entangles men's affairs
With no distinction between good and bad.
That spirit blows and no one can resist:
Hiding our folly, we flaunt our wits
Simple souls to dazzle. We climb
To heaven, spying on God's mysteries,
But the sight of mortal eyes
Proves dim! Scant, fleeting dreams
Tease us, their sense unguessed.
Despair, what have you done? Am I
To lose both joy and reason?

## TREN XIII

Moja wdzięczna Orszulo, bodaj ty mnie była
Albo nie umierała lub się nie rodziła!
Małe pociechy płacę wielkim żalem swoim
Za tym nieodpowiednym pożegnaniem twoim.
Omyliłaś mię jako nocny sen znikomy,
Który wielkością złota cieszy smysł łakomy,
Potym nagle uciecze, a temu na jawi
Z onych skarbów jeno chęć a żądzą zostawi.
Takeś ty mnie, Orszulo droga, uczyniła:
Wielkieś nadzieje w moim sercu rozniecila,
Potymeś mię, smutnego, nagle odbieżała
I wszytki moje z sobą pociechy zabrała.
Wzięłaś mi, zgoła mówiąc, dusze połowicę;
Ostatek przy mnie został na wieczną tesknicę.
Tu mi kamień, murarze, ciosany połóżcie,
A na nim tę nieszczęsną pamiątkę wydróżcie:
„Orszula Kochanowska tu leży, kochanie
Ojcowe albo raczej płacz i narzekanie.
Opakeś to, niebaczna śmierci, udziałała:
Nie jać onej, ale mnie ona płakać miała."

# LAMENT XIII

*Translated by Adam Czerniawski*

Orszula, my delight, if only
You had not died, or had not been!
I must my brief content requite
With grief at your untimely flight.
You trapped me like a spectral dream
Which snares the senses with mounds of gold,
Then suddenly flits—the dreamer wakes
Craving the lost treasure.
Thus, Orszula, have you dealt with me:
Great hopes you've kindled in me,
Then suddenly, snatching all my pleasures,
You left me grieving.
You took, I say it plainly, half my soul;
The rest you drowned in endless woe.
Now let masons carve a stone
With the following tragic rhyme:
'Here Orszula Kochanowska lies,
Her father's love and cross.
Oh careless Death, you are amiss:
She was to mourn me, not I her loss.'

## TREN XVIII

My, nieposłuszne, Panie, dzieci Twoje,
    W szczęśliwe czasy swoje
    Rzadko Cię wspominamy,
Tylko rozkoszy zwykłych używamy.

Nie baczym, że to z Twej łaski nam płynie,
    A także prędko minie,
    Kiedy po nas wdzięczności
Nie uznasz, Panie, za Twe życzliwości.

Miej nas na wodzy, niech nas nie rozpycha
    Doczesna rozkosz licha!
    Niechaj na Cię pomniemy
Przynajmniej w kaźni, gdy w łasce nie chcemy!

Ale ojcowskim nas karz obyczajem,
    Boć przed Twym gniewem stajem
    Tak, jako śnieg niszczeje,
Kiedy mu słońce niebieskie dogrzeje.

Zgubisz nas prędko, wiekuisty Panie,
    Jesli nad nami stanie
    Twa ciężka boska ręka;
Sama niełaska jest nam sroga męka.

Ale od wieku Twoja lutość słynie,
    A pierwej świat zaginie,
    Niż Ty wzgardzisz pokornym,
Chocia był długo przeciw Tobie spornym.

# LAMENT XVIII

*Translated by Dorothea Prall Radin*


We are thy thankless children, gracious Lord.
    The good thou dost afford
    Lightly do we employ,
All careless of the one who giveth joy.

We heed not him from whom delights do flow.
    Until they fade and go
    We take no thought to render
That gratitude we owe the bounteous sender.

Yet keep us in thy care. Let not our pride
    Cause thee, dear God, to hide
    The glory of thy beauty:
Chasten us till we shall recall our duty.

Yet punish us as with a father's hand.
    We mites cannot withstand
    Thine anger: we are snow;
Thy wrath, the sun that melts us in its glow.

Make us not perish thus, eternal God,
    From thy too heavy rod.
    Recall that thy disdain
Alone doth give thy children bitter pain.

Yet I do know thy mercy doth abound
    While yet the spheres turn round,
    And thou will never cast
Without the man who humbles him at last.

Wielkie przed Tobą są występy moje,
    Lecz miłosierdzie Twoje
    Przewyższa wszytki złości.
Użyj dziś, Panie, nade mną litości!

Though great and many my transgressions are,
    Thy goodness greater far
    Than mine iniquity:
Lord, manifest thy mercy unto me!

*Boats on Motława River in Gdańsk*, an engraving by J. F. Schuster according to a drawing by F.A. Lohrmann, 1770

# SEBASTIAN KLONOWIC
(ca 1545 - 1602)

Sebastian Klonowic came from a burgher family in a small town in Great Poland. He settled in Lublin where he was elected city councillor and mayor. Klonowic wrote his early works in Latin. The best known is *Ruthenia* (*Roxolania*, 1584), a colorful description of Ruthenia and its inhabitants. His first work in Polish was an elegy to Jan Kochanowski who died in Lublin in 1584. This was followed by *The Raftsman, or the Launching of Boats on the Vistula* (*Flis, to jest spuszczanie statków Wisłą*, 1595), and *Judas' Bag* (*Worek Judaszów*, 1600), a poem portraying a gallery of diverse urban riffraff.

Klonowic conceived *The Raftsman* as a practical guide to navigation on the Vistula, and his intention explains the detailed geographical descriptions as well as the didactic tone of the poem. In the view of some critics, the factual aspect of Klonowic's work is not suited to its poetic form. Despite their skepticism the work is interesting to American readers, especially those familiar with Mark Twain's *Life on the Mississipi*. That it has proved attractive is shown by the fine translation of Klonowic's work into English done in 1958 by Marion Moore Coleman, which is reprinted here.

## FLIS
(Fragmenty)

A jesliżeś frycz abo szyper nowy,
Już się tu musisz uczyć inszej mowy,
Byś nie wziął szablą u Nogatu, bracie,
    Bo to zła na cię.
Przetoż się naucz wokabuł flisowskich,
Już tam terminów przestań radzę szkolskich;
Mów jako mówić, byś zaś od starosty
    Nie odniósł chłosty.
Każde rzemięsło ma swoje zwyczaje
I swe przezwiska; nawet i hultaje
Swe szpruchy mają; miejże się w cześć i ty,
    Byś nie był bity. [...]
A te przezwiska od Niemców są wzięte,
A w polskich flisów porządek przyjęte;
Nie dziwujże nam, że źle wymawiamy,
    Co z Niemiec mamy.
Ziemia — ląd z dawna; stara to niemczyzna,
Którą i nasza przyjęła ojczyzna.
Także też i brzeg główny w swojej mowie
    Flis lądem zowie. [...]
Wisła też także, żebyś wiedział jaka,
Tedyć powiedam, iż Wisła dwojaka:
Jedna samica, druga lacha, nowem
    Co ciecze rowem.
Owo jest matka, w której jest nurt głowny,
Tędy jest droga, tędy frocht warowny.
Lachą nazwano owę drugą drogę,
    Wiślną odnogę.

# THE RAFTSMAN
(Excerpts)

*Translated by Marion Moore Coleman*


If you're a fledgling Fritz, or Skipper green,
A language new you'll have to learn, I ween,
Before you get to Nogat's sandy reef,
    Or come to grief.
They'll beat you soundly there if you have not
The lingo learned, and other tongues forgot.
You'll speak the boatman's tongue, or else be rash
    And get the lash.
For every guild has customs of its own,
And epithets and rogues, as well is known.
Each has its special lingo, which, if wise,
    You'll learn to prize.
His special terms from German mostly come,
But do not be surprised if we have some
Of these a trifle altered, changed a bit,
    Our tongue to fit.
A case in point is *ląd*, the German *Land*—
In Polish, land is *ziemia,* understand—
The Wisła's more important bank, it seems,
    By *ląd*, he means.
The Wisła has two types of bank, I've said,
And also has, besides, two types of bed,
Whereon proceeds its current, broad and free,
    Unto the sea.
Of these, the Mother Bed has bosom wide
On which in safety ship and crew may ride,
While narrower bed has that the sailors all
    The Lacha call.

I tą na fryjor pływają rotmani,
Póki gościnna woda bierze na ni,
Prostują drogę, zachodzą sternicy
    W oczy samicy.
A gdy Wisła nurt opuściwszy stary
Drze sobie nowy, gdy zbierze bez miary,
Ten dawny strumień, dawnym też przezwiskiem,
    Zową wiśliskiem.
Gdy co raz dawny zamula, a torem
Mknie Wisła nowem, zową to zatorem;
Bo co jednemu brzegowi ujmuje,
    W drugi to suje.
A co jest gruntu zamkniono we śrzodku
Miedzy Wisłami, z zadu i też z przodku,
To wyspą zową; lecz jest nie jednaka,
    Ale dwojaka.
Bo gdzie dębowe drzewo z topolowem
Z dawna porosło, zową to ostrowem.
Kępą rzekają, gdzie chróst abo piasek
    I drobny lasek. [...]
Lecz kiedy już prąd pogręźnie opiły
I bez gałązek leży już, ogniły,
Wilkiem to zową, choć nie kąsa koni
    I kóz nie goni.
Rafa jest kamień, co siedzi pod wodą,
I tego szkuta niech nie trąca brodą.
Bo skała w wodzie zasiadła od wieka,
    Miń ją z daleka. [...]
Ale już dosyć tych wokabuł, flisie,
Słuchając braciej, kto chce, nauczy się
Ostatka. Przetoż, bracie, dalsze rzeczy
    Miejmy na pieczy.
Ukażęć drogę do Motławy prostą,
Będę u ciebie wodzem i starostą
Od Warszawskiego aż do Zielonego
    Mostu gdańskiego. [...]

Yet this our boatmen like to use in spring,
Preferring to its friendly tide to cling,
While keeping still the Mother Stream in sight,
    Just to the right.
And then Wiślisko stream there is, beside,
Whose very name recalls how Wisła's tide
Swelled up of old, and from this channel flew
    To one quite new.
Next Zator must you also know, as well:
The word that means "a gate," where, sailors tell,
The Wisła, choked with mud, herself broke through
    This exit new.
From all they carry down, of soil and silt,
Between their beds the rivers twain have built
A chain of islands, which, as we shall find,
    Are two in kind.
An island where of old there flourished tall
The poplar and the oak, they *ostrów* call,
While *kępa* is a sandy isle, where low
    Dense thickets grow.
The place where trees grew once, which now have sunk,
Is known as *wilk*, its prey the strangled trunk
That here was seized instead of horse or goat,
    By its poor throat.
A rocky reef's a *rafa*, greatly feared.
Don't even let your vessel touch its beard,
For deep it is, and old, as very earth,
    So give it berth.
Enough of boatmen's lingo now you've learned,
And thought to other matters must be turned.
The final chapter's waiting yet to read,
    So give it heed.
Come then, and I will chart you, fair and straight,
A course from Warsaw to Motława's gate,
And guide from Warsaw's bridge to Danzig's e'en,
    The one called Green.

I tak ci, fryczu, już powiem po prostu,
Gdy będziesz niżej Warszawskiego mostu,
Gołędzinowskich ostrów będzieć w oczy,
    Wisłęć zakroczy. [...]
Biskupska kępka przyjdzieć sama w oczy,
Gdzie się Skrwa prędka hurmem w Wisłę toczy,
Która Mazury od Dobrzyńskiej włości
    Dzieli z dawności. [...]
A tu trzy ziemie zeszły się klinami,
Dobrzyńska włość i Mazosz z Kujawami;
Tu kiedy krzykniesz, słyszą trzy powiaty,
    Flisie gębaty. [...]
Poniżej w lewo czerwieni się dawny
Włodsławek księżą, członek i piwem sławny;
Tam ci też pewnie zahamują statek:
    Zapłać podatek! [...]
Tam Bobrowniki pozorne tym czasem
Wnet się wynurzą za zielonym lasem;
I ten gród kiedyś, znać to po wejźrzeniu,
    Był w szanowaniu. [...]
Wnet zatym ujźrzysz Nieszawę czerwoną,
Szpiklerzów długim rzędem obsadzoną;
Świecą się w lewo skorupiane dachy
    I insze gmachy.
Obfite żniwa i gumna kujawskie
Tam się ściągają w szpiklerze nieszawskie;
Tam swe nadzieje ładuje ziemianin,
    Tam i mieszczanin. [...]
Przed Gdańskiem Gęsia Karczma na ostatku,
Którą już sobie miej miasto przydatku;
Stąd już dojedziesz do samej Motławy,
    Jak rycerz prawy. [...]
Drągiem to zową, kędy port zawarto,
Pod miasto przystęp swawolny zaparto,
Przeto ty czekaj aż ci drąg odwiodą,
    Nie trącaj brodą.

I'll start the voyage by observing this:
When Warsaw bridge you've left, my fledgling Fritz,
Gołędzinowski Isle you'll have before
    You, just off-shore.
Hard by is Biskupice, where the Skrwa
Toward Wisła runs, that's been, since ages far,
The stream laid down Mazuria to divide
    From Dobrzyń side.
Just here three lands converge as in a wedge,
Kujawy and Mazowia, Dobrzyń's edge.
And if you shout, three lands, O boatman true,
    Will answer you.
Włocławek see, as always, shining here:
For bishops famed, and taxes, and for beer!
Your vessel they will halt, and make you stay
    Till toll you pay.
Next, Bobrowniki settlement appears,
Beyond the verdant forest which, one hears,
Is famed for beaver culture, where of old
    Fine skins were sold.
Next, rich Nieszawa see, against the sky
Its warehouses uprearing: rooftops high,
Aglow with rosy light, the left bank line,
    Each house a-shine.
To make Nieszawa rich, Kujawian barns
Pour out their produce here, from well-stocked farms.
And here, together, squire and townsman store
    Their hope of more.
Ere Danzig comes, the Goose Inn you'll be sure
To visit, for you can't resist its lure;
Then sail Motława down to Danzig quite,
    As very knight.
You cannot freely enter Danzig town
Or tread its streets, if yet the barrier's down;
And so, unless you care to lose your head,
    Wait there instead.

Tu już przyjedziesz do misternej windy,
Tu ujźrzysz dziwnych rzeczy na przebindy;
Jakom powiedział, już tu masz szpichlerze,
    Masz i machlerze.
Masz Zielony most, cel naszej roboty,
Tu wzwody, wschody, dziwne kołowroty,
Masz wagę, trety, ławy, dziwne sprawy,
    Rózne zabawy.
Tu masz okręty z płóciennymi skrzydły,
Tu masz z zamorza trefne szydły–widły,
Maszty wyniosłe z bocianimi gniazdy
    Pod same gwiazdy.
Tu w stradyjektach masz śmiałe bosmany,
Masz z dalekich stron kupce i ziemiany;
Przedawaj, kupuj, handluj, bij dłonią w dłoń,
    Zysk sobie ugoń. [...]

You'll find ingenious elevators here,
And curious machines, all tier on tier,
For bindimng grain and storing it away...
              Rogues too, they say!
You'll see the bridge called Green, and others too,
And scales, and cranes, and wheels, devices new;
And hucksters selling wares both for to use,
              And to amuse.
Gigantic ships, full-rigged with sails, you'll find,
And silver, finely wrought, of every kind;
And masts that high as stork nests rise afar,
              To topmost star.
You'll boatswains see, in leather jerkins roam,
And merchants from afar, and squires from home,
Each trying, as he trades, to feather best
              His one own nest.

Tomb of Elżbieta Zebrzydowska by Giovanni Maria Padovano, after 1553, Kielce Cathedral

# MIKOŁAJ SĘP SZARZYŃSKI
(ca.1550-1581)

We know little of Sęp's life. He was born in Zimna Woda near Lwów in a noble family of moderate means. Sęp most likely attended schools in Lwów. In 1565 he registered at the University of Wittenberg, and a few months later at the University of Leipzig, both known as centers of Lutheranism, an indication that in his youth Sęp must have been a Protestant. It is presumed that while in Western Europe Sęp travelled to Italy and possibly to Zurich and Basel. He returned to Poland in 1568. In 1580 he moved to his own small estate of Wolica near Przemyśl. He died in 1581. Sęp did not publish any poems during his lifetime, but he circulated them among friends and had a reputation as a gifted poet. A slim volume of his poetry was published posthumously in 1601 in Lwów by his brother Jakub, under the title *Rhythms or Polish Poems* (*Rytmy abo Wiersze polskie*). From the preface we learn that the poems contained in the volume constitute only a small part of Sęp's output, most of which has been lost.

Although Sęp's biography abounds in blank spots, especially concerning the crucial period between 1565 and 1568, it is believed that at some point during this time the poet underwent a religious crisis that resulted in his conversion from Protestantism to Catholicism. It is difficult to reconstruct the circumstances of Sęp's conversion, but we might assume that the experience was traumatic, especially given his exceptional sensitivity. The traces of its psychological and philosophical impact can be unmistakably found in his poetry. Sęp's man is lost in the world and exposed to an uneven struggle between the forces of good and the more powerful forces of evil. Drawn by the perilous attractions of the body and the world, weak, impotent and ridden by anxiety, he sees his only chance of salvation in

God's mercy. The ultimate solution to his problems is death. The death wish appears several times in Sęp's poetry, most notably in the ending of the "Song About Fridrusz" where it is disguised as an act of courage, religious devotion and chivalry. Sęp's tortured spirituality found reflection in his baroque style, characterised by complex and often confusing, syntactical order, elipsis, inversions, frequent use of oxymorons, paradoxes, conceits, and an effective *pointe*. Sęp's poetry is intellectual and learned, contrived, rhetorical, and highly wrought. But even if it aimed at surprise, its stylistic complexities were not a matter of playfulness, but an attempt to find the most adequate expression for the poet's spiritual experience.

A house in Zamość, early 17th c.

## SONET I
### O krótkości i niepewności na świecie żywota człowieczego

Echej, jak gwałtem obrotne obłoki
I Tytan prętki lotne czasy pędzą,
A chciwa może odciąć rozkosz nędzą
Śmierć—tuż za nami spore czyni kroki.

A ja, co dalej, lepiej cień głęboki
Błędów mych widzę, które gęsto jędzą
Strwożone serce ustawiczną żędzą,
I z płaczem ganię młodości mej skoki.

O moc, o rozkosz, o skarby pilności,
Choćby nie darmo były, przedsię szkodzą,
Bo naszę chciwość od swej szczęśliwości
Własnej (co Bogiem zowiemy) odwodzą

Niestałe dobra. O, stokroć szczęśliwy,
Który tych cieniów w czas zna kształt prawdziwy!

SONNET I
On the Brevity and Uncertainty
of Human Life in the World


Look: as the high clouds violently ride
With swift Titan, time races recklessly
And pitiful pleasure is cut by greedy
Death—just behind us it takes a huge stride!

And I, now I can see better the deep
Shadows of my mistakes the further I go,
They gnaw me again with fear, they harrow
My heart, with tears I blame my youth's blind leaps.

All attempts at power, riches, pleasure,
Even if not in vain can still injure,
For they lead away from true well-being
And joy (what we call God) our striving.

Unstable goods—a hundredfold happy is he who knows
In time the true shape of these shadows!

## SONET II

Na one słowa Jopowe:
*Homo natus de muliere, brevi vivens tempore etc.*

Z wstydem poczęty człowiek, urodzony
Z boleścią, krótko tu na świecie żywie,
I to odmiennie, nędznie, bojaźliwie,
Ginie, od słońca jak cień opuszczony.

I od takiego (Boże nieskończony,
W sobie chwalebnie i w sobie szczęśliwie
Sam przez sie żyjąc) żądasz jakmiarz chciwie
Być miłowany i chcesz być chwalony.

Dziwne są Twego miłosierdzia sprawy.
Tym sie Cherubim (przcpaść zrozumności)
Dziwi zdumiały i stąd pała prawy
Płomień, Serafim, w szczęśliwej miłości.

O święty Panie, daj, niech i my mamy
To, co mieć każesz, i Tobie oddamy!

## SONNET II
On the Words of Job:
*Homo natus de muliere, brevi vivens tempore...*

Conceived in shame, man is born in anguish
And pain; briefly he lives in this world here
In uncertainty, misery, and fear.
A shadow left by the sun—he will perish.

And from this man (O infinite God, raised
High above and living gloriously
In, for Yourself), You almost greedily
Demand to be loved and wish to be praised.

The strange ways of Your charity amaze;
The astonished Cherubim (the abyss
Of wisdom) marvel in wonder at this,
With love the Seraphim's flame is ablaze.

O Lord, give it to us, let us have, too,
What you demand, and give it back to you.

## SONET III
Do Naświętszej Panny

Panno bezrówna, stanu człowieczego
Wtóra ozdobo, nie psowała w której
Pokora serca ni godność pokory,
Przedziwna Matko Stworzyciela swego!

Ty, głowę starwszy smoka okrutnego,
Którego jadem świat był wszystek chory,
Wziętaś jest w niebo nad wysokie chory,
Chwalebna, szczęścia używasz szczyrego.

Tyś jest dusz naszych jak księżyc prawdziwy,
W którym wiecznego baczymy promienie
Miłosierdzia, gdy na nas grzech straszliwy
Przywodzi smutnej nocy ciężkie cienie!

Ale [Ty] zarzą już nam nastań raną,
Pokaż Twego słońca światłość żądaną.

## SONNET III
To the Holy Virgin


O Lady without any equal, the other
Adornment of mankind, in whom humility
Spoiled not the heart nor glory spoiled humility,
Of your Creator the mysterious Mother!

O you, who came the cruel serpent to destroy
When the entire world was poisoned with its venom,
You have risen to heaven above the kingdom
Of angels, in your glory you possess pure joy.

You are like the true moon of our souls, in whose glow
We can see the beams of eternal mercy
When our terrible sinfulness relentlessly
Brings upon us sad night and its heavy shadow.

But you, be the coming of morning's dawn, summon
And reveal to us the desired light of your sun.

## SONET IV
O wojnie naszej, którą wiedziemy
z szatanem, światem i ciałem

Pokój — szczęśliwość, ale bojowanie
Byt nasz podniebny. On srogi ciemności
Hetman i świata łakome marności
O nasze pilno czynią zepsowanie.

Nie dosyć na tym, o nasz możny Panie!
Ten nasz dom — ciało, dla zbiegłych lubości
Niebacznie zajźrząc duchowi zwierzchności,
Upaść na wieki żądać nie przestanie.

Cóż będę czynił w tak straszliwym boju,
Wątły, niebaczny, rozdwojony w sobie?
Królu powszechny, prawdziwy pokoju,
Zbawienia mego jest nadzieja w Tobie!

Ty mnie przy sobie postaw, a przezpiecznie
Będę wojował i wygram statecznie!

## SONNET IV
On the War We Wage
against Satan, the World, and the Body

Peace—is happiness, but earth's condition
Is struggle. The stern Hetman of darkness
And the world's sweet vanities are tireless
As they persevere for our corruption.

O most powerful Lord, if this were all!
Our house for passing pleasures—the Body—
Envying the spirit's authority
Continues always to covet our fall.

In such fearful combat what shall I do,
Weak and divided within, unheeding?
The one true peace, O universal King,
The hope of my salvation lies in You!

Put me by Your side, then I will safely
Wage war, and win a lasting victory!

## SONET V
O nietrwałej miłości rzeczy świata tego

I nie miłować ciężko, i miłować
Nędzna pociecha, gdy żądzą zwiedzione
Myśli cukrują nazbyt rzeczy one,
Które i mienić, i muszą sie psować.

Komu tak będzie dostatkiem smakować
Złoto, sceptr, sława, rozkosz i stworzone
Piękne oblicze, by tym nasycone
I mógł mieć serce, i trwóg sie warować?

Miłość jest własny bieg bycia naszego,
Ale z żywiołów utworzone ciało
To chwaląc, co zna początku równego,
Zawodzi duszę, której wszystko mało,

Gdy Ciebie, wiecznej i prawej piękności,
Samej nie widzi, celu swej miłości.

## SONNET V
On the Unstable Love of the Things of This World

Not to love is difficult, and to love
Is but a meager consolation when
Our thoughts, seduced by desire, overly
Sweeten those things that must change, spoil, and rot.

Who can taste gold, scepter, fame, and pleasure
Or the fair created face so fully
His heart will be satiated with them,
And he will guard himself against all fears?

Love is the right course for our existence
But our body, made of the elements,
Praising all that shares the same beginning,
Misleads the soul which finds only absence,

When You, goal of its love, it does not see,
The everlasting and one true beauty.

## PIEŚŃ V O FRIDRUSZU,
który pod Sokalem zabit od Tatarów
roku Pańskiego 1519

Umysł stateczny i w cnotach gruntowny
Kto ma od Boga, żywie świętym rowny;
Nie tylko wytrwa gniew szczęścia surowy,
Ale i łaską wzgardzić jest gotowy.

Tysiąc przykładów! Ale dostateczny
Słów moich świadek, sam Fridrusz serdeczny,
Który to sprawił, że się mniej wstydamy
Blizny, prze upór co nieszczęścia mamy.

Na Sokal wojska gdy już płaczliwego
Ostatek uwiódł od rąk okrutnego
Pohańca — wolny, serce nielękliwe
Odkrył, te słowa mówiąc pamiętliwe:

„Farbę Bugowej, widziałem, krew wody
Nasza zmieniła, prócz pohańskiej szkody,
Skryły sie pola pod zacnymi ciały,
A mnie, niestetyż, kto w te zagnał wały?

Bojaźń wyrodna w serce me nie wchodzi,
Lecz, mogąc pomóc żywiąc, umrzeć szkodzi,
Choć miejsce wzywa i dusza uczciwa,
Krwią, ciałem, zbroją, sławę kupić chciwa.

Ale jeszcze trwa ten targ: otwórz bronę,
Otwórz, już mię wstyd mur mieć za obronę;
Niechaj przypłaci pohaniec zdradliwy,
Że tył mój widział, gdym zbrojny i żywy."

## SONG V ABOUT FRIDRUSZ
Who Was Killed by the Tartars at Sokal
in the Year of Our Lord 1519

He who has from the Lord a steadfast mind,
Steeped in virtues, lives equal to the saints;
He not only outlasts Fortune's anger
But is prompt to scorn even its favor.

A thousand examples! But sufficient
Proof of my words is the valiant Fridrusz,
Who is the reason we are less ashamed
Of our great wound suffered in misfortune.

When he came to Sokal with the remnants
Of his pitiful army, finally freed
From the cruel pagan, he showed a fearless
Heart when he spoke these memorable words:

"I saw our blood make red the Bug's waters
With no damage at all to the pagans;
Fields were hidden beneath noble bodies.
Alas, who has chased me behind these ramparts?

"My heart has no fear. But you should not die
When, living, you can help your companions—
Though the place calls us and the honest soul
Longs for glory with blood, body, battle.

"But bargaining goes on; open the gate,
I am ashamed to use a wall for defense.
Let the treacherous pagan pay for seeing
My back, when I was both armed and alive."

To rzekszy, jako z działa śmiertelnego
Kamień, płomienia gwałtem siarczystego
Z hukiem wyparty, jako przez wiatr rzadki
Leci przez ciała dając im upadki,

Tak mężny Fridrusz, gniewy ślachetnymi
Zapalon, z zamku z krzyki rycerskimi
Wypadł i przeszedł zastęp niezliczony
Swą i tatarską prawie krwią zjuszony.

Tam zaś, by tygris, gdy swe baczy dzieci
Miedzy myśliwcy, choć tysiąc strzał leci,
Wpada w pośrodek, nie o ratunk dbając,
Ale o pomstę, szkodzi i konając.

Taki był on mąż. Widząc swój lud zbity,
Drugi związany, aż go znamicnity
Duch ze krwią odbiegł, padł. Krzyknął bezbożny
Zastęp i więźnie, lecz był okrzyk rożny...

O cny rycerzu! nie tylko szczęśliwie
Duch twój z wielkimi bohatyry żywie:
I tu, dokąd Bug cichy wody swoje
Niesie do Wisły, dotąd imię twoje

Trwać będzie w ustach ludu rycerskiego.
I rzecze człowiek serca wspaniałego:
„Z lepszym ojczyzny szczęściem, wieczny Panie,
Racz mi naznaczyć tak prętkie skonanie."

He said this. And as a stone catapults,
Booming from a deadly cannon with the force
Of sulphurous flame, flying through bodies
As if it was only passing through air,

So brave Fridrusz rushed out of the castle
Inflamed with anger, shouting like a knight
As he ran, sweeping through the countless crowd,
Soaked in Tartars' blood as well as his own.

There he was, like a tigress who rushes
At the hunters surrounding her children;
She wants revenge, though a thousand arrows
Are flying, and harms while she dies herself.

Such was this man. Seeing his people killed,
Or fettered, he fell only when his spirit
Left him with his blood. Pagans and captives
Cried out—but their shouts were not the same.

O celebrated knight! Your spirit lives
In the company of the great heroes,
While here, as long as the hushed Bug carries
Its waters to the Vistula, your name

Will be on the lips of knightly people.
And the man with a valiant heart will say:
"Along with better fortune for my country,
Lord, kindly grant me, too, such a quick death."

EPITAFIUM RZYMOWI

Ty, co Rzym wpośród Rzyma chcąc baczyć, pielgrzymie,
A wżdy baczyć nie możesz w samym Rzyma Rzymie,
Patrzaj na okrąg murów i w rum obrócone
Teatra i kościoły, i słupy stłuczone:
Te są Rzym. Widzisz, jako miasta tak możnego
I trup szczęścia poważność wypuszcza pierwszego.
To miasto, świat zwalczywszy, i siebie zwalczyło,
By nic niezwalczonego od niego nie było.
Dziś w Rzymie zwyciężonym Rzym niezwyciężony
(To jest ciało w swym cieniu) leży pogrzebiony.
Wszytko sie w nim zmieniło, sam trwa prócz odmiany
Tyber, z piaskiem do morza co bieży zmieszany,
Patrz, co Fortuna broi: to sie popsowało,
Co było nieruchome; trwa, co sie ruchało.

## EPITAPH FOR ROME

O Pilgrim, you who hope to find Rome within Rome,
  Although you cannot see Rome inside Rome itself,
Look on the circle of walls, and, changed to rubble,
  On the theaters, temples, and broken columns:
These are Rome. Can you not see how even the corpse
  Of this mighty city reveals its first grandeur?
The city that conquered the world conquered itself
  So there would be nothing left unconquered by it.
For today, in conquered Rome, the unconquered Rome
  (Like a body in its own shadow) lies buried.
Everything in it has changed, the Tiber alone
  Lasts without change, running to the sea mixed with
                                                  sand.
Look at the tricks Fortune plays: what was motionless
  Has been destroyed, and what was in motion endures.

Dome of the Holy Trinity Chapel in the collegiate church in Środa, 1610-1615

# SEBASTIAN GRABOWIECKI
(ca.1543-1607)

Born into a noble family, Sebastian Grabowiecki was a well educated man. Before becoming a priest, he worked for a few years as royal secretary at the court in Cracow. On the king's recommendation, in 1592 he became abbot of an old and wealthy Cistercian monastery in Bledzewo. Grabowiecki was the author of two books. The first, *Martinus Luter eiusque levitas*, written both in Latin and Polish, is a polemical work against Luther and the Reformation from the position of orthodox Catholicism. The second is a volume of poetry entitled *Spiritual Rhymes*, (*Rymy Duchowne*, 1590). It consists of two hundred poems that are divided into two even parts, each of which, in reference to the number of poems, bears the title *Setnik Rymów Duchownych*, or *A Hundred Spiritual Rhymes*.

Grabowiecki's poems are prayers to God. Their speaker is a sinner, lonely and alienated, full of humility and repentance. God is his only friend, and for salvation he relies entirely on God's mercy. The central theme of this poetry is the contrast between man's weakness and God's omnipotence. Compared to Sęp Szarzyński—there is a considerable spiritual and intellectual affinity between the two poets—Grabowiecki is a less personal as well as less dramatic poet. Even though his poem-prayers are in the first-person singular, sin, punishment, death, and salvation appear as general and abstract concepts rather than personal experiences. Also his world is less tragic than Sęp's because torment and tension are always followed by an act of optimistic faith in the possibility of absolution through divine grace. As he says in one of his poems, "there is hope in me."

Grabowiecki's bold metaphors and the use of contrast as a compositional device make his poetry stylistically close to the Baroque, although he sparingly uses such effects as the conceit or unexpected *pointe*. His style reflects the inclination, evident also on the intellectual plane, to attenuate and resolve tensions. Grabowiecki has been particularly praised by critics for his innovative stanzaic technique (in his volume *Spiritual Rhymes* he uses fifty-two different stanzaic patterns).

Facade, the Church in Gołąb near Puławy, 1628-1636

VII

Mój wiek czasem krótkim, jak sznurem, zmierzony,
A jako granicą pewną obtoczony,
Więc jak jest nietrwały, ty wiesz, a pijana
Wodna słusznie się zda z nim być porównana.

Wyrwi z grzechów, proszę, a w nich upadłego
Nie dawaj na wzgardę człowieka lekkiego.
Ulży ręki swojej, bo mnie zwojowała
A sna na pośmiech wzdać już się zgotowała.

Nieszczęsny jest żywot człowieka grzesznego,
Pajęczynie równe wszytkie sprawy jego;
A jako mól szatę, tak one żal kazi,
Które więc zła wola od Pana odrazi.

Wysłuchaj me prośby a na łkanie moje
Niechaj otworzone będą uszy twoje;
Abym k sobie przyszedł, chciej sfolgować mało,
Niż ci duszę wrócę a ziemi dam ciało.

VII

My life, measured by a brief span as with a rope,
Is encircled in a permanent boundary.
You know how precarious it is, and rightly
It has been compared to spray rising from water.

Tear me, I beseech You, from my sins—do not hold
In scorn the light-hearted man who succumbs to them.
Slacken Your hand for it has overwhelmed me,
And was ready to hold me up to ridicule.

The life of the sinning man is miserable
And all of his affairs are like a spiderweb;
Regret ruins them as a moth spoils a garment
While bad will wrenches them away from the Lord.

Listen to these entreaties of mine—let Your ears
Be open to my cries and relent a little,
So I can return to my own self before giving
My soul back to You, and my body to the earth.

## XCVII
Sonet

Podobny morzu w głębi rozległemu
Żywot mój troski zewsząd napełniony:
W morzu rozliczny dziw jest zatajony,—
Z strachem skryta myśl — nie gość sercu memu.

Częsty skarb w morzu, niepotrzebny jemu,
W głębokich piaskach bywa naleziony; —
Tak ja klenoty jestem obciążony
Przeszłych rozkoszy, wdzięcznych czasów k temu.

Z wiatry, deszczami, jak się morze wadzi,
Tak płacz z wzdychaniem mój wiek prześladuje —
W niem ryb obfitość — z troski a żałości.

Po morzu okręt nie jeden żegluje —
Ma myśl też żądzą nie jednę prowadzi;
W niem wody — we mnie jest nadzieje dości.

# XCVII
Sonnet

Like the ocean that has enormous depths,
My life is filled on every side with griefs;
Many wonders are concealed in the sea, a thought
Hidden in fear is a frequent guest in my heart.

Often treasures the sea no longer needs
Can be found buried deep down in the sand—
The same way I am loaded with pleasures
From the past, when time was favorable.

As the sea struggles with storms, with the winds,
My life is beset by cries and laments;
The sea abounds in fish, I—in sorrows.

More than a single ship sails on the sea,
So my mind harbors more than one desire—
As the sea has water, there is hope in me.

## CXII
*Octonarius*

Boże mój, o Boże mój, tożeś jest cierpliwy,
Gdy cię ja gniewam grzesząc, tyś z łaską chętliwy.

Boże mój, o Boże mój, tożeś dobrotliwy,
Gdy śmierci prze złość szukam, tyś zdrowie dać chciwy.

Boże mój, ojce łaski, cóż człowiek złośliwy
Możeć oddać za dzięki, gdyś tak lutościwy?

Twa dobroć niech cię sławi, chwały tobie wieczne
Niech wszytkie dni me dają i siły serdeczne.

# CXII
*Octonarius*


My Lord, O my Lord, how patient You are with me;
When I offend You, sinning, You grant me mercy.

My Lord, when I looked viciously for death, You sent
Me health instead; O Lord, You are beneficent.

My Lord, father of mercy, for Your grace what can
Be done in gratitude by an evil man?

Let Your goodness bring glory, let me give You praise
With all of my strength until the end of my days.

## CLXXV

Kiedy cicha noc swoje cienie chłodzi,
A myśli, które kołem
We dnie bujały, prawie wszytkie społem
W cnej zgodzie serce wodzi,
W nabożeństwie, w radości,
Śpiewajmy chwałę Panu wszech możności.

Zniżmy kolana a wznieśmy źrenice
Do światłości wieczystej,
Słowa do chęci przyłączywszy czystej.
Prośmy, by lżył tesknice,
A krewkości potężne
Skromił przez łaski swoje niezwyciężne.

A jako czyni przy pracej młockowi
Pożądny wiatr czerwcowy
W słonecznym ogniu z ziarn precz wiejąc plewy,
Aby też człowiekowi
Duch jego łaski wiecznej
Troski odwiewał z istności serdecznej;

By błogosławił polam w obfitości,
Tak iżby ziemia miła
Więcej owocu niż kwiecia rodziła,
Rószczki pełne radości.
Pokój torem wybornym,
W jasnym ubierze, umyśle niespornym.

## CLXXV

When the quiet night is cooling its shadows
And thoughts that during the day
Floated in a circle are now united,
Led by the heart in noble
Harmony, devotion, joy,
Let us sing praise of the all-powerful Lord.

Let us lower our knees and raise our pupils
To everlasting brightness,
Joining our words with pure desire.
Let us pray that He lighten
Sorrows and curb powerful
Impulses with His unconquerable grace.

As a strong onrushing wind in June will help
The hard labor of threshing
By blowing chaff from the grain in the sun's fire,
Let His spirit of mercy
Do the same to man and blow
All cares away from his bitter existence.

Let Him bless the fields in all their abundance
So that the beloved earth
Will bear for us many more fruits than blossoms
And boughs will be full of joy.
Let peace be our chosen path
With a light garment and uncontentious mind.

W koło niech buja w wieńcu oliwowym
W roskoszy opływając,
Gaje, pagórki, rzeki okrywając,
W bezpieczeństwie takowym,
By bez broniej wszelakiej
Każdy wolno szedł bez bojaźni jakiej.

A jak słoneczne promienie życzliwe
Wilgotność wysuszają,
Którą użytki z ludźmi upadają;
Tak błędy nam szkodliwe
Niech niszczy Bóg lutości
A potem wwiedzie do wiecznej radości.

Let peace soar overhead in an olive wreath
And abound in all pleasures,
Shielding the woods and the hills and the rivers
With so much security
That without any weapon
Each man walks freely and without any fear.

And just as the well-wishing rays of the sun
Evaporate the moisture
That brings ruin both to crops and to people,
So let the merciful God
Destroy our harmful vices
And then lead us into everlasting joy.

Wrought iron window grille in the Collegium Maius, Cracow, 16th c.

# KASPER MIASKOWSKI
(ca.1550-1622)

Born in Smogorzewo in Greater Poland, Miaskowski led a life typical of the average Polish nobleman of his times. He administered different estates, among them his own small holding inherited from his father, and struggled with financial difficulties as well as neighbors, with whom he was involved in numerous lawsuits. He is the author of several works, among them *The Boat of the Opaleńskis, or, for the Happy Arrival to his Bishopric...of Jędrzej Opaleński, Bishop of Poznań* (*Łódź Opaleńska albo na szczęśliwy wjazd na swe biskupstwo...Jędrzeja Opaleńskiego biskupa poznańskiego*, 1608), also *The Slavic Hercules* (*Herkules słowieński*, 1612), and, above all, *A Collection of Rhythms* (*Zbiór rytmów*). Its first edition appeared in Cracow in 1612, and a second edition, enlarged and corrected by the author, was published in Poznań in 1622.

Miaskowski's fame as a poet passed through different phases: a well-known, even plagiarized poet in his own times, he fell into oblivion already by the end of the seventeenth century. His name reappeared only in the nineteenth century when his *Collection of Rhythms* was published twice, in 1855 and 1861. Until recent critical reevaluations, Miaskowski has been mostly praised for his religious poetry. However, contemprary critics find his religious poetry monotonous and unoriginal, as well as too rhetorical and didactic for modern taste, and consider his secular poetry stylistically superior. Miaskowski was an uneven poet, but the baroque features of his poetry, like those of Grabowiecki (to whom he was related by marriage), make him an interesting example of the transitional phase between the sixteenth and seventeenth centuries.

## NA ŚKLENICĘ MALOWANĄ

Popiół śkło, choć je farby malują,
Gdy sztuki w hucie nim wyprawują:
A nie tak, kiedy pieniste konie
Spuszczając z góry słońce, niż tonie —
Jeśli żegnając pogodnym okiem,
Zboczy się z wilgim pozad obłokiem —
Różnych barw tęcze światu wyprawi,
Jako rzemieślnik, gdy śkło postawi,
Zielonym, złotym i szafirowym
Pędzlem i kształtem pozornie nowym.
Ale cóż po tym? Śklanica snadnie,
Niż się napijesz, z rąk ci wypadnie;
A on spaniały kryształ w perzyny
Poszedł, ostatek dym niesie siny.
Popiół śkło, ale i popiół człowiek,
Choćby rozciągnął jak Feniks kto wiek,
Bo i z słonecznych ten ptak promieni
Z popiołu wstaje, w popiół się mieni.
Lecz co arabskie wspominam dziwy?
Przyjdzie dzień, kiedy i świat szedziwy
Walnym płomieniem jak słoma spłonie,
Niż wieczny siędzie Sędzia na tronie.

## ON A PAINTED GLASS GOBLET

Glass is from ashes, though artfully shaped
In the factory, painted with colors.
Is it not like the sun, frothy horses
Letting it down when it displays rainbows
Of mixed hues to the world before it sinks
(As, bidding farewell with a serene eye,
It encounters a rainy cloud behind)—
In this way a craftsman presents a glass,
Painted with green, and gold, and sapphire brush,
Fashioned into an exquisite new shape.
But what then? Before you can drink from it
The glass easily slips out of the hand;
That magnificent crystal turns to ashes,
Blue smoke carrying away the remainder.
Glass is ashes, man is ashes as well,
Though he may stretch his life like the phoenix,
For this bird who is made of the sun's rays
Rises from ashes and turns into ash.
But why mention these strange Arab wonders?
The day will arrive when the aging world
Also burns down, like straw, in a huge flame
Before the eternal judge sits on His throne.

A house on the Market Place in Zamość early 17th c.

# SZYMON SZYMONOWIC
(1558-1629)

Szymon Szymonowic—who used to sign his works Simon Simonides—came from an educated family of Lwów burghers. Like his father he studied at the Academy of Cracow, and also in France and Belgium. Thanks to the patronage of chancellor Jan Zamoyski, Szymonowic was ennobled in 1590. The same year king Sigismund III bestowed upon him the title *"Poeta Regius."* On Zamoyski's request, Szymonowic helped to organize in Zamość an Academy and a printing house. In 1598 he left his native Lwów to settle near Zamość on an estate leased to him in perpetuity by Zamoyski. He managed to amass a considerable fortune that he willed together with his book collection to the Zamość Aacademy. He died in 1629.

Szymonowic started to write during his student years in Cracow, but all his early works are in Latin. His first Polish poem, "The Marriage" ("Ślub"), was written in 1592. Already during his lifetime Szymonowic won considerable renown as a poet, both in Poland and abroad. He was known in Western Europe for his Latin poetry, a collection of which, *Poemata aurea*, was published in Leyden in 1619. In Poland he has been appreciated above all as the author of *Pastorals* (*Sielanki*, 1614). Even though the first known Polish pastoral is Jan Kochanowski's "Saint John's Eve," Szymonowic is considered the initiator of the genre, and he invented its Polish name. Szymonowic's model was above all Theocritus; but even though he borrowed plots, names, and structures from Greek as well as Latin poets, he infused his pastorals with Polish details, customs, names, and settings. Critics often divide his pastorals into two groups, those that are conventional and those that are realistic. One of the most successful examples of the latter is "The Wedding Cakes" (included in this anthology), which offers a lively description of the customs accompanying a wedding ritual among Polish gentry.

As a poet Szymonowic is the continuer of Kochanowski. In his philosophy he is an advocate of the golden mean; his style is distinguished by moderation, simplicity, conciseness, also the lack of rhetoric. He is often didactic and sententious; the *Pastorals* abound in maxims, proverbs, and aphorisms. Although he is of a generation younger than Kochanowski and born in the same decade as Mikołaj Sęp Szarzyński, Kasper Miaskowski, and Sebastian Grabowiecki, Szymon Szymonowic does not belong to their spiritual and poetic formation, however, but he is the last, great representative of the Polish Renaissance.

A village musician, polychrome, the Church in Grębień, near Wieluń, c. 1520-1530

## KOŁACZE

Panny, Pań sześć par

PANNY:

Sroczka krzekce na płocie, bądą goście nowi.
Sroczka czasem omyli, czasem prawdę powi.
Gdzie gościom w domu rado, sroczce zawsze wierzą
I nie każą się kwapić kucharzom z wieczerzą.
Sroczko, umiesz ty mówić, powiedz, gdzieś latała,
Z któryjeś strony goście jadące widziała?
Sroczka krzekce na płocie, pannie się raduje
Serduszko, bo miłego przyjaciela czuje.
Jedzie z swoją drużyną panic urodziwy,
Panic z dalekiej strony; pod nim koń chodziwy,
Koń łysy, białonogi, rząd na nim ze złota.
Panno, gotuj się witać! Już wjeżdża we wrota,
Już z koni pozsiadali; wszystko się podworze
Rośmiało jako niebo od wesołej zorze.
Witamy cię, panicze, dawno pożądany!
Czeka cię upominek tobie obiecany,
Obiecany od Boga i od domu tego.
Po obietnicę trzeba wsiadać na rączego,
A ty się gdzieś zabawiasz! Już nam nie zstawało
Oczu wyglądając cię. Winieneś niemało
Sam sobie, a pogonić trudno i godziny.
Co byś rzekł, gdyby to był otrzymał kto iny?
Barzoś się ubeśpieczył! Czyli tak urodzie
Dufasz swojej? Kto dufa nawiętszej pogodzie,
Deszcz go zlewa. Nie trzeba spać i w pewnej rzeczy.
I Bóg nie dźwignie, kto się sam nie ma na pieczy.
Często zazdrość o tobie złe powieści siała,
Ale cnota zazdrości wiary nie dawała.
Trudno stateczność ruszyć; niechaj zły wiatr wieje,

## THE WEDDING CAKES

Maidens, Six Pairs of Ladies

MAIDENS:

The magpie chirrups on the fence: there will be guests.
Sometimes the magpie fools you, sometimes tells the truth.
Where guests are welcome, the magpie is trusted
And the cooks are not asked to hurry with supper.
Magpie, you know how to speak: tell us where you were—
Tell us the path by which the guests are coming now.
The magpie chirrups on the fence, the maiden's heart
Senses a dear friend near, and is brimming with joy.
A handsome young man rides in with his retinue,
A lord from far-away; beneath him a quick horse,
Horse with white forehead, white legs, and harness of gold.
Maiden, welcome him! He is entering the gate,
Now they have dismounted and the whole courtyard laughs
Like the sky at the sight of a happy dawn coming.
Welcome, Sir; you have been expected a long time!
A gift you have been promised is awaiting you,
Promised you by God, and also by this household.
To claim a promise one should mount on a swift horse.
Instead you dallied somewhere! Our eyes became tired
As they watched out for you. It was your own doing,
And it is difficult to make up for lost hours.
What would you say if someone else received your gift?
You were self-assured! Did you trust your handsomeness?
He who trusts the sunny weather gets drenched in rain.
You should not sleep even when something is certain—
God himself does not help the one who takes no care.
Often jealousy would sow rumors about you,
But virtue has not given faith to jealousy.
Faithfulness is hard to move: let the bad wind blow

Jako chce, przedsię ona nie traci nadzieje.
Kędyś się nam zabawiał, mój panicze drogi?
Serce przez ciebie mdlało i te piękne progi
Pustkami się widziały. Czyliś na jelenie
Z myślistwem jeździł? Wami, wami, leśne cienie,
Świadczymy, jakośmy wam częstokroć łajały...
Czyli cię krotochwile jakie zabawiały?
Nam tu bez ciebie ani dzień widział się biały,
Ani słoneczko jasne. Komuż do wesela
Przyść może, gdzie miłego nie masz przyjaciela?
Czyli nie każdy serce ma jednakie? Czyli
Co z oczu, to i z myśli? A czasem omyli
Oko jasne. O tobie tego nie trzymamy,
I owszem, się pociechy wszelkiej spodziewamy.
Sokół wysoko buja, a bujawszy siła,
Jedno mu drzewko, jedna mu gałązka miła.
Młodość przestrono patrzy i daleko strzela
Z myślami, aż Bóg na wet każdego oddziela
Własną cząstką. Kto na niej przestawa spokojnie,
Wszystkiego ma dostatek, wszystkiego ma hojnie.
I ty myśli uspokój, mój panicze drogi,
Nie darmo cię tu przyniósł twój koń białonogi.
Pryskał we wrota wchodząc; znać, żeśmy-ć tu radzi,
Radziśmy wszyscy tobie i twojej czeladzi.
Już i matka , i panna witać cię wychodzi.
Poprzedź ich ręką, tobie poprzedzić się godzi.
I czołem nisko uderz, jest dla czego czołem
Uderzyć, a nie chciej sieść za gościnnym stołem,
Aż otrzymasz, co pragniesz; wszystko z czasem płynie,
Co ma być jutro, niechaj będzie w tej godzinie.
I ty, matko, nie zwłaczaj, czyń, coś umyśliła.
Żadna rzecz się nie kończy, gdzie rozmysłów siła.
Panno, czas już rozpuścić warkocze rozwite,
Czas oblec szaty takiej sprawie przyzwoite!
Storzcie pannę do ślubu, sąsiady życzliwe,

In any direction, it will not lose its hope.
Where have you been amusing yourself, my young lord?
Because of you the heart of someone was failing
And these lovely rooms seemed to be empty. Were you
Gone to hunt deer? We take you as our witnesses,
Forest shadows, how often did we curse you...
Or were you entertained by other amusements?
Without you here the day did not seem light to us,
Nor the sun bright. Who is able to feel happy
And rejoice when a beloved friend is not there?
Does not everyone have the same kind of heart—far
From the eyes, far from thoughts? And it sometimes
                                        happens
The clear eye deceives. We do not think this of you,
On the contrary—we expect from you all joy.
A falcon soars high but despite all his flying
Only a single tree, one branch, is dear to him.
Youth likes to look around widely and shoot its thoughts
Far—until God finally bestows on each one
His own small share. He who limits himself to it
Has enough, even an abundance, of all things.
You too may set your thoughts at rest, my dear young man,
Your white-legged horse did not bring you here in vain.
It snorted at the gate, a sign you are welcome.
We all welcome you as well as your retinue;
Now the mother and maid are coming to greet you.
Be the first to raise your hand, this is what is right;
Bow your head low to the ground, your reward is worth
Your bow. Do not sit at the generous table
Until you get your wish—with time, all things vanish—
Let what is to be tomorrow happen now.
Mother, do not delay but carry out your plan;
With too much pondering nothing is completed.
Maiden, now it is time to let your long braids loose,
Time to put on robes fitting for the occasion!
Kind-hearted neighbours, dress the maid for the wedding,

Ślub święty jest i wasze prace świętobliwe.
Wszak też wam tę posługę przedtym oddawano,
Toż i za matek waszych w obyczaju miano.
Kapłanie, gotuj stułę. Zbladłeś, nam panicze.
Ba, i pannie łza za łzą płynie przez oblicze.
Przelękłeś się, panicze, bojaźń to od Boga;
Szczęście tam bywa, kędy bywa taka trwoga.
Nie płacz, panno, bo rzeką, że płaczesz z radości,
Pomyśli ktoś i gorzej, bo siła zazdrości.
Nie pierwsza ty od matki wychodzisz z opieki.
Aboś chciała na łonie jej mięszkać na wieki?
I ona przy matce swej nie wiecznie mięszkała,
I tyś się nie dlatego tak tu wychowała.
Jużeście w stadle świętym, wszyscy wam dajemy
Na szczęście i miłego życia winszujemy:
Bodajeście długi wiek z sobą pomięszkali,
Bodajeście wszelakich pociech doczekali!
Potrawy postawiono. Do stołu siadajcie,
W pośrodku mieśce pannie z panem młodym dajcie.
Im-ci z sobą być: tak więc dwa szczepy zielone
Stoją w nadobnym sadu pospołu sadzone.
Panna nie wzniesie oka, serduszko w niej taje,
A pan młody długiemu obiadowi łaje.
Niech kucharze potrawy dziwne wymyślają,
Niechaj win rozmaitych hojno nalewają,
Kołacze grunt wszystkiemu, a może rzec śmiele:
Bez kołaczy jakoby nie było wesele.
Laską w próg uderzono; już kołacze dają,
A przed kołaczmi panie nadobne śpiewają
I taniec prędki wiodą, i kleszczą rękami.
Zabawmy oczy tańcem, a uszy pieśniami.
Ta, co białym trzewiczkiem błysnęła na nodze,
Jakoby rzekła, że się ja też na coś godzę.

Holy is marriage, and your work too is holy.
You also have received the same favor before,
Such was the custom even in your mothers' time.
Holy Father, prepare stole and gown. The groom pales;
Upon the girl's face, tear after tear trickles down.
You are frightened, young man, but this fear comes from
                                                                 God;
Such fear is always attended by happiness.
Maiden, do not cry, they will say you cry from joy,
Others might think something worse, and there is envy.
You are not the first one to leave her mother's care,
Or would you like to be on her lap forever?
She did not always live at home with her mother
And you have not been brought up for that, either.
You are now a married couple, may these gifts be
For your pleasure and a life full of happiness:
May you live many long years with one another
And experience every possible kind of joy.
The food is on the table—let us be seated,
Give the place in the middle to the bride and groom.
They are to be together: like two green seedlings
Planted side by side in a beautiful orchard.
The bride does not lift her eyes, her heart beats in fear,
While the groom is impatient with the long dinner.
Let the cooks invent various fancy dishes,
Let them generously pour different wines,
Most important is the cake. One can boldly say,
There can be no wedding without a wedding cake.
Now they are knocking on the threshold with a cane,
The wedding cake is served, the lovely ladies sing,
Clap their hands together and lead a rapid dance.
So let our eyes enjoy the dance, our ears the songs.
That girl on whose leg a white slipper quickly flashed
Has just told me that I, too, am good for something.

PIERWSZA PARA:

Panicze, co tu z panną siedzisz za tym stołem,
Tobie teraz wiedziemy taniec pięknym kołem,
Tobie kleszczemy. Czyli ty nie słyszysz tego?
Ale cię myśl unosi do czegoś inszego.
Tłusty kołacz niesiemy dla twojej zabawy,
Syty kołacz, są jeszcze sytniejsze potrawy.

WTÓRA PARA:

Śliczna panno, dziś tylko panną cię witamy
Jutro z nami porównasz, w tym cię upewniamy.
Dziś się sromasz, jutro się będziesz uśmiechała
I żal ci będzie, żeś tak długo próżnowała.
Pieści matka, a przedsię niesmaczno w pieszczocie,
A z miłym przyjacielem smaczno i w kłopocie.

TRZECIA PARA:

Nie dumaj nam, panicze, już kołacz na stole,
Teraz jest twoje żniwo, teraz twoje pole.
Dzieciom kołacz, dla ciebie będzie coś lepszego,
A ty pamiętaj zażyć fortelu swojego.
Morzem ma być młodzieniec, morza żeglarz prosi,
Morze nie słucha, ale gdzie chce, żagiel nosi.

CZWARTA PARA:

Panno, już cię to matka z domu precz wyprawia,
Chleb to z domu przed ciebie, nie kołacze stawia.
A chociajby kołacze każdy dzień stawiali,
Dłużej by cię przy sobie już nie zatrzymali.
Jako się mocno trzyma chmiel gęsty przy tyce,
Tak i panna się trzyma przy swoim panice.

FIRST COUPLE:

Young man, who sits before the table with the bride,
For you we lead this dance in a lovely circle,
For you we are clapping. And do you not hear us?
But your thoughts carry you away to something else.
For your pleasure and delight, a rich cake we bring.
A filling cake, but there are dishes more filling.

SECOND COUPLE:

Fair maiden, today we greet you as a maiden,
Tomorrow you will be like us, we assure you.
Now you are embarassed, tomorrow you will smile,
And you will regret that you delayed for so long.
There is not any taste in a mother's caress,
With a friend, it gives pleasure even in distress.

THIRD COUPLE:

Don't be dreamy, young man, the wedding cake is served.
Now is time for your harvest, now the field is yours.
The cake is for children, you have something better.
Be resourceful and use your stratagem.
A man is like the sea; a sailor begs the sea,
But the sail goes where the sea wants it to be.

FOURTH COUPLE:

Maid, your mother is sending you away from home.
She put simple bread and not a cake before you.
Even if the cake was to be served every day
You would not be kept at home any longer.
As thick hops in a field strongly hold to their stake,
So the maiden holds on firmly to her young man.

PIĄTA PARA:

Wilczaszku, ozinąłeś owieczkę niebogę,
Ona za tobą bieży, choć ma w sercu trwogę,
Ale to sobie za ten kołacz wymawiamy,
Że ją tu przy taneczku do dnia zatrzymamy.
Rad byś potym, aby się tańcem zabawiała,
Ty byś rad, ona będzie coś inszego chciała.

SZOSTA PARA:

Panno, przegrana twoja, chłopięta dowodzą;
Kołacz im z stołu dano i za łeb oń chodzą.
Lepsza zgoda niż zwada, zgoda wszystko mnoży,
Niezgoda wszystko kazi i domy uboży.
Panno, miej się do tańca, już wodę oddają,
A muzycy niechaj co rzeskiego zagrają.

[PANNY:]

Sroczko, z dobrąś nowiną do nas przyleciała,
Bodajeś i u sąsiad także zakrzeczała.

FIFTH COUPLE:

Young wolf, you have completely bewitched the poor sheep,
She follows, though her timid heart is filled with fear.
But in exchange for this cake we are asking you
To keep her dancing here until it is morning.
Later on you may want her to enjoy dancing—
You may wish this—but she will want some other thing.

SIXTH COUPLE:

Young bride, you have lost, and the boys are the proof:
They were given the cake, they are fighting for it.
But strife is bad, harmony multiplies all things;
Discord will destroy households and their progeny.
Maid, start the dance, the water is taken away.
And now let the musicians something lively play.

[MAIDENS:]

Magpie, you have come to us with good news to tell,
Let you chirrup now for our neighbors as well.

## MOPSUS
(Fragment z ZALOTNIKÓW)

        Owieczki, lekko następujcie,
Spi tu piękna Neera, spania jej nie psujcie!
Spi tu piękna Neera: ani się tryksajcie,
I trawkę cicho szczypcie, i cicho stąpajcie.
Baranie ty rogaty, abo cię nie minie
Maczuga, abo capem jutro cię uczynię!
Nazbyteś się rozigrał. By to długo trwało,
Mnie by się raczej teraz rozigrać przystało.
Lekko, owieczki moje, lekko następujcie,
Spi tu piękna Neera, spania jej nie psujcie!

Spi tu piękna Neera: przydź, wietrzyku chłodny,
Przydź, wietrzyku, i czyń jej sen wdzięczny, łagodny!
Pozwalam ci i włosy obwionąć na czele,
Pozwalam — ach, niestetyż! — ty i w ucho śmiele
Możesz poszemrać, możesz i wargę całować,
A ja, nieborak, muszę przyjaźni folgować.
Lekko, owieczki moje, lekko postępujcie,
Spi tu piękna Neera, spania jej nie psujcie!

Buhaj kędyś zaryczał. Niebaczny buhaju!
Jeśli mi na złość czynisz, roście w tym tu gaju
Kijań na cię; koniecznie weźmiesz miedzy rogi.
Naryczysz się cały dzień, teraz nie czyń trwogi.
Gdyby w me, wolałbym ja, żeby spać przestała,
Wolałbym, żeby ze mną te kwiateczki rwała.
Lekko, owieczki moje, lekko postępujcie,
Spi tu piękna Neera, spania jej nie psujcie!

MOPSUS
(from THE SUITORS):


Walk lightly my sheep,
Fair Nera sleeps here, do not spoil her sleep.
Fair Nera sleeps—do not butt each other.
Browse the grass quietly, and be softer.
Horned ram, you will not escape my bludgeon;
I will make a gelding of you, move on.
You become too playful, this lasts too long.
It is I who should play now, play my song.
Walk lightly, ever so lightly my sheep,
Fair Nera sleeps here, do not spoil her sleep.

Fair Nera sleeps here, so come, gentle breeze.
Come and make her sleep agreeable, please.
I will let you blow through her lovely hair,
I will let you—alas!—boldly whisper
Into her ear, and you may kiss her lip,
While I, less lucky, must keep our friendship.
Walk lightly, ever so lightly my sheep,
Fair Nera sleeps here, do not spoil her sleep.

A bull roars—careless beast, you break her rest.
You make me angry, and from the forest
I shall bring a stick: your horns I will hit!
Bellow all day but now stop that racket.
Though I would like her to sleep no longer,
I'd prefer to pick flowers together.
Walk lightly, ever so lightly my sheep,
Fair Nera sleeps here, do not spoil her sleep.

Słoneczko, o słoneczko! Nie zajrzy nam cienia,
Pohamuj małą chwilę ostrego promienia,
Uchyl się za ten obłok! Blask spiącemu szkodzi,
Ja bym zasłonił, ale tknąć mi się nie godzi.
I ty się nie przebiegaj, jaszczurko zielona,
Bo cię prędko dosięże maczuga toczona.
Lekko, owieczki moje, lekko następujcie,
Spi tu piękna Neera, spania jej nie psujcie!

Muchy, bezecne muchy! Siła dodziewacie,
Łaję wam i zajrzę wam; więtszą wolność macie
Niźli ja. Na co się was tak wiele zleciało?
Albo wam miło kąsać białe, miękkie ciało?
I ciebie tu, komorku, zła śmierć posadziła!
Ukąsiłeś, że przez sen wargami ruszyła.
Lekko, owieczki moje, lekko następujcie,
Spi tu piękna Neera, spania jej nie psujcie!

Sun, lovely sun! Do not spare shade today,
Stop for a short moment your glaring ray.
Hide behind this cloud! You hurt the sleeper—
Despite my wish I cannot protect her.
Green lizard, do not scamper next to me,
For my wooden club will reach you quickly.
Walk lightly, ever so lightly my sheep,
Fair Nera sleeps here, do not spoil her sleep.

Flies, nasty flies! I scold and envy you,
Because you have more freedom than I do.
Why are there so many of you I see,
Do you like to bite her soft white body?
Mosquito, what devil makes you appear?
You bit her—her lips twitched while she lies near.
Walk lightly, ever so lightly my sheep,
Fair Nera sleeps here, do not spoil her sleep.

Organs in the Bernardine Church in Leżajsk, 1692

# III

# THE BAROQUE

Gate to the Castle of Wiśnicz, 1621

The term baroque, often controversial in Western scholarship, has been used by Polish literary historians to designate the style, and by extension the historical period, dominated by baroque aesthetics. Its characteristic features were the use of strong effects—paradox, unusual metaphor, and the conceit—that aimed to surprise the reader and appeal to his imagination. Two of the most renowned initiators of the baroque style were the Italian poet Giambattista Marino (1569-1625), and the Spaniard Luis de Gongora (1561-1627). Both were widely read, translated, and imitated in Poland.

The period of the Baroque in Poland was exceptionally long, and stretched over two centuries. Many features of the baroque style were already present in the metaphysical poetry of Sęp Szarzyński, written in the 1570s, while its last, belated manifestation was the anonymous songs of the Bar Confederacy composed during the years 1768-1772. The durability and persistence of the Polish Baroque were functions of its protean ability to adapt to different poetic personalities, temperaments, inspirations, and ideologies. It seemed congenial to the religious spirituality of Sęp and Grabowiecki, as well as to the psychological subtleties of Szymon Zimorowic, the preciosity of Jan Andrzej Morsztyn, and the Sarmatism of Wacław Potocki or Wespazjan Kochowski. The repertory of baroque poetry is extremely varied and includes religious, secular, intellectual, libertine, and epic poems. It partook of the world of the spirit as well as that of the senses. It was poetry both of things final and of worldly pleasures, of love and war, of eros and death.

The two hundred years during which baroque literature developed were a period of dramatic changes in Polish history. When baroque art and poetry made its first appearance in the last years of the sixteenth century and the beginning of the seventeenth, the Polish Commonwealth was at the peak of its political power. When the Baroque came to an end in the middle of the eighteenth century, Poland was in a state of accelerated political decline. The defeat of the Bar Confederacy—organised by a group of nobles to counter increasing Russian interference in Poland's political affairs—ironically brought about the first partition.

Politically the seventeenth century was stormy, tragic, and unbalanced. Internally the so-called "golden freedom," which led to greater and greater liberties for the nobility and a concurrent weakening of royal power, resulted in increasing political anarchy. Externally, Poland was torn throughout the century by wars rapidly succeeding and overlapping each other: the wars with Muscovy which started in 1609 and continued over several decades; war with the Ukraine, triggered by the Cossacks' uprising in 1648; war with Sweden between 1655 and 1657; finally, continual wars and battles with the Turkish Ottoman Empire that lasted throughout the century and ended only in 1683 with the victory of the King Jan Sobieski at Vienna. These wars, in particular those with Moslem Turkey, gave rise to a consciousness that Poland was the bulwark of Christianity.

Polish baroque literature witnessed and participated in the gradual, tragic dissolution of the Polish state. There is a marked difference between the poetry of the early phase of the Baroque period, written in the first half of the seventeenth century, and poetry written in the latter part of the century. The poems of Szymon Zimorowic, Daniel Naborowski, Hieronim Morsztyn and Jan Andrzej Morsztyn are generally free of historical references; they explore the universal themes of time, love, and death. On the other hand, the poetry of Zbigniew Morsztyn, Wacław Potocki, and Wespazjan Kochowski—all three of whom participated in military campaigns and spent many years on the battlefields—abounds in war motifs: descriptions of battles, military expeditions, exploits and defeats, celebrations of victories and epitaphs addressed to those who were killed.

For many critics the Baroque period in literature opened in 1618 with the translation by Piotr Kochanowski (nephew of Jan Kochanowski) of two Italian sixteenth-century works, Lodovico Ariosto's *Orlando furioso* and Torquato Tasso's *Gerusalemme liberata*. Tasso's epic poem about the wars of Christians with infidels tied in particularly well with the experience and mood of seventeenth-century Poland. Kochanowski's translation not only stressed war motifs but it also used baroque language and metaphors. Widely read, it fulfilled the role of a national epic all the way to the period of Romanticism.

The poems of Wacław Potocki and Wespazjan Kochowski reflect well this war-filled century. But they also are ideologically motivated: Kochowski's invectives against "the sons of the Crown" and the gentry's abuse of its golden freedom were desperate warnings, and Potocki's description of the Polish victory at Khotim against an overwhelming Turkish army was intended to rouse his compatriots to action. A similar sense of mission and ardent patriotism would ring out a century later in the songs of the Bar Confederacy. All three belong to the same spiritual formation, and are representative of Sarmatism, a cultural phenomenon that dominated the seventeenth and early eighteenth centuries. An offspring of particular political conditions, Sarmatism was above all an ideology, ideology founded on the cult of nobility and what was seen as the nobility's virtues—pride, freedom, equality, faith, and courage. Its negative corollaries were chauvinism, provincialism, narrow-mindedness and lack of religious tolerance. Sarmatism implied also a certain style, whose features curiously resembled and paralleled those of the baroque. Both showed a fondness of pomposity, grandiloquence, and rhetoric. The monumental, decorative, and glittering aspect of the baroque style, the importance of the facade and external appearance, corresponded to Sarmatism's predilection for rich and exotic attire, and a taste for elaborate, quasi-Oriental ritual. Their union imparted to the Polish Baroque added strength, and made its vitality unmatched in the context of both European and Polish literary history.

Stucco ornament by Jan Pfister in the Tarnów Cathedral, 1620

# DANIEL NABOROWSKI
## (1573-1640)

Daniel Naborowski was a Calvinist. In his youth he spent twelve years in Western Europe, studying medicine in Wittenberg and Basel, and law in Orleans and Strassburg. In Padua he took lessons with Galileo. After his return to Poland, Naborowski was in the service of the Radziwiłł family for over thirty years, as teacher, poet, secretary, diplomatic agent, and major domo. It was at the side of Janusz Radziwiłł that Naborowski took part in the famous Zebrzydowski rebellion against the king in 1606-9.

According to some critics, Naborowski made a career as a courtier but wasted his talent as a poet. The slimness of Naborowski's poetic output, distinguished by formal sophistication, gives credence to this judgment. Naborowski was always a skillful poet, at ease with intricate poetic forms such as the sonnet, fond of baroque concetti, complex syntax, and verbal playfulness. Naborowski never collected his poems in a volume, but many were included in the seventeenth-century anthology by J.T. Trembecki, *A Garden of Poetry* (*Wirydarz poetycki*).

Like many poets of the period Naborowski was preoccupied with the problem of death and the transitoriness of human life, but his was not a tragic awareness. As a Calvinist he believed in divine destiny and accepted the world despite its vanities. But he also believed in human reason and a "clear mind" that can lead man—"the ship"—safely through the perils of life.

## IMPREZA:
## CALANDO POGGIANDO, TO NA DÓŁ, TO DO GÓRY

Świat — morze, człowiek — okręt od burzy niesiony,
   Przygody — skryte skały, szczęście — wiatr szalony.
Gdzie styr umysł stateczny, gdzie sam rozum rządzi,
   Gdzie cnota Cynozura, takowy nie błądzi:
To na dół, to do góry, to w bok wały porze,
   Tak pogody zażywa, jako niesie morze.
Nic stałego na świecie, ponieważ i wdzięczna
   Pochodnia Tytanowa, błędna twarz miesięczna
Za niebieskim obrotem zachodzą i wstają,
   Cóż człowiek, jeśli nieba swą odmianę mają!

## SPECTACLE:
## CALANDO POGGIANDO, NOW UP, NOW DOWN

Man—a ship carried by the storm, the world—the sea.
    Adventures—hidden cliffs; luck—wind blowing wildly.
When a clear mind is rudder, virtue the North Star,
    When reason itself rules then man will not stray far.
Now down, now up, casting the waves aside he will go
    As the wind carries him, using the storm's billow.
Nothing stays in the world, even Titan's graceful
    Torch, the wandering face of the moon with its pull
Rise and fall with the celestial circle. What can
    Be said—when heaven itself changes—of man!

## KRÓTKOŚĆ ŻYWOTA

Godzina za godziną niepojęcie chodzi:
　Był przodek, byłeś ty sam, potomek się rodzi.
Krótka rozprawa: jutro — coś dziś jest, nie będziesz,
　A żeś był, nieboszczyka imienia nabędziesz;
Dźwięk, cień, dym, wiatr, błysk, głos, punkt, żywot
　　　　　　　　　　　　　　　　　ludzki słynie.
　Słońce więcej nie wschodzi to, które raz minie,
Kołem niehamowanym lotny czas uchodzi,
　Z którego spadł niejeden, co na starość godzi.
Wtenczas, kiedy ty myślisz, jużeś był, nieboże;
　Między śmiercią, rodzeniem byt nasz ledwie może
Nazwan być czwartą częścią mgnienia; wielom była
　Kolebka grobem, wielom matka ich mogiła.

## THE BREVITY OF LIFE

An hour incomprehensibly follows an hour:
   An ancestor lived, you yourself, an heir is born.
Brief debate: tomorrow—what is now will not be,
   Since you lived you will earn the name of the deceased.
Sound, shade, smoke, wind, flash, voice, point, that is
                                       human life.
A sun that has passed by once will not rise again,
Fleeting time moves in an always unbraked circle
   And more than one fell from it, aiming at old age.
The instant you are thinking, it has gone, poor thing;
   Between death and life our existence can barely
Be called a quarter of a twinkling; the tomb
   Was the cradle for many, their grave was the womb.

## NA TOŻ

Dzień jeden drugi goni i potem zostawa
    Tam, skąd wiek wszytkokrotny odwrotu nie dawa.
Żaden dzień i godzina bez szkody nie bywa
    Człowieku, który ze dniem zarówno upływa.
Karmia byt nasz godziny, która leci snadnie;
    Więcej się ten nie wraca, kto z regestru spadnie;
Już w nocy wiekuistej sen przyjdzie spać twardy.
    Na to masz zawsze pomnieć, o człowiecze hardy:
Dwakroć żyje, kto żyjąc umrzeć się gotuje;
    Umiera dwakroć, kto się śmiertelnym nie czuje.

## ON THE SAME SUBJECT

One day pursues the next, then must remain
   In the realm where nothing comes back again.
Man dies with each day, for him there can be
   No hour, no minute without injury—
Life feeds moments that vanish forever.
   He never returns who drops from the ledger;
In a hard sleep of eternal night he stays.
   O arrogant man, remember always,
Who prepares for death while he lives, lives twice;
   Who does not know he is mortal, dies twice.

## DO ANNY

Z czasem wszytko przemija, z czasem bieżą lata,
Z czasem państw koniec idzie, z czasem tego świata.
Za czasem stawa dowcip i rozum niszczeje,
Z czasem gładkość, uroda, udatność wiotszeje.
Z czasem kwitnące łąki krasy ostradają,
Z czasem drewa zielone z liścia opadają.
Z czasem burdy ustają, z czasem krwawe boje,
Z czasem żal i serdeczne z czasem niepokoje.
Z czasem noc dniowi, dzień zaś nocy ustępuje,
Czasowi zgoła wszytko na świecie hołduje.
Szczyra miłość ku tobie, Anno, me kochanie,
Wszytkim czasom na despekt nigdy nie ustanie.

TO ANNA


With time years go by, all things hurry past,
With time nations end, the world cannot last.
With time the mind is consumed, wit, deftness,
With time beauty must fade, grace, and sleekness,
With time meadows lose blooms, bright colors, all,
With time green trees let their many leaves fall.
With time quarrels, with time bloody deeds end,
With time grief, with time the heart's troubles mend.
With time day yields to night and night to day,
To time all things pay homage, they cannot stay.
My true love for you, Anna my darling,
Will defy time—and will be unending.

## NA OCZY KRÓLEWNY ANGIELSKIEJ, KTÓRA BYŁA ZA FRYDERYKIEM, FALCGRAFEM REŃSKIM, OBRANYM KRÓLEM CZESKIM

Twe oczy, skąd Kupido na wsze ziemskie kraje,
  Córo możnego króla, harde prawa daje,
Nie oczy, lecz pochodnie dwie nielitościwe,
  Które palą na popiół serca nieszczęśliwe.
Nie pochodnie, lecz gwiazdy, których jasne zorze
  Błagają nagłym wiatrem rozgniewane morze.
Nie gwiazdy, ale słońca, pałające różno,
  Których blask śmiertelnemu oku pojąć próżno.
Nie słońca, ale nieba, bo swój obrót mają
  I swoją śliczną barwą niebu wprzód nie dają.
Nie nieba, ale dziwnej mocy są bogowie,
  Przed którymi padają ziemscy monarchowie.
Nie bogowie też zgoła, bo azaż bogowie
  Pastwią się tak nad sercy ludzkimi surowie?
Nie nieba: niebo torem jednostajnym chodzi;
  Nie słońca: słońce jedno wschodzi i zachodzi;
Nie gwiazdy, bo te tylko w ciemności panują;
  Nie pochodnie, bo lada wiatrom te hołdują.
Lecz się wszytko zamyka w jednym oka słowie:
  Pochodnie, gwiazdy, słońca, nieba i bogowie.

## ON THE EYES OF THE ENGLISH PRINCESS, BETROTHED TO FRIEDRICH OF THE RHINE ELECTED KING OF THE BOHEMIANS

*Translated by Harold B. Segel*

Your eyes, O daughter of a mighty king,
   Whence Cupid grants proud rights to all the world,
Not eyes are, but two torches merciless,
   Whose flame makes ashes of unlucky hearts.
Not torches, stars instead, whose radiant dawns
   Implore the angered sea with sudden wind.
Not stars, but variously burning suns,
   Whose blaze no mortal eye can think to grasp.
Not suns, but firmaments with their own course,
   Their lovely hue by heaven's unsurpassed.
Not firmaments, but gods of wondrous might,
   Before whom fall the monarchs of this earth.
Not gods entirely, for when do gods
   Wreak vengeance cruelly on human hearts?
Not heavens: heaven knows a single track;
   Not suns: the sun can only rise and fall;
Not stars: for stars rule only in the dark;
   Not torches, for a torch bows low to a wind;
The single word of "eye" embraces all:
   The torches, stars, suns, firmaments, and gods.

"Allegory of the union of Gdańsk with Poland" by Izaak van den Block, in the City Hall in Gdańsk, 1608

# HIERONIM (JAROSZ) MORSZTYN
(ca. 1581-ca.1623)

From an Arian family, Hieronim Morsztyn lost his parents early and was brought up by his uncle, Samuel Łaski, the royal secretary. Morsztyn attended a Jesuit school in Braniewo, but we know little about his life. His best known works include *Worldly Pleasure, With Her Steward and Twelve Maids* (*Światowa Rozkosz z ochmistrzem swoim i ze dwunastą swych służebnych panien,* 1606), and a manuscript containing more than three hundred poems entitled *A Collection of Poems by the Polish Poet Morsztyn (Sumariusz wierszów Morsztyna niegdy poety polskiego),* written between 1606 and 1613 but never published. However, the authorship of many of the poems is uncertain. This is particularly true of the love songs, because they made their way into the popular anonymous song books of the time. Morsztyn is also the author of six novellas about love, partly based on Boccaccio.

Hieronim Morsztyn is a poet of external, not internal, reality. In his *Worldly Pleasure*, the Steward represents wealth, and the allegorical maidens praise different aspects of worldly pleasures such as external appearance, pleasant company, eating, drinking, music, dance, games, and travel. The ideal of happy life, expressed in the poem "Fortunate Years," is based above all on material well-being; spiritual values such as good conscience or the Christian duty "to help one's neighbor" are mentioned only in a cursory manner.

One of Morsztyn's favorite stylistic devices is the enumeration. As befits a poet who aspires "to describe earthly delights," his poems abound in long lists of objects, people, animals, shapes, colors, and sounds that communicate a sense of richness and plenitude. Like the world he describes, his baroque poems have "a great deal of all the good things."

"Conversation of a Nobleman with Death," stucco decoration, the Church in Tarłów, c. 1650

## ŚWIATOWA ROZKOSZ
(Fragment)

                Któż, oprócz ślepego,
Nie widał ślicznych świata tego pozorności?
  Piękny jest. Ten dla człeka Bóg z swej wszechmocności
Stworzyć raczył. I temuż potrzebne żywioły
  I wszytkie rąk swych dzieje z niebieskimi koły
Ofiarował; człowiek, pan stworzenia wszelkiego,
  Jakoż go chwalić nie ma? Jakoż świata tego
Nie ma zażyć Rozkoszy, gdy je jemu k woli
  Stwórca nadał? Ale tu poczekam, rychło li
Mnich się który ozowie, którzy gardzą nimi,
  Rad bym o niewdzięczności tej co mówił z nimi.
Mnie się tak zda, że to grzech uciekać od tego,
  Co Bóg z upodobania sam dał człeku swego.
Wszakże tu o tym pokój; niech w swojej kapicy
  Siedzą, proszą za nami Boga zakonnicy.
Moja rzecz jest opisać świeckie delicyje,
  Których każdy, póki żyw, niech, jak chce, zażyje.
Bo po śmierci, acz wierzym o wiecznej radości,
  Daleka ta od ziemskich będzie rozpustności.

## WORLDLY PLEASURE
(An Excerpt)

                      Who, except a blind man,
Has not seen the dazzling splendors of this world?
    It is beautiful. God in His omnipotence
Made it for man, all necessary elements,
    All the works of His hands, with the heavenly spheres;
How could man, master of all creatures, not praise Him?
    How could he not enjoy the pleasures of this world,
When the Creator gave them for his enjoyment?
    But here I had better wait, perhaps right away
Some monk will speak up, one who despises pleasures;
    I would like to tell him of this ingratitude.
It appears to me that it is a sin to flee
    From what God has given to man of His own will.
Here, however, let there be no words about it,
    May monks stay in their frocks and pray to God for us.
My task is to describe the delights of the earth;
    Let each man have them while he lives, as he wishes.
For after death, though we believe in eternal joy,
    It will be quite different from our earthly pleasures.

## OCHMISTRZ DOSTATEK
(Fragment)

Sławny ochmistrz Dostatek srebrną brodą chwieje,
A złotymi, gdzie stąpi, portugały sieje.
Jedną ręką intraty przemożne rachuje,
   Drugą hojnie zebranym bogactwem szafuje.
Srebra, złota i pereł, i kamieni drogich,
   Jedwabiu rozlicznego, klejnotów chędogich
Pełno wszędy, orszak sług, pieszczone bławaty,
   Drogo tkane szpalery, rumiane szarłaty.
Wezgłowia teletowe, kołdry haftowane,
   Materac z altembasu, złotem opasane
Łoże, pokój obity, w nim z srebra litego
   Wszystko, czego się jedno tkniesz. Gwałt dobra wszego,
Miast, zamków i folwarków; stąd i majętności,
   Państwa nie okrążone i szerokie włości,
Nieprzebrane dochody, skarby niezliczone,
   Wory, skrzynie, szkatuły zbiory napełnione.
Wszystkiego wszędy dosyć, samo się kieruje
   Szczęście, łacwo durować, koli przystępuje.

## STEWARD WEALTH
(An Excerpt)


The famous steward Wealth shakes his silvery beard
    And wherever he steps, sows his golden doubloons.
With one hand he counts all his enormous income,
    With the other lavishly spends his massed fortune.
Everywhere there is gold, silver, pearls, precious stones,
    Different sorts of silk and intricately made gems,
A retinue of servants, delicate blue cloths,
    Costly woven embroidery and fine scarlets.
Headrests of brocade and embroidered covers,
    A brocatelle mattress, a bed studded with gold,
The room upholstered, in it everything you touch
    Is made of solid silver. A profusion of good things:
Towns, castles and farms, all kinds of wealth come from
                                    him,
    Countries that have no boundaries and large estates,
Inexhaustible revenue, countless treasures,
    Sacks, heavy chests and coffers filled with possessions.
Plenty of everything everywhere, luck itself
    Turns your way. Jokes are easy when your fortune
                                            grows.

## FORTUNNE LATA

Myśl wesoła, niestroskane
Z zyskiem praca, wiek
          pogodny,
Sen smaczny, dobre
          sumnienie —
Kopa od potrzeby w domu,
Ratować czasem bliźniego,
Zbiór to wielki, wielkie
          włości
Ojczysta w cale swoboda,

Sąsiad dobry, wierny sługa,

Chleb a żywot bez nagany
Żona k myśli, rodowity
Potomek w ojca wrodzony,
W tych pociechach włos
          sędziwy
Dość temu Fortuna dała,

Serce, zdrowie nie łatane,
Dni spokojne, rok
          niegłodny,
To szczęście i dobre mienie,

Nie być nic winien nikomu,
A mieć swego do nowego.
Nie znać w szczęściu
          odmienności.
Piękna sława, z bracią
          zgoda,
Lichwa niskąd, jedno z
          pługa.
Skarb to nieoszacowany,
Z nią przyjaciel, dar obfity.
A spłacheć nie spustoszony.
Czyni wiek ludziom
          szczęśliwy.
Komu w tym nie
          przeszkadzała.

## FORTUNATE YEARS

A happy mind, untroubled
Work bringing profit, serene life,
Savory sleep, a clear conscience—
Threescore for needs at home,
To help, sometimes, your neighbor
It is as precious as a large harvest, a great estate
The freedom you were born with,
A good neighbor, faithful servant,
Bread and a life without reproach,
A wife to your liking, a well-born
Son like his father,

To come to gray hair with these joys
Fortune gives plenty to the one

Heart, health with no flaw,
Calm days, a year without hunger,
This is happiness, and good fortune.
Owing nothing to no one,

And have enough to last until next year.
Not to know reverses in fortune.
Good fame, peace with brothers in the gentry,
No need for usury and profit from the plough alone;
This is a priceless treasure;

Friend, are an ample gift.

And your patch of land not devastated.
Makes life happy for a man.

For whom it is not an adversary.

## CZAS

Wszystko idzie za czasem,
Jam żyw, a śmierć za pasem.
Jeden w łódź, drugi z łodzi,
Ten kona, ów się rodzi.

A zbiór ojca skąpego
Z rąk potomka hojnego
W cudzy się dom obraca;
Ów zbierał, ten utraca.

We mgnieniu oka ginie,
Kto się śmierci nawinie.
A któż taki na świecie,
Co ten węzeł rozplecie?

Są granice wszystkiego,
Cokolwiek szerokiego
Ponoszą kraje świata,
Każdą rzecz kończą lata.

TIME

All things change in time. Though I live,
Death is only one step away.
One gets in the boat, another leaves;
This one dies, another is born.

Savings of a thrifty father
Pass through a generous son's hands
Into the house of a stranger.
One gathers, and the other wastes.

He who finds himself in death's path
Perishes in the wink of an eye.
And who is there in the world
Able to untangle this knot?

For everything there are limits;
Whatever the different countries
Of this wide world may achieve,
All of it ends with the years.

A figure in the Church in Gołąb, c. 1650

# SZYMON ZIMOROWIC
(1608 or 1609-1629)

Szymon Zimorowic was the son of a bricklayer from Lwów; his older brother, Bartłomiej, was also a poet. Szymon Zimorowic died early, at the age of twenty or twenty-one. A few months before his death, while in Cracow, he wrote a cycle of poems, *Ruthenian Girls* (*Roksolanki*), as a gift for his brother's wedding which he was unable to attend. The volume was published twenty-five years later, in 1654, by Bartłomiej.

*Roksolanki* consists of sixty-nine songs sung by young men and women, grouped in three choruses. The songs are preceded by a longer poem which is in the form of a wedding speech, delivered by Dziewosłąb, the Slavic equivalent of the Greek Hymen. Conceived as a spectacle, Zimorowic's "tournament of songs" has its roots in Slavic wedding rituals. At the same time it shows a highly intricate artistic composition. Thematically the songs are unified by the single subject of love, but each poem is a variation on the theme because each singer experiences love in a unique and specific manner, endowing his or her song with a different tonality. The impression of diversity is enhanced by a great variety of metrical patterns. Underlying the entire volume is a vision of love as an elemental, irrational, and all-powerful force, stronger than will or reason. An inseparable attribute of love is suffering. The closing poem on the vanity of this world (included in this selection) adds a new metaphysical perspective.

Although Zimorowic relies heavily on Greek mythology, and although the exotic names of his singers have a Greek or Italian ring to them, he also introduces symbols and customs that derive from the native tradition of folklore as well as Ruthenian colloquial expressions. The quick, rhythmic beat of his songs is also related to popular songs and dances. The stylistic heterogeneity of Zimorowic's poetry should certainly be seen as a baroque feature; the poet uses other baroque effects as well, such as contrast and paradox. At the same time he does it cautiously, and—what is more important—his effects are not in themselves a goal but a means to explore all the emotional and psychological complexities of the experience of love.

Figure of St. Barbara in the Bernardine Church in Kielce, 1646

## HELENORA

Już to próżno, mój ukochany! przyznać ci muszę,
Zraniłeś mi niepomału serce i duszę,
   A nie dałeś mi pociechy inszej w chorobie,
   Tylko tę, że ustawicznie myślę o tobie;
Albowiem lubo dzień po niebie światło rozleje,
Lubo smutna noc czarnym świat płaszczem odzieje,
   Żal mię trapi bez przestanku ciężki niebogę,
   Że bez ciebie, namilejszy, wytrwać nie mogę.
Chociażeś ty jest na pojźrzeniu nie barzo cudny,
A co większa, i w rozmowach wielmi obłudny,
   Nadto że mi nie oddawasz chęci wzajemny,
   Przecię jednak nie wiem czemuś u mnie przyjemny.
A bogdajżem cię nigdy była przedtym nie znała,
Niżelim w tobie serdecznie tak zakochała;
   Zakochawszy, jeżelim ci nie miła przecię,
   O bogdaj żebym nie długo żyła na świecie.

HELENORA

It is useless my dear.  Still, you should know
You have truly wounded my heart and soul.
   Though I think of you incessantly,
   In my sickness you bring me no joy.
Whether day pours its light over the sky
Or sad night clothes the world in a black coat,
   Heavy sorrow torments me without end
   For without you, my love, I can not last.
Although you are not handsome to behold
And you are deceitful when you speak—
   Nor do you return my affection—
   I do not know why I am fond of you.
If only I never knew you at all
And did not fall passionately in love;
   But, in love, if you do not care for me,
   O let me not live long in the world.

HIPOLIT

Rozyna mi w taneczku pomarańczę dała,
 A potym i wianeczek dać przyobiecała,
Ale gdym jej pomagał wesołego tańca,
 W ogień się obróciła ona pomarańcza.
Ono jabłko żarzystym węglem mi się sstało,
 Spaliwszy duszę nędzną, spaliło i ciało.
Ogniu mój, o Rozyno! prędkom cię zachwycił,
 Prędko mi cię na sercu złoty owoc wzniecił.
Teraz wiem, co jest miłość; nie Wenus łaskawa
 Spłodziła ją, lecz lwica na pustyni krwawa,
Tygrys niemiłosierna nad błędnym człowiekiem,
 Na Kaukazie szalonym karmiła ją mlekiem.

# HIPPOLYTE

Rozyna gave me an orange as we were dancing,
    Then she promised her maiden's wreath—but that
                                                   evening
As I helped her in the dance, her playful game,
    The orange suddenly burst into a bright flame.
The golden fruit became an incandescent coal,
    It scorched my flesh, consumed my helpless soul.
O my fire, O Rozyna! Quickly I caught you,
    Quickly you were kindled in my heart, too.
Now I know what love is; not generous Venus
    Gave birth to it but a desert beast, voracious,
Blood-drenched, with no pity for man—a lioness
    In the Caucasus nursed it on milk of madness.

BINEDA

Jest niedostępna jaskinia, gdzie ludzi
  Śpiewak czubaty nigdy nie przebudzi,
  Gdzie nie dochodzą promienie słoneczne,
  Tylko szarawa noc ćmy sieje wieczne;
Z lochu cichego potok wyskakuje
  Niepomnej wody, która sny cukruje
  Szumem miluchnym, noc czarnoskrzydlata
  Wszędzie po gmachu tesknociemnym lata.
Na łożu gnuśnym sen drzymie leniwy,
  W około niego mak rości e senliwy,
  Na którym ptaków czarnych nieme roje
  Budują gniazda i mieszkania swoje.
Tu Zaryades z piękną się obeznał
  Odatą, której krom snu nigdy nic znał,
  Tu ja zakusił rozkoszy nietrwały;
  Bo gdy nadobne boginie mijały,
Jedna piękniejsza, czyli tak się zdało,
  Otoli serce za nią pobieżało;
  Zniknęła, gdym się za sercem pokwapił,
  Mnie żal smutnemi skrzydłami obłapił.

BINEDA


There is a hidden cave where people are
    Never wakened by the bird with a comb,
    Where the sun's rays never reach and only
    A grayish light sows the eternal dusk.
A stream of water of forgetfulness
    Leaps from a still dungeon, sweetening dreams
    With its pleasant murmur as black-winged night
    Flies over a building dark with longing.
Lazy sleep dozes in a sluggish bed,
    Around it drowsy poppies are growing
    In which silent swarms of black birds
    Are building their nests and dwelling-places.
Here Zaryades met lovely Odata
    Whom he had never seen but in a dream;
    Here I tasted ephemeral pleasure,
    For when fair goddesses were passing by
One was more beautiful than the others,
    Or so it seemed—my heart leapt after her.
    When I followed my heart she disappeared,
    And sorrow folded me in its sad wings.

## HIACYNT

Nie już słońce promienie złotowłose roni,
   Kiedy się czarnej chmury żałobą zasłoni,
   Owszem po niebie toczy tym jaśniejsze koło,
   Gdy mu opłucze burza niepogodna czoło.
Ani zorza w ciemnościach ostatnie już tonie,
   Kiedy w wieczornym mroku zanurzy swe skronie,
   Ale tym bielszą światu pokazuje szyję,
   Im ją nadłużej w nocnej kąpieli wymyje.
Nie przeto mój Kupido pozbędzie swych chęci,
   Że go przeciwne szczęście srogim wichrem kręci;
   Nie dlatego pochodnia w ręku jego zgaśnie,
   Iże ją wróg zawisny chce zatłumić właśnie.
Jako wągiel skropiony wodą barziej parzy,
   Jako wiatr rozdymając ogień lepiej żarzy,
   Tak miłość moja większe wypuszcza płomienie,
   Skoro na nię fortuna przeciwnością wienie.
Rzeka zatamowana wody nie pozbywa,
   Lecz sowitą powodzią natychmiast opływa;
   Im kto uporniej drzewo palmowe w dół tłumi,
   Tem prędzej swe gałęzie wzgórę podnieść umi.
I ja na znak miłości mojej nieodmienny
   Postawię nad potokiem srebrnym słup kamienny,
   Na którego wierzchołku będą wespół ryte
   Dwa serca, jedną włócznią miłości przebite.

# HIACYNTH

When a cloud's black mourning covers the sun
    It does not then lose its golden-haired beams,
    But forms a brighter circle on the sky
    When its forehead is rinsed by a rainstorm.
Nor does the sunset's glow drown in darkness
    When it dips its temples in evening dusk,
    But it shows to the world a neck whiter
    The longer it has been bathed in the night.
Nor does my Cupid's desire diminish
    When hostile fortune's stern wind buffets him,
    And the torch in his hand does not die out
    Because an enemy wants it stifled.
As coal burns more when sprinkled with water,
    As fire blazes up when fanned by the wind,
    So my love also sends out greater flames
    When contrary fortune breathes upon it.
A blocked river does not lose its water
    But overflows at once with a great flood;
    The more stubbornly a palm is cut down
    The faster it sends out its new branches.
I, too, as a sign of unchanging love
    Will build a stone column by a silver stream,
    At its very top I will carve two hearts
    That are pierced by the single spear of love.

## HALCYDIS

Mądrość jest nad mądrościami,
   Widzieć śmiertelną za nami
   Pogonią, która wyroki
   Miece na świat bez odwłoki.
Jako z pędem na dół wali
   Wiatr skałę, którą obali,
   Tak się nasze przerywają
   Lata, kiedy koniec mają.
Jako z cięciwy wypada
   Strzała, a wicher nią włada,
   Tak nas, tak nasze nadzieje
   Śmierć wespół z prochem rozwieje.
A kto się rozbraci z światem,
   Wszytkie jego sprawy za tem
   W niepamięci ponurzone
   Ludziom nie będą wspomnione.
Właśnie, jako kiedy morze
   Okręt wielkim gwałtem porze;
   Skoro ujedzie, by znaku
   Nieznać jego namniej ślaku.
Marność jest nad marnościami
   Świat ten z swoimi pompami.
   A przecię ludzi tak wiele
   Każe nań hardzie i śmiele.

HALCYDIS


The wisdom of all our wisdom
   Is to see behind us the chase
   Of death, who passes verdicts
   On the world allowing no delay.
As the wind hurls down a rock
   It has overturned at full speed,
   So our years are broken off
   When they have come to an end.
As an arrow bounds from the bow
   And is whirled around by the wind,
   So we will be scattered by death,
   Both our hopes and our ashes.
And he who parts ways with the world,
   All his affairs are submerged
   With him in forgetfulness,
   They will not be recalled by men.
Just as a ship when it cleaves
   The sea violently in two
   Will not leave the slightest trace
   Behind when it has vanished.
Vanity of all vanities
   Is this world with all of its pomp,
   And yet so many boast of it
   Arrogantly, with insolence.

Tomb of Erazm Danigiel in St. Mary's Church in Cracow, before 1624

# BARTŁOMIEJ ZIMOROWIC
## (1597-1677)

Bartłomiej Zimorowic was a burgher; he held different city offices in his native Lwów, and was its mayor. He showed his allegiance to the city by writing several books about Lwów's history toward the end of his life. A prolific poet, Bartłomiej was considerably less talented than his younger brother, Szymon. His most successful poetic work is the volume *The New Ruthenian Pastorals* (*Sielanki nowe ruskie*) that he published anonymously in 1663, more than thirty years after Szymon wrote his *Ruthenian Girls*. It is composed of seventeen pastorals in which the characters are Ukrainian peasants. The realism and down-to-earth tone impart an aura strikingly different from that of Szymon's pastorals.

## MIŁOSZ
(Fragment z WINIARZY)

Ziemia, powietrzna fala, niebieskie okręgi,
Napierwsze to są u mnie o trzech kartach księgi.
Na tych Boskiej dobroci napisy prawdziwe
Czytam i konterfety widzę jego żywe.
Kto słonecznej pochodni podniaty dodaje,
Że tak jasnym płomieniem pałać nie przestaje?
Kto jej konie pogania, abo wozem rządzi,
Że nigdy nie ustają konie, wóz nie błądzi?
Kto coraz nowe stroje sprawia nocnej ksieni,
Abo inakszą fozą co noc twarz jej mieni?
Czemu tańcem mienionym nigdy się nie strudzi?
Kto rossą ziemię kropi? kto świt rany budzi?
Kto Jutrzence rumieńcem farbuje twarz jasną
I kto gwiazdy zapala, kiedy we dnie zgasną?
Czyje palce paździerzą śnieg, jak wełnę miękką?
Czyją grad lodowaty formuje się ręką?
Kto nieścignione wiatrom przyprawuje skrzydła?
Kto ten świat coraz w nowe ubiera piękrzydła?
Za czyim rozkazaniem noc po nocy kroczy,
A dzień z toru swojego na piądź nie wyboczy?
Czyj rozum czasom wrotnym zegary porobił
A wieki na króciuchne minuty podrobił?

## MIŁOSZ
(from THE WINE MAKERS)


The earth, the wave of air and heavenly spheres
Are three leaves of the book most important to me.
In it I can read the true signs of God's goodness
And there I can readily see its living proofs.
Who is it that gives the impulse to the sun's torch
So it does not cease burning with so bright a flame?
Who is driving its horses, and steering the cart
So the horses never tire, the cart never strays?
Who makes the costume for night's princess ever new
So her face always glows in a different phase?
Why does she never tire in her changing dance?
Who sprinkles the earth with dew? Who wakens morning?
Who colors Dawn's lovely face with a rosy blush
And lights all the stars as they die during the day?
Whose fingers are shredding the snow like soft white wool?
Whose hand is so deft as to form the frigid hail?
Who is fastening swift wings to the blowing wind?
Who dressed this world in beauties that are ever new?
On whose command does the night always follow night
And the day not swerve a single inch from its course?
Whose mind made clocks for time that forever revolves
And minced the centuries into tiny minutes?

## SIELANKA ÓSMA. ŚPIEWACY.
(Fragment)

LIDYCHNA:

    Pełne sioło tej nowiny,
Że Bertyn, młody pasterz Rosiejskiej krainy,
Stara się o Pałachnę; a żeby to jawno
Sąsiadom z pokrewnymi uczynił, nie dawno
Widziałam, kiedy w wieńcu przechodził ulice,
Przed nim Menalka w włoskie przegrawał skrzypice;
Za nim niesiono serby i cymbały dęte,
Fujary wystrugane, kornety nagięte,
Także, których ja nazwać nie umiem, piszczele
Trefne dosyć. [...]
Słuchajmy raczej pieśni, które głos muzyczy
Z śpiewakami przed sienią na dobrą noc krzyczy.

MUZYKA:

Róże, ucieszne róże, ognie samorodne,
Szkarłatne me opony i gwiazdy ogrodne!
Dotąd was rana zorza krwią swą napawała,
Dotąd Wenus letniemi łzami omywała,
Pókiście w ogródeczku mej Filidy rosły;
Teraz z siedmi tryonów gdy was zimna doszły,
Zniszczałyście, ach marnie! któż wam teraz przyda
Latorośli, ponieważ umarła Filida?

ŚPIEWACY:

Na japurtowej skórze, który nad wąwozem
Wisi, na wiosnę ten rym wyrzezałem nożem:
Młoda Halina, na tej wsparszy się jabłoni,
Płakała rzewno, gdy ją pożegnał Hebroni;

## EIGHTH PASTORAL: THE SINGERS
(An Excerpt)

LIDYCHNA:

          The village bursts with news:
Bertyn, the young Ruthenian shepherd
Is courting Palachna. To make it known
To her neighbors and her family, I saw
Him walking along the street with a wreath.
Ahead Menalka played a violin,
Behind came a fiddle and dulcimer,
There were pipes whittled from wood, curved cornets
As well as fifes whose names I do not know
But beautiful indeed...
Let us listen to the musicians' songs,
To the singers chanting before the house.

THE MUSIC:

Roses, delightful roses, self-born fires,
My scarlet tapestries and garden's stars!
When you grew in my Filida's garden
The morning dew watered you with its blood
And Venus washed you with her summer tears—
But when the northern cold has reached you,
Oh! how badly you withered. Who will tend
Your growing now that Filida is dead?

SINGERS:

In the skin of an apple tree, perched high,
I carved this rhyme with a knife in the spring:
—Young Halina leaning against this tree
Wept harsh tears when Hebroni bid goodby;

Toż drzewo raz bez lato tylko jabłka rodzi,
Miłość kilkakroć na dzień gorzki owoc płodzi.
Przeczytawszy ten napis, Amintas pieszczony
Wyrysował takowe rytmy z drugiej strony:
Młoda Halina, przy tej stanąwszy jabłoni,
Śmiała się, gdy ją z drogi przywitał Hebroni;
To drzewo na jeden smak co rok jabłka rodzi,
Miłość pod różnym smakiem owoc codzień płodzi.

The tree bears apples just once a summer,
But love keeps bearing bitter fruit each day.
When he read these words pampered Amintas
Cut his own rhymes into the other side:
—Standing by this tree young Halina laughed
When Hebroni returned and greeted her;
The tree bears the same apples every year,
Love bears fruit tasting differently each day.

## LASOTA
(Fragment ze SWATÓW)

Na łące rozłożystej u krynicznej wody
Pasła się łani stara i jelonek młody;
Obaczył to myśliwiec, łanię wżdy opuścił,
Ale się za jelonkiem prędkim biegiem puścił;
Lecz mu go chybka młodość uniosła w las rączo.
Tak się trafia tym, którzy miłują gorąco.

## LASOTA
(from THE MATCHMAKERS)


In an open meadow by a clear spring
An old doe and a young fawn were grazing.
A hunter saw them; he let the doe go
And pursued the fawn in a rapid chase.
But the swift youth lost him in a thick grove.
This happens to those who ardently love.

Queen Ludwika Maria Gonzaga by Francesco Giovanni Rossi, 1651

# JAN ANDRZEJ MORSZTYN
## (1621-1693)

From a Calvinist family, Jan Andrzej Morsztyn studied in Leyden. His close association with the eminent Lubomirski family paved the road to a brilliant career at the royal court. Sent on numerous diplomatic missions, Morsztyn eventually received the title of Treasurer of the Crown. After the Swedish invasion, Morsztyn converted to Catholicism. He was a favorite of the queen Ludwika Maria, and was actively involved in her attempts to strengthen royal power and win the Polish throne for a French candidate. For his efforts, Morsztyn was remunerated by the French king Louis XIV. After the election of Jan Sobieski and the victory of the pro-Austrian faction, Morsztyn continued to work as a supporter of France. He was accused by the Diet of the treason of state and lese-majesty. In 1683 he fled to France, where he died in 1693 as comte de Chateauvillain.

Morsztyn wrote all his poetry before 1661. He gathered his poems into four collections: *Dog Days* (*Kanikuła albo psia gwiazda*, 1647), *Lute* (*Lutnia*, 1638-1661), *Epigrams* (*Fraszki*, 1645) and *Riddles* (*Gadki*, 1651); a considerable number of his poems, however, are not contained in these volumes. In addition to poetry, Morsztyn was a talented translator. His translations include Tasso's *Amintas* (1650), Giambattista Marino's *Psyche*, and above all a masterful translation of Corneille's *Cid* (*Cyd*, 1660).

Morsztyn's skillful virtuosity in politics was matched by his virtuosity in poetry. Neither profound nor original (many of his poems are paraphrases of Latin, neo-Latin, French, and Italian poets), Morsztyn's poetry dazzles by its craftsmanship. His master was the Italian poet Giambattista Marino. The central theme of Morsztyn's poetry is love, but it is not easy to decide whether there is any genuine emotion behind his clever poetic figures and verbal games. Morsztyn was a consummate player, irrespective of the object of his game: politics, love or language. *Concetti*, plays on words, paradoxes, antitheses, sophisticated metric forms—all of these presented an exciting challenge, and were congenial to his temperament. He was not interested in philosophical or moral issues but in expression itself. A perfectionist who would work and rework his poems, Morsztyn published reluctantly, less concerned with poetic fame than the technical perfection of his texts.

Stucco ceiling by Giovanni Battista Falconi, after 1641, in the Łańcut castle

## NIESTATEK

Prędzej kto wiatr w wór zamknie, prędzej i promieni
    Słonecznych drobne kąski wżenie do kieszeni,
Prędzej morze burzliwe groźbą uspokoi,
    Prędzej zamknie w garść świat ten; tak wielki, jak stoi,
Prędzej pięścią bez swojej obrazy ogniowi
    Dobije, prędzej w sieci obłoki połowi,
Prędzej płacząc nad Etną łzami ją zaleje,
    Prędzej niemy zaśpiewa, i ten, co szaleje,
Co mądrego przemówi: prędzej stała będzie
    Fortuna, i śmierć z śmiechem w jednym domu siędzie,
Prędzej prawdę poeta powie i sen płonny,
    Prędzej i aniołowi płacz nie będzie plonny,
Prędzej słońce na nocleg skryje się w jaskini,
    W więzieniu będzie pokój, ludzic na pustyni,
Prędzej nam zginie rozum i ustaną słowa,
    Niźli będzie stateczna która białogłowa.

# INCONSTANCY

*Translated by Harold B. Segel*

The sooner will you trap the wind, small bits
    Of sunbeams sooner with your pockets line,
The sooner calm the raging sea by threats,
    The sooner grasp the world within a fist,
The sooner painlessly thrust hand in fire,
    The sooner go in chase of clouds with nets,
The sooner drown Mt. Etna with your tears,
    The sooner mutes will sing, and those insane
Speak wisely; Fortune sooner constant be,
    Or death and mirth reside beneath a single roof,
The sooner poets not lie, and sleep be vain,
    The sooner angels pay no heed to tears,
The sooner in a cave the sun seek rest,
    Or peace in prison reign, or deserts filled,
The sooner reason perish, and words cease,
    Than any woman ever constant be.

## O SWEJ PANNIE

Biały jest polerowany alabastr z Karrary,
   Białe mleko przysłane w sitowiu z koszary,
Biały łabęć i białym okrywa się piórem,
   Biała perła nieczęstym zażywana sznurem,
Biały śnieg świeżo spadły, nogą nie deptany,
   Biały kwiat lilijowy za świeża zerwany,
Ale bielsza mej panny płeć twarzy i szyje
   Niż marmur, mleko, łabęć, perła, śnieg, lilije.

ON HIS MISTRESS

*Translated by Harold B. Segel*


White the polished marble of Carrara,
    White the milk from cow sheds fetched in baskets,
White the swan and covered with white plumage,
    White the pearl unspoiled by frequent stringing,
White the snow, fresh fallen, still untrampled,
    White the lily plucked in all its freshness,
But whiter still my lady's face and neck
    Than marble, milk, swan, pearl, fresh snow, and lily.

DO TEJŻE

Oczy twe nie są oczy, ale słońca jaśnie
   Świecące, w których blasku każdy rozum gaśnie;
Usta twe nie są usta, lecz koral rumiany,
   Których farbą każdy zmysł zostaje związany;
Piersi twe nie są piersi, lecz nieba surowy
   Kształt, który wolą naszę zabiera w okowy.
Tak oczy, usta, piersi, rozum, zmysł i wolą
   Blaskiem, farbą i kształtem ćmią, wiążą, niewolą.

## TO HIS MISTRESS

*Translated by Harold B. Segel*


Not eyes your eyes, but brightly shining suns
  Whose brilliance brings to ruin every mind;
Not lips your lips, but coral red in hue
  Whose radiance makes captive of each sense;
Not breasts your breasts, but heaven's unworked form
  From which are fashioned fetters for the will.
'Tis thus that eyes, breasts, lips—mind, sense, and will
  By brilliance, color, form—blind, bind, imprison.

## DO TRUPA
Sonet

Leżysz zabity i jam też zabity,
　Ty — strzałą śmierci, ja — strzałą miłości,
　Ty krwie, ja w sobie nie mam rumianości,
Ty jawne świece, ja mam płomień skryty,

Tyś na twarz suknem żałobnym nakryty,
　Jam zawarł zmysły w okropnej ciemności,
　Ty masz związane ręce, ja wolności
Zbywszy mam rozum łańcuchem powity.

Ty jednak milczysz, a mój język kwili,
　Ty nic nie czujesz, ja cierpię ból srodze,
　Tyś jak lód, a jam w piekielnej śreżodze.

Ty się rozsypujesz prochem w małej chwili,
　Ja się nie mogę, stawszy się żywiołem
　Wiecznych mych ogniów, rozsypać popiołem.

## TO A CORPSE
A Sonnet


You lie on the earth, killed, I have been killed too.
    You—with an arrow of death; I—with love's arrow.
    You have no blood, in me it continues to flow;
    You have candles but my flame is not in full view.

Your face is covered by a shroud and you feel no pain.
    My senses are shut in terrible darkness.
    Your hands are tied, and my freedom is
    Lost, my mind shackled with a chain.

You, however, are silent, but my tongue whimpers.
    You feel nothing, while my body painfully suffers.
    You are like ice, I am pierced by hell's searing flash.

You will crumble to dust in a short moment
    While I—become the eternal nourishment
    Of my own fires—cannot crumble to ash.

## NA KRZYŻYK NA PIERSIACH JEDNEJ PANNY
Sonet

O święta mego przyczyno zbawienia!
   Któż cię wniósł na tę jasną Kalwaryją,
   Gdzie dusze, które z łaski twojej żyją
W wolności, znowu sadzasz do więzienia?

Z którego jeśli już oswobodzenia
   Nie masz i tylko męki grzech omyją,
   Proszę, niech na tym krzyżu ja pasyją
I krucyfiksem będę do wytchnienia.

A tam nie umrę, bo patrząc ku tobie,
   Już obumarła nadzieja mi wstaje
   I serce rośnie rozgrzane piersiami.

Nie dziw, że zmarli podnoszą się w grobie,
   Widząc, jak kiedyś, ten, co żywot daje,
   Krzyż między dwiema wystawion łotrami.

## ON THE LITTLE CROSS ON A CERTAIN LADY'S BREAST
A Sonnet

*Translated by Harold B. Segel*


O holy cause of my salvation!
Who raised you to this fair Calvary
Where souls, which solely by your grace
Are free, you place again in prison?

From which, if there be no release
And only cleaning sin with torture,
I ask to rest upon this cross
Till passion and contrition drain me.

I shan't die there, for looking unto you,
A languid hope in me arises;
My heart, warmed by your breasts, revives.

'Tis no surprise the dead rise in their graves,
Seeing, how once he who gives life
A cross did place between two thieves.

## DO MOTYLA
Sonet

Lekko, motylu! Ogień to szkodliwy!
   Strzeż się tej świece i tej jasnej twarzy,
   W której się skrycie śmierć ozdobna żarzy,
I nie bądź swego męczeństwa tak chciwy.

Sam się w grób kwapisz i w pogrzeb zdradliwy,
   Sam leziesz w trunnę i tak ci się marzy,
   Że cię to zbawi, co cię na śmierć sparzy.
— Ach! Jużeś poległ, gachu nieszczęśliwy!

Aleś w tym szczęśliw, że z pocałowaniem
   I dokazawszy zawziętej rozpusty
   Z twoją kochaną rozstałeś się świecą.

O! Gdybyż wolno równym powołaniem
   Dla tej, której się ognie we mnie niecą,
   Umrzeć, złożywszy pierwej usta z usty!

## TO A BUTTERFLY
A  S o n n e t

Gently, butterfly! That fire will hurt! As you come
   Beware the candle, its radiant face that goes
   Upward and conceals where dazzling death glows.
   Do not be so eager for your own martyrdom.

You rush to your grave and treacherous funeral,
   You lie down in your own coffin with the notion
   That what burns you to death will be your salvation.
   Ah! Unfortunate suitor, you die as you fall.

But you are lucky—for now with a kiss you part
   From your candle, experiencing the pleasure
   For which you were striving with all your heart.

O! If I could have a fortune like yours and be
   Allowed to die, after our lips came together,
   For the one whose fires are blazing up inside me!

## PSZCZOŁA W BURSZTYNIE

Widomie skryta w przeczystym bursztynie
   Zda się, że w własnym miedzie pszczoła płynie.
Wzgardzona będąc, gdy żyła pod niebem,
   Teraz jest droższa trunną i pogrzebem.
Tak się jej wierna praca zapłaciła,
   Snadź sama sobie tak umrzeć życzyła.
Niech Kleopatra nie pochlebia sobie,
   Kiedy w kształtniejszym mucha leży grobie.

## BEE IN AMBER

Hidden visibly in immaculate amber
  It seems the bee is swimming in its own honey.
Held in contempt when it lived under the skies.
  It is now prized for its funeral and coffin.
This is how her faithful work has been repaid;
  She herself must have wished to die in such a way.
Let Cleopatra not pride herself so much when
  An insect lies in more formidable grave.

## ODJAZD

Jadę precz, lecz bez siebie, bo bez ciebie; z sobą
   Obaczę się, kiedy-ć się stawię swą osobą.
Jadę, lecz połowicą, a druga zostaje
   Przy tobie; ten mnie odjazd na dwie sztuce kraje.
Jadę i mniejszą siebie część biorę, mdłe ciało;
   Przy tobie lepsza, serce i z duszą zostało.
Jadę tak rozdwojony i w kupie nie będę,
   Póki do ciebie po część drugą nie przybędę;
Wtenczas skupiony wszytek w kompaniją miłą,
   Cały-ć już służyć będę i zupełną siłą.

# DEPARTURE

*Translated by Harold B. Segel*

I part, but without me, for without thee;
    Myself I'll greet when I am me again.
I part, but only half, the rest remains,
    With thee, departure me divides in two.
I part, taking my lesser self, frail shell;
    The better, heart and soul, remains with thee.
I part, divided so, and whole won't be,
    Till I return to claim the other half.
Then reunited in fair company,
    I shall serve whole and with full energy.

NIEGŁUPIA

„Kiedy się lepiej zalecać — doktora
  Pytała panna — z rana czy z wieczora?"
Doktor powiada: „Lepiej to osłodzi
  Wieczór, lecz zdrowiu nie tak rano szkodzi."
„Uczynię — mówi — według twego zdania:
  Wieczór dla smaku, dla zdrowia z zarania."


DO WALKA

Sam osobliwe stroje, sam masz dwory,
  Sam masz dochody, sam nabite wory,
Sam stawy, stada, zwierzyńce i gaje,
  Niepospolite sam masz obyczaje,
Sam i naukę od inszych zakrytą —
  Żonę tylko masz z nami pospolitą.

A SMART MAIDEN

"When is the better time for flirting," a maiden
    Asked a doctor, "In the morning or the evening?"
The doctor replied, "It makes the evening sweeter
    But in the morning it will harm the health less."
"I will follow your advice," she said, "and do it
    For taste in the evening, at early dawn for health."




TO WALEK


Alone, for yourself, you have fine clothes and estates,
    Alone you have revenues and sacks of money,
Alone you have ponds, flocks, forests of animals,
    It is you alone who have uncommon manners,
Alone you possess knowledge hidden to others—
    Only your wife you have in common with us all.

"Dance of Death," a painting in the Bernardine Church in Cracow, c. 1670

# ZBIGNIEW MORSZTYN
(ca. 1627-1689)

Zbigniew Morsztyn belonged to a family known for its Arian traditions. He was also a staunch Polish patriot, and fought both in the war with Muscovy and in the war with the Swedes, to whom he fell captive during the battle at Tyniec on June 20, 1656. He commemorated the latter event in his poem "Song in Captivity" ("Duma niewolnicza") included in this anthology. Most of his life Morsztyn was in the service of the aristocratic Radziwiłł family. After the expulsion of the Arians from Poland in 1658, Morsztyn settled in Prussia where he lived until his death in 1689.

Morsztyn's early poetry is mostly on military subjects. In 1661 he published "Song in oppression" ("Pieśń w ucisku") about the expulsion of the Arians, and in 1674 *The Famous Victory over the Turks...Won at Khotim in 1673 (Sławna victoria nad Turkami...pod Chocimem otrzymana...roku 1673)*. He collected most of his poems (including the *Emblems* written late in his life) in a volume under the title *The Domestic Muse (Muza domowa)*, published in its entirety for the first time only in 1954. Its preface contains a poetic declaration in which Zbigniew Morsztyn—in opposition to the worldly and brilliant poetry of his relative, Jan Andrzej Morsztyn— describes his own poetry as domestic, plain and simple, "like coarse linen next to scarlet silk."

## DUMA NIEWOLNICZA

Ja śpiewam, chociaż biedy
   Zgoła mizernego
Ogarnęły mię wszędy,
   Więźnia ubogiego,
     Choć nieszczęśliwy,
     Ledwiem już żywy.

Śpiewam ci, ale moje
   Serce bez przestania
Ciężkie ma niepokoje,
   Gdy częste wzdychania,
     Trapiąc mą duszę,
     Wylewać muszę.

Ja śpiewam, choć Ojczyzna,
   Matka utrapiona,
Ona tak kiedyś żyzna,
   Tak niezwyciężona,
     Nagle upada,
     Szwed ją podsiada!

Śpiewam ci, lecz me pieśni
   Tylko faunowie
I satyrowie leśni
   Po głuchej dąbrowie
     Niechaj śpiewają
     A narzekają.

SONG OF CAPTIVITY

I sing, although misfortune
 Assails me on all sides.
Utterly miserable,
 A pitiful captive
  I am unhappy
  And barely alive.

I sing to you, but my heart
 Is weighed down constantly
By heavy anxiety
 While I have to pour out
  These too-frequent sighs
  Tormenting my soul.

I sing, although my Country—
 My tormented mother—
She who was once so fertile
 And so invincible
  Has suddenly fallen,
  Conquered by the Swede.

I sing to you, but these songs,
 Let them be sung only
By fauns and sylvan satyrs
 Deep among the oak-lands.
  Let them sing alone
  And let them complain.

Ja śpiewam, a potoki
　Z krwie polskiej zbierają,
A dymy pod obłoki
　Z miast i ze wsi wstają;
　　On kraj wesoły
　　Idzie w popioły.

Śpiewam ci, lecz nie skaczę,
　Takie noty moje,
Jak matka rzewnie płacz[ę],
　Kiedy widzi swoje
　　Dzieci kochane
　　Ziemi oddane.

Ja śpiewam, a tak wiele
　Braciej mych kochanych,
Jednych miecz w boju ściele,
　Drugich okowanych,
　　Rowną mej dolą
　　Pędzą w niewolą.

Śpiewam ci jak Nijobe,
　Gdy na dzieci ciała
I na swoją żałobę
　Patrząc skamieniała,
　　I me, choć śpiewa,
　　Serce omdlewa.

Ja śpiewam, choć mizerną
　Dolą swoj[ę] czuję,
Choć mam żałość niezmierną,
　Choć nie opatruję
　　Końca niewoli,
　　Choć serce boli.

I sing, but streams of Polish
    Blood grow, they are swelling.
Smoke from towns and villages
    Is rising to the sky,
        This happy country
        Turns into ashes.

I sing to you, but do not
    Leap up, such are my notes.
I weep tenderly as when
    A mother watches her
        Beloved children
        Given back to earth.

I sing, but see how many
    Of my dearest brothers
Have been cut down in battle,
    Chased to captivity
        Resembling my lot
        Or put in fetters.

I sing to you, Niobe
    Sang, too, turning to stone
In her sorrow at the sight
    Of her children's bodies.
        As it is singing
        My heart faints as well.

I sing, though my wretched fate
    Afflicts me, though I feel
An immeasurable grief,
    I can see no ending
        To captivity
        And though my heart hurts.

Śpiewam ci, lecz śpiewanie
Takie, które rodzi
Lamenty, narzekanie,
Krwawych łez powodzi,
W tak gorzkiej chwili
Bardziej rozkwili.

Ja śpiewam, a mej głowie
Za leda przyczynę
Wisi na nitce zdrowie,
Na każdą godzinę
W każdym momencie
W tymem odmęcie.

Śpiewam ci jako licha,
Gdy zbędzie lubego,
Synogarlica wzdycha
Towarzysza swego,
Po głuchym lesie
Troskę swą niesie.

Ja śpiewam, a me siły
Tak długim więżeniem
Już się całe zwątliły,
Żem już prawie cieniem,
Mną, gdy wiatr wieje
Jak trzciną chwieje.

Śpiewam ci, lecz me głosy,
Głosy żałościwe,
Echo porannej rosy
Rozbija płaczliwe,
Gdy po dolinie
Dźwięk się rozwinie.

I sing to you, but singing
   In a way that brings forth
Complaints and lamentations
    And floods of bloody tears.
      It is like wailing
       In these bitter times.

I sing, but my head's safety
   Hangs on the thinnest thread
Of the most trivial cause
    At every passing hour,
      At any moment
       In this dark whirlpool.

I sing to you, like a poor
   Dove who plaintively coos
After its lost companion.
    When its loved one has gone
      It carries its grief
      Over the forest.

I sing, but my strength has so
   Completely withered away
In this long captivity
    I am just a shadow,
      And when the wind blows
      I sway like a reed.

I sing to you, but my voice,
   My tearful grieving voice
Is broken by the echo
    Of early morning dew
      When its sound unfurls
      Over the valley.

Ja śpiewam, choć o wodzie
　I o samym chlebie
Trwać muszę w takim głodzie,
　W tak ciężkiej potrzebie;
　　Patrzę, azali
　　Kto się użali.

Śpiewam ci, lecz obfite
　Z serca zranionego,
Co w nim były zakryte,
　Kształtem dżdża ranego
　　Łzy wypadają,
　　Pieśń zalewają.

Ja śpiewam, a wyć trzeba
　Na me przyjaciele.
Kiedym im dawał chleba,
　Znało mię ich wiele,
　　Dziś im me chęci
　　Wyszły z pamięci.

Śpiewam ci, lecz kłopoty,
　Których mię strapiły
Ustawiczne obroty,
　Moje obróciły
　　Rymy radosne
　　W treny żałosne.

Ja śpiewam zakamiały,
　A gdzież me dostatki?
Gdzie się wczasy podziały?
　Już pono ostatki
　　Ogniem spalono
　　Z ziemią zrowniono.

I sing, even though I must
    Endure painful hunger,
Water and bread alone
    And hard deprivation.
        I look: will someone
        Have pity on me?

I sing to you, but my tears
    Are falling, abundant,
From my heart that is wounded
    Where they were kept hidden.
        Like an early rain
        They submerge the song.

I sing, even though I should
    Be howling at my friends.
When I was giving them bread
    They all remembered me.
        Today my kindness
        Is not remembered.

I sing to you, but troubles
    That were brought upon me
By ever-fluctuating
    Turns of fortune have changed
        All my joyful rhymes
        To grieving laments.

I sing but turned into stone.
    Where has my wealth gone now?
And where did my estate go?
    Its last remnants it seems
        Have all been burned down
        Level to the ground.

Śpiewam i śpiewać będę
　Do kresu samego,
Póki na łódź nie wsiędę
　Pławu ostatniego,
　　Gdy w blade cienie
　　Świat ten zamienię.

Śpiewam, anim w rozpaczy,
　Choć w takiej ciężkości,
Bo o mnie wiedzieć raczy
　Bóg mój z wysokości,
　　Co wszytko może,
　　Ten mnie wspomoże!

I sing and I will still sing
   Until the very end,
When I step into the boat
   Of the final sailing
      And transform this world
      Into pale shadows.

I sing, and do not despair
   Despite all these hardships
Because my God knows of me
   On His far heights, and He
      Who can do all things
      Will come to my help!

## MYŚL LUDZKA

Powiedzcie mi, słodkie strony
Lutnie mojej ulubionej,
Po których kątach świata obłąkana
Tuła się teraz myśl moja stroskana?

Częstoć jej doma nie bywa,
Często z niego wylatywa
I skrzydły swymi, nieścigłymi okiem,
Lata tam i sam po świecie szerokiem,

Tak że jej ni nocne cienie
Zwabią, ani świt przyżenie,
Tak że jej czasem wyglądam, niebogi,
Właśnie jak gościa z jakiej długiej drogi.

Mocny Boże! tożeś wiele
I w tym naszym biednym ciele
Zostawał znaków twej boskiej mądrości
I niepojętej cieniów wszechmocności.

Najwięcej jednak swobodna
Myśl jest podziwienia godna,
Którą najbliżej w tej tu śmiertelności
Przystępujemy do doskonałości.

Cóż na ziemi pod obrotem
Słońca z jej porowna lotem?
Nie tak ptak rączy, nie tak nieścigniona
Strzała z tęgiego łuku wypuszczona,

## HUMAN THOUGHT

    Please tell me, o sweet strings
    Of my favorite lute,
In which one of the world's corners is my
Worried and erring thought wandering now?

    Often it does not stay
    At home and flies away,
Wings that are invisible to the eye
Carry it here and there in the wide world.

    Neither the night shadows
    Nor dawn will lure it back,
Sometimes I wait, poor man, as for a guest
Who is returning from a long journey.

    Mighty Lord! You have left
    In our wretched body
Many traces of Your divine wisdom,
Your inconceivable omnipotence.

    The most to be admired,
    However, is free thought,
Which here in this our mortal condition
Brings us the closest to Your perfection.

    On earth, under the sun,
    What compares with its flight?
A bird is not as swift, and an arrow
Shot from a strong bow is not as winged,

Nie tak się ognie błyskają,
Nie tak gromy wypadają;
Tą człowiek, jako jest ziemia szyroka
I jako długa, w jednym mgnieniu oka,

Nim raz powieka zapadnie,
Wszytkę może zwiedzieć snadnie:
Gdzie za bogatą rozliczne krainą
Wschodni ocean liże wyspy Chiną

I zaś szczęśliwe na końcu
Świata przy zachodnim słońcu;
Gdzie od Gronlandu akwilony wieją,
Austry od Pontu, który dziś Nadzieją

Dobrą tamci nazywają,
Co na południe mieszkają.
Zwiedziwszy nawet tę połowę świata,
Prętko i po tej, co pod nami, lata,

Co więc w jednejże godzinie
Tego się u niej przewinie?
Nadto nie tylko po krainach ziemnych,
Ale po morskich otchłaniach bezdennych

Pływa prędzej niż odziane
Łuską ryby obłąkane.
Czasem nad górne słoneczne obroty
Niezmordowane zaniosą ją loty

I znowu stamtąd w krainy
Ciemne srogiej Prozerpiny.
Zgoła nie najdzie rozum ludzki tego,
Co by jej miało być nieprzystępnego.

    Lightning does not flash nor
    Thunder follow as fast.
The entire earth in all its breadth and width
Can be encompassed by the thought of man,

    In one wink of an eye
    Before the eyelid falls:
Beyond the wealthy lands of China where
The eastern ocean licks countless islands,

    And those called Fortunate
    At the end of the world,
From Greenland where the cold northern winds blow
To where south winds blow, the port that today

    Those who live in the south
    Call the cape of Good Hope.
After visiting this half of the world
It quickly flies to the half underneath.

    How much can it pass through
    In just a single hour?
Not only over terrestrial lands
But through the seas' unfathomable depths

    It can sail faster than
    A wandering scaled fish.
Sometimes its untiring flights carry it
Further than the sun's high revolutions,

    Then down again to dark
    Proserpina's country.
The human mind never found anything
That would not be accessible to it.

Powiedzcież mi, słodkie strony
Lutnie mojej ulubionej,
Po których kątach świata obłąkana
Tuła się teraz myśl moja stroskana?

W tamtejci jest pewnie stronie,
Od której nam wschodzi słonie —
Tę, choć okropne wulturny z niej wieją,
Ja przecie dobrą nazowę nadzieją.

Please tell me, o sweet strings
Of my favorite lute,
In which one of the world's corners is my
Worried and erring thought wandering now?

It is surely that part
Where the sun is rising—
Though terrible winds sometimes blow from there
I will still call it the place of good hope.

## NOS
(Fragmenty)

Nos (abo mały?) mój rym niechaj teraz będzie,
    A to dla tej przyczyny, że tych pełne wszędzie,
Którzy to śliczne oczy, to ręce pieszczone,
    To już złote warkocze przez rymy uczone
Na pamiątkę potomnym wiekom opisali,
    W czym oraz i swój bystry dowcip pokazali.
Aż nawet broda z wąsem tak szczęśliwa była,
    Że ją muza wielkiego mistrza ozdobiła.
A o nosie ni wzmianki, jakby też to członek
    Był podlejszy i jakby on nie był potomek
Onego nosa, który gdzieś nad niebiosami
    Między inszymi wszytkich rzeczy ideami
Ma niepoślednie miejsce; owszem, znakomicie
    Widzieć go tam, a ono na złotym pulpicie. [...]
Ale jak broda brodzie, jako wąs wąsowi,
    Tak żeby był we wszystkim rowny nos nosowi
I tak właśnie podobny jako jajo jaju,
    Takich dwu nosów w żadnym nie ukażesz kraju.
Jeden jest właśnie kształtny i który natura
    Dobrze odlała, drugi bardziej do pazura
Niż do nosa podobny, mały, zakrzywiony,
    Inszy trochę przysporszy wisi pochylony
I zagląda do gęby, gdzie jak indeks jaki
    Ukazuje godziny, drugi zasie taki
Jako największy kilof. [...]
Najdziesz drugi z dziurami tak rozdwojonymi,
    Żeby właśnie w kościele świece gasić nimi.
Inszy jako u sojki czubek zakończony,
    Inszy zasię na bakier jakoś wykrzywiony,
Inszy tak cienki, suchy, jak jaka motyka,
    Inszy jako u małpy płaski, że się tyka,
Ba, i leży na wargach, inszy zakrzywiony

## THE NOSE
(Excerpts)

Let the nose (is it so small?) be my rhyme
    For the simple reason there are many
Whose learned rhymes have already described
    For future generations lovely eyes,
Or plump, pampered hands, or golden-haired braids,
    And at the same time showed the keenest wit;
Even the beard and moustache were lucky
    To be extolled by the great master's muse.
But about the nose, no word, as if it
    Was inferior and not the offspring
Of that nose which somewhere up in heaven
    With all the ideas of other things
Has a most prominent place. Yet it can
    Be seen there, in the same golden pulpit.
As no beards or moustaches are alike,
    No two noses are alike in all traits
Or resemble each other like two eggs—
    No two such noses exist anywhere.
One nose will be shapely and finely formed
    By nature, another, small and crooked
And resembling a claw more than a nose.
    Another, somewhat largish, hangs drooping
And peeks in the mouth where like a clock's hand
    It points the hours, and another looks like
A huge axe.
You will find one whose nostrils are so wide
    You could snuff out candles in church with them.
One has a tip that looks like a jay's crest
    While another is tilted, somewhat cocked.
One is thin and dry, a bit like a hoe,
    Another is like a monkey's, touching,
Nay resting on the lips; here one is turned

Wzgórę jak u perlisie, inszy zawieszony
Właśnie jak ów nad Wisłą gmach potrzebny, ale
Najdziesz i taki, co nim najmocniejsze pale
Jak babą wbijać możesz lub rozkołysanem
Najwarowniejsze mury rozbijać taranem,
Taki pałce podobny. [...]
O cny nosie, co chocieś sam nad niebiosami,
Jednak po wszytkim świecie szafujesz nosami!
Od ciebie one dawne niewyrodne plemię
Cesarzów, którzy całą zhołdowali ziemię,
Było tak obdarzone, że aż uchylali
Nosów swoich przed tymi, którzy ich mijali.
Że też nie upośledził i mnie, sługi swego,
Za to na dowód chęci i serca wdzięcznego
Przyjmi ten wiersz ode mnie, o nosie cnotliwy,
Dobry mój pyjacielu, a gdy uszczypliwy
Język sięgać cię będzie zazdrościwym głosem,
Broń się, nieboże, i spraw, żeby poszedł z nosem.

Up like a guinea hen's, that one there hangs
Like a building over the Vistula.
You will find one nose looks like a hammer
For driving in thick posts, or destroying
　　The strongest walls with a battering ram,
So much it resembles a club.
O noble nose, though you are in heaven
　　You squandered noses all over the world!
By you that illustrious dynasty
　　Of emperors, who conquered the whole world,
Was so lavishly endowed they turned up
　　Their noses when the people passed them by.
Since I have not been wronged by you either,
　　As proof of my grateful heart please accept
This poem from me, your humble servant.
　　Virtuous nose, if some sarcastic tongue
Dares to reach you with its envious voice,
　　On guard! Let him not poke his nose around.

## EMBLEMA 8

Oblubienica chora prosi Oblubieńca,
żeby jej pulsów pomacał.
Napis: Mdleję od miłości.
Cant. 2, 5.

Serce me ogniem miłości spalone,
   W proch i w perzyny szczyre obrócone,
O, Oblubieńcze mój, o, me kochanie,
   Rzewne do ciebie posyła wzdychanie.
Zmacaj mi pulsów, patrz jako od ognia,
   Który Twa święta zapala pochodnia,
Pałam, że ledwie słońce swymi koły
   Pali tak ziemię lib[i]jską w popioły.
Cudowna miłość i niewysłowiona,
   Miłość rozumem mym nie ogarniona,
Żeś, Oblubieńcze, dla mnie, mój Kochany,
   Krzyż srogi podjął i okrutne rany,
Miłość wzajemną, choć w nierownej szali,
   Rozżarza we mnie, która mię tak pali,
Że umierając i widząc się w grobie,
   A przecię żyjąc, Kochany mój, w Tobie;
Ani to żywot, ani to śmierć cała,
   Roznica tylko między nimi mała.

EMBLEM 8
The sick Bride asks the Bridegroom
to feel her pulse.
Inscription: I am sick of love.
*Song of Solomon*: 2, 5.


My heart, burned by the fire of love
   And turned to ashes, pure cinders,
Sends to you a sigh of yearning
   O my Bridegroom, o my dear love.
Feel my pulse and look how I burn
   From the fire Your holy torch lit
Inside me; so does the wheeled sun
   Burn to cinders the Libyan soil.
Marvellous unspeakable love,
   Not accessible to reason,
That for me, beloved Bridegroom,
   You took the cross and cruel wounds.
Reciprocal love though unequal
   Glows in me; so much does it burn
I die, see myself in the grave
   And continue to live in You—
It is not life nor complete death,
   The difference between them small.

## EMBLEMA 41

Oblubienica daje serce Oblubieńcowi i koło obraca,
żeby je na nim szlifował i polerował.
Napis: Zetrzej rdzę, a będzie czyste.
Prz. 25, 4.

Oblubieńcze mój, w twoje ręce święte
   Oddaję serce z piersi mych wyjęte,
Tak dymem brzydkich grzechów obrudzone
   I tak rdzą ziemie srodze zaszpecone,
Jako skorupa jaka okopcona
   Albo jak głownia w piecu opalona.
Sam go poleruj, niech jak kryształ czyste
   I jak karbunkuł będzie przezroczyste;
Jać sama będę koło obracała,
   A gorzkimi je łzami pokrapiała.
Wiem to, wiem dobrze, że tam do świętego,
   Któreś założył, miasta niebieskiego,
Którego bramy z pereł wydrożone,
   A mury z drogich kamieni złożone,
Nic wnieść nie może, co jest nieczystego.
   O, raczże mię tam z miłosierdzia swego
Wziąć, niech w pokutnych łzach szaty wybielę
   I na twe wielkie stawię się wesele!

## EMBLEM 41

The Bride gives her heart to the Bridegroom,
and turns the wheel so He can smooth and polish it.
Inscription: Take away the dross from the silver,
and there shall come forth a vessel for the finer.
*Proverbs*: 25, 4.

Bridegroom, into Your holy hands
    I entrust this heart from my breast,
So soiled by smoke of ugly sins
    And defaced by the dross of earth,
Like a potsherd blackened with soot
    Or a fire-brand charred in a stove.
Polish it to be clear crystal
    Or transparent as a ruby;
It is I who will turn the wheel
    And sprinkle it with bitter tears.
I know, I know that the holy
    Heavenly city You founded
Whose gates have been made out of pearls
    And whose walls are of precious stones
Is not entered by the impure.
    O in Your mercy take me there,
My dress white with penitential tears,
    Let me come to Your great wedding!

*The Battle of Vienna* by Martino Altomonte, 1685

# WACŁAW POTOCKI
## (1621-1696)

Born in Wola Łużańska in the Carpathian region, Wacław Potocki belonged to an Arian family. After the 1658 decree banishing the Arians from Poland, Potocki converted to Catholicism, unwilling to leave his native region. Potocki spent most of his life managing his modest estate. The latter part of his life was tragically marked by the death of all the members of his immediate family: his oldest son died in 1673, his only and beloved daughter in 1676, his wife in 1686, and his younger son in 1690. Potocki commemorated these deaths with cycles of laments including *Periods* (*Periody*, 1673), *Sad Games* (*Smutne zabawy*, 1677), and *An Outline of My Last Sorrow* (*Abrys ostatniego żalu*, 1691).

Though Potocki never became a first-rate poet, his writings can be best appreciated when measured by the standards of his own times. His most important work, the epic poem *The War of Khotim* (*Transakcja wojny chocimskiej*, 1670), written in rich, lively, and robust Polish, surpasses artistically much of the abundant seventeenth-century war literature. The poem reflects well the war-filled century when it was composed. As he wrote this poem about the Polish victory over the much larger Turkish army, Potocki's intention was to raise the spirit of his own contemporaries. Yet the poem was never published in his lifetime, and it first appeared (under mistaken authorship) in 1850. It was published under the name of its real author only in 1880.

Potocki wrote many short poems on a wide range of subjects. Artistically uneven, they were collected in two volumes. The first bears a longish but picturesque title: *A Garden, But Not Weeded, A Haystack, But at Every Sheaf a New Kind of Grain, A Stand of Diverse Wares* (*Ogród, ale nie plewiony, bróg, ale co snop, to inszego zboża, kram rozlicznego gatunku*, 1695). The second volume is entitled *Moralia* (1696). Potocki is also the author of *The Record of Herladry of the Gentry of the Polish Crown and the Grand Duchy of Lithuania* (*Poczet herbów szlachty Korony Polskiej i Wielkiego Księstwa Litewskiego*, 1696).

Hussar's armor, 17th c.

# WOJNA CHOCIMSKA
(Fragmenty)

## CZĘŚĆ PIERWSZA
Wezwanie

Wprzód niźli sarmackiego Marsa krwawe dzieje
Potomnym wiekom Muza na papier wyleje,
Niż durnego Turczyna propozyt szkarady
Pisać pocznę w pamiętne Polakom przykłady
(Który z nimi zuchwale mir zrzuciwszy stary,
Chciał ich przykryć haraczem z Węgry i z Bułgary),
Boże! którego nieba, ziemie, morza chwalą,
Co tak mdłem piórem jako władniesz groźną stalą,
Co się mścisz nad ostatnim tego domu węgłem,
Gdzie kto usty przysięga sercem nieprzysięgłem —
Ciebie proszę, abyś to, co ku twojej wdzięce
W tem królestwie śmiertelne chcą wspominać ręce,
Szczęścić raczył; boć to jest dzieło twej prawice:
Hardych tyranów dumy wywracać na nice,
Mieszać pysznych i z błotem górne równać myśli,
Przez tych, którzy swą siłą od ciebie zawiśli.


## CZĘŚĆ CZWARTA
Osman szturmuje nasz obóz

Zabielały się góry i Dniestrowe brzegi
(Rzekłby kto, że na ziemię świeże spadły śniegi),
Skoro Turcy stanęli, skoro swoje w loty
Okiem nie przemierzone rozbili namioty.
Nie toczyli obozu, nie ciągnęli sznurów,
Ale tak małą garstkę wzgardziwszy giaurów,

# THE WAR OF KHOTIM
(Excerpts)

PART I
Invocation

Before the bloody deeds of the Sarmatian Mars
Are set on paper by my Muse for times to come,
Before I start to write so Poles will remember
The hideous design of the conceited Turk
(Who arrogantly broke his covenant and asked
Tribute, as in Hungary and Bulgaria)—
Lord! You who are praised by the skies, the lands, and
                                                                          seas,
Who rules my meek pen as well as dangerous steel,
Who takes revenge on the last remnants of this house
Which swears an oath with the lips but not with the heart—
I implore You to bestow Your blessing on what
A mortal hand wants to record in this kingdom
For Your praise, as it is the work of Your right hand:
To turn whims of arrogant tyrants upside down,
To confound the haughty and crush proud thoughts to dust
With the help of those who depend on You for strength.


PART IV
Osman Storms Our Camp

The mountains and the shores of the Dniester whitened
(One would say that fresh snow had fallen on the ground)
As soon as the Turks came to a halt; in a flash
They put up their tents which stretched beyond the eyes'
                                                                         reach.
They did not wheel in their carts or drag on the ropes,
Disdainful of such a small gathering of knights.

Kędy kto szedł, tam stanął — na mocy się czują,
Jeśli nas nie wystraszą, to pewnie zaplują.
Nie ma ich tu co bawić, nie chcą się rozgościć,
Wisła im głowę psuje, jako ją pomościć.
Gdzie sam cesarz pagórek opanował wyżni,
Widomie się odyma, źrejomo się pyszni,
Że monarchy Azyi, Afryki, Europy,
Trzech części świata pana, depcą po nim stopy. [...]
   Widząc Osman nakoniec, że z niego drwią naszy,
Że ich żadnym z obozu bobem nie wystraszy,
Bić się trzeba koniecznie; toż wziąwszy języka,
I janczary i wszytkę tam potęgę zmyka,
Kędy żadnej obrony, a najniższe wały
Nasze obozy w tyle od pogaństwa miały.
Na czele postawiwszy zwykłe zgraje one,
Tam pędzi wszytką siłą tłumy niezliczone.
Już się zbliżą, już tylko przez przekop nie skaczą,
Kiedy niebezpieczeństwo i naszy obaczą;
Więc się wzajem krótkiemi potwierdziwszy słowy,
Pierwszy impet od janczar strzymają ogniowy;
A skoro się ci zbliżą, wraz miernym przykładem
Wszerz i wzdłuż ich osypą ołowianym gradem.
Legło mostem pogaństwo, wziąwszy w gołe bębny;
Nigdy większej pasieki w puszczy nieporębnej
Nie urobią wściekłego Eura zawieruchy,
Sośnie ścieląc i ze pnia śniat spychając suchy.
Tamże strzelbę pokiną, a jako we sforze
W czerwone się pogańskiej juchy rzucą morze,
Skoczą z wału i jeśli jeszcze tam kto zieje,
Pod nogami zwycięzców ostatek krwie leje.
Toż gdy piersi z piersiami zewrą, gdy na palce
Jedni drugim nastąpią, żywe z ciał kawalce
Lecą, gdzie z bystrej ręki rzeźny pałasz spadnie,
Macając dusze w człeku, choćby była na dnie.
Tak na prądzie ciekącej gdy się zetrze wody
Garniec z garcem, jeden być nie może bez szkody;

Where they were standing they stopped, feeling their power:
They will scare us away, or humiliate us.
Nothing distracts them here, they will not stay for long.
The Vistula tugs at them: how will they bridge it?
The high hill on which the Sultan is commanding
Clearly puffs itself up—it visibly takes pride
That monarchs of Asia, Africa and Europe,
Lords of the three continents, touch it with their feet.
   At last Osman sees our men are jeering at him,
That no stratagem will frighten them from their camp.
There had to be battle; after reconnoitering
He moves the janissaries and his whole army
To the spot where we had no defense, and the back
Of camp was protected by the lowest ramparts.
Putting bands of the ordinary troops at the fore
He drives his innumerable crowds at full speed.
Now they are there, about to leap over the ditch,
When our men finally see the danger; after
A few rapid words they understand each other
And hold under the first fiery impetus—
Then as the janissaries draw close they are all
Immediately battered with a hail of lead.
The heathen, struck on their bare drums, fell down in rows;
Never did windstorms of the fierce Euraquilo
Flatten a broader clearing in a dense forest,
Tipping tree trunks over and laying down pines.
Now they throw away rifles and like a wolf pack
Fling themselves into the red sea of heathen blood,
Leaping from the rampart, and whoever still breathes
Spills the last of his blood under the victors' feet.
And when they come chest to chest, when they are trampling
On each other's toes, raw chunks of flesh go flying
Where a quick hand lets its butchering cutlass fall,
Groping for the man's soul that is at the bottom.
As in a fast current of water when a pot
Collides with another, one cannot be unharmed;

Dopieroż gdy żelazny w takiej przeczy z trzopem
Glinianym, samym zaraz gniecie go pochopem;
Dosyć ma serca Polak przed Turczynem siła,
A gdy go jeszcze zbroja hartowna okryła,
Piersi blachem opatrzył, szyszak głowy strzeże,
Nie czuje, chociaż go kto kole, chociaż rzeże,
Gołe brzuchy pogaństwo niesie jako lutnie,
Goły łeb; cienką szyję do razu mu utnie.
W liczbę ufają, aleć tak wielka czereda
Oraz się bić nie może, uciec sobie nie da.

CZĘŚĆ SZÓSTA
Turcy szturmują nasz obóz

Wprzód chrzęst tylko i szelest słychać było cichy,
Gdy naszy ławą brali pogaństwo na sztychy;
Żaden swego nie chybi i trzech drugi dzieje,
Że im ciepłe wątroby kipią na tuleje;
Trzask potem i zgrzyt ostry, gdy po same pałki
Kruszyły się kopije w trupach na kawałki;
Pełno ran, pełno śmierci; wiązną konie w mięsie,
Krew się zsiadła na ziemi galaretą trzęsie;
Ludzie się niedobici w swoich kiszkach plącą;
Drudzy chlipią z paszczeki posokę gorącą.
Toż gdy przyjdą do ręcznej ci i owi broni,
Polak rany zadaje, Turczyn tylko dzwoni
Po zbrojach hartowanych i trzeba mu miejsca
Pierwej szukać, żeby mógł ukrwawić żeleźca,
A nasz gdzie tnie, tam rana; gdzie pchnie, dziura w ciele;
W łeb, w pierś, w brzuch, gdzie się nada, rąbią, kolą śmiele:
Tak okropnem i Turcy i naszy widziadłem,
Między młotem a między zostając kowadłem.

Further, if an iron pot contends with a clay
Vessel, it will crush it by its own impetus.
A Pole has courage before the Turks' multitudes;
But as he is also covered by steel armour—
His chest dressed in metal, his head in a helmet—
He feels nothing even if he is pierced and slashed,
While the heathens have bellies bare as rounded lutes,
And bare are their heads, their thin necks easily slashed.
They have their trust in numbers, but such a huge crowd
Cannot fight all at once, and they have no escape.


PART VI
The Turks Storm Our Camp

At first only a swish and low rustling were heard
When our massed men pierce the pagans with their sword-
                                        tips;
No one misses, and some stab as many as three,
So their warm livers are dripping onto scabbards.
Then there is a snap, a sharp grating when the spears
Split into pieces with corpses sunk on their shafts:
Many wounds, much death, and horses caught in their meat.
The congealed blood on the ground wobbles like jelly,
Half-dead men become tangled in their intestines,
And from the mouths of others hot gore gushes out.
Here or there when the time comes to use hand weapons
The Poles inflict deep wounds, while the Turks only ring
Against armor made of steel; they first have to find
A spot in order to stain their iron with blood.
As they slash, our men wound, pierce, make holes in the
                                        flesh,
They strike and bravely thrust in the head, chest, belly.
Seeing us and this dreadful spectacle of themselves
The Turks are caught between the hammer and anvil.

## CO CZAS ZNAJDZIE, CZAS GUBI

Ktoś powiedział: nic nad czas mędrszego, a drugi:
Nic głupszego. Cóż tedy po dyspucie długiej?
Tamten różne rzemiosła i nauki liczy,
  W których czas ludzi ćwiczył i dotychczas ćwiczy.
Ten króle, mędrce, męże, rycerze, narody,
  Zamki, miasta, pałace, które nie bez szkody
Zostawiwszy przy jednym niepewnym imieniu,
  W wiecznym, nie wetowanym pogrążył milczeniu.
Pytasz: jaki ta koniec kwestyja odniesie?
  Cokolwiek z czasem wyszło, wszytko ginie w czesie.

# WHAT TIME FINDS, TIME RUINS

*Translated by Harold B. Segel*

Someone once said, Time's wisdom has no peer.
    Another, Time's stupidity. And so?
The former counted divers trades and arts,
    Which time did exercise men in—and does;
The latter—statesmen, states, kings, sages, knights,
    Towns, castles, palaces, which to their harm
Bequeathed the same uncertain legacy,
    Sank in the silence of eternity.
You ask, The question then is how resolved?
    Whatever came with time shall in time die.

## NIECHAJ ŚPI PIJANY
## NA TOŻ TRZECI RAZ

Śpi świat, pijany winem, zamrużywszy oczy,
  Nalewa babilońska swacha, czart go toczy.
Śpi świat rówien martwemu opiwszy się drzewu
  Winem z prasy Bożego na swe grzechy gniewu.
Diabeł na warcie, żeby nikt nie budził, stoi.
  Grozi palcem z daleka, psów nawet popoi.
Najpierwej im toż wino postawiwszy w wiedrze,
  Żeby spali, nie szczekał żaden na katedrze,
Abo nie zrozumianym głosem. Chce li pyska
  Uchylić który, chleba po kawałku ciska.
Niechże by który krzyknął, jako ogar w borze:
  Heretyk! Zamurować na śmierć go w klasztorze,
Abo ściąć, abo spalić! Tak smaczny sen światu
  Przerywać? Niech paszczeki swej się sprawi katu!
Gdzie drudzy Syrenami przyśpiewują z lekka,
  Przygrawają, żeby spał tym smaczniej, on szczeka.

## LET IT SLEEP, DRUNK
## THIRD POEM ON THE SUBJECT

The world is asleep, drunk with wine and its eyes closed—
    The whore of Babylon pours, the devil draws it.
The world sleeps like a dead tree; it has been made drunk
    With wine from the press of God's wrath against its sins.
The devil keeps watch so nobody will wake it—
    He threatens with his finger, and makes the dogs drink,
He is first to set a bowl of wine before them
    So they slumber, dumb, and can not bark at their posts
Or will not be understood. If one of the dogs
    Opens his muzzle, the devil flings him some bread.
Let one of them bay like a hound in the forest:
    A heretic! Wall him in a cloister till death,
Or behead him, burn him! To awaken the world
    From its sound sleep? Let the hangman tear off his
                                   snout!
While the others are singing softly like Sirens
    And play to make it sleep more soundly, still he barks.

WESPAZYAN Z KOCHOWA KOCHOWSKI.

# WESPAZJAN KOCHOWSKI
## (1633-1700)

Born in Gaj, near Sandomierz, Wespazjan Kochowski spent ten years of his life in the army and on the battlefields. Between 1651 and 1660 he fought in the battle of Beresteczko, took part in the Moscow expedition, then served in the famous division of Stefan Czarniecki in the Swedish war, fought in the Hungarian war with Rakoczi, and partcipated in Czarniecki's expedition to Pomerania. After 1660 Kochowski settled down, first in his native Gaj, and then in Goleniow near Cracow. In 1683 he participated in Sobieski's expedition to Vienna. The war experiences shaped Kochowski's personality as well as his attitudes and philosophy, representative of Sarmatism.

Kochowski collected his poetry in a volume, *Non-Idle Idling* (*Niepróżnujące próżnowanie*, 1674). It has two parts, one containing lyrics, and the other epigrams. In 1684 he published *The Divine Work, or Songs of Liberated Vienna* (*Dzieło boskie albo Pieśni Wiednia wybawionego*), and toward the end of his life he wrote an epic and religious poem in biblical prose entitled *Polish Psalmody* (*Psalmodia polska*, 1695). Considered by some critics to be the most prominent work of Polish messianism before romanticism, *Polish Psalmody* combines accounts of historical events with philosophical and moral reflections. Kochowski was also a historian and author of a voluminous work in Latin, *Annalium Poloniae ab obitu Vladislai IV...*, in which he divided history into seven-year periods that he called *climacteria*.

## NAGROBEK MĘŻNYM ŻOŁNIERZOM
na Batowskich polach zginionym i z hetmanem
M. Kalinowskim W. Cz.

Nie z marmuru w mauzolu,
  Nie w ceglanym grobie,
Ale w otwartym polu
  Odpoczywasz sobie,
O mężny, o serdeczny
  Z wojskiem twym hetmanie,
Pamiątki godny wiecznej
  Poko Polski stanie.
Pułki kozackie idą
  Przeciwko przymierzu,
Ustąpić masz ohydą,
  Waleczny żołnierzu.
Wali się orda często,
  Wyjąc hałła w huku,
Strzały swe puszcza gęsto
  Z napiętego łuku.
Niestraszna śmierć jonaku,
  Nie boi się rany,
Droższa sława Polaku,
  Niż żywot kochany.
Więc wiedząc o co idzie,
  Zwątpiwszy w zwycięstwie,
Byliście Leonidzie
  Porównani w męstwie.
Przemogła wielkość cnotę,
  Zbite polskie ufce,
I na wieczną sromotę
  Na tej legły kupce.
Aleć droga sromota
  I czyn to waleczny,

## A MONUMENT FOR BRAVE SOLDIERS
Fallen on the Battlefield at Batog together with their Hetman,
Marcin Kalinowski, Voivoda of Chernigov


Not in a tomb made of marble,
   Not in a grave of brick
But in an open battlefield
   You rest with your army.
O courageous, valiant hetman
   You will deserve to be
Held forever in memory
   As long as Poland lasts.
Despite our agreed covenant,
   Cossack regiments advance—
To beat a retreat, brave soldier,
   For you is a disgrace.
The horde strikes again and again,
   Shrieks "Alla" in the roar
As they keep sending their arrows
   In dense clouds from taut bows.
The brave soldier does not fear death,
   Is not afraid of wounds;
For the Pole glory is dearer
   Than his own precious life.
Knowing full well what will happen
   And doubting victory,
In your bravery you were like
   The great Leonidas.
Large numbers won over virtue,
   Defeated Polish troops
Were lying in a heap exposed
   To perpetual shame.
But this shame of theirs was precious
   And the act most gallant,

Nie szacując żywota
   Los znieść szczęścia wsteczny.
Więc duchy świątobliwe,
   Spoczywajcie w Bogu,
Których hordy złośliwe
   Zniosły na Batogu.
Waszej tej wiecznie trwały
   Cnocie za zarobek,
Ręce nasze sypały
   Ten z darnia nagrobek.

To bear the reverse of fortune
  And not spare their own lives.
Therefore O saintly spirits, you
  Whom the hordes of Tartars
Have cruelly killed at Batog,
  Rest peacefully in God.
As an everlasting reward
  For this virtuous deed
We are shoring up with our hands
  This monument of turf.

## PRZEKLĘCTWO NA SYNÓW KORONNYCH,
sejmy rozrywających

### I

I długoż tego, synowie niebaczni?
   Takli zjadłym kłem matkę swą kąsacie?
Pono z jej zguby pragniecie być znaczni,
   Jako o greckim piszą Herostracie.
Czego nie życzą Tatarzy sajdaczni,
   To wy ojczyźnie swojej wyrządzacie.
I czego nawet nieprzyjaźni Turcy,
Od ciebie cierpi, narodzie jaszczurczy.

### II

Ta matka na te nieszczęśliwe czasy
   Boleje, co ją w niwecz obróciły;
Które z ozdoby i dawnej ją krasy
   Przez nieprzyjaciół różnych obnażyły.
Leć nie tak wojen postronnych hałasy
   Przez lat dwadzieścia onej dokuczyły,
Nie tak pozbycie z Rusią Ukrainy,
Jak ustawiczne w domu mieszaniny.

### III

Od Akwilonu Smoleńsk niedobyty,
   Nieodebrane straciliśmy fanty;
Oderwał nam Szwed, tem aż z Polski zbyty,
   Krwią przodków naszych dostane Inflanty.
Kurfirszt wziął Lomburg i Drahim obfity,
   I trzyma swoje przez oficyjanty.
Turczyn, łakomy wypróżniwszy księniec,
Chciwie nam żarłok patrzy na Kamieniec.

## A CURSE ON THE SONS OF THE CROWN
Who Disrupt the Diets

### I

How much more can it last, unheeding sons?
   You bite your own Mother with a wild fang?
   You wish to bring destruction upon her
   And gain fame like the Greek Herostratus?
   You are causing more harm to your country
   Than the cruel, quiver-wearing Tartars;
   And even more than from unfriendly Turks
   It suffers from you, lizardlike people.

### II

These unhappy times have hurt the Mother,
   Bringing shattering ruin upon her.
   The different enemies have stripped her
   Of attractions and her former beauty.
   But the great din of her wars with neighbors,
   The loss of Ruthenia, the Ukraine,
   Have not pained her during these twenty years
   As much as the constant tumult at home.

### III

In the north Smolensk is not reconquered,
   We have lost possessions not yet restored.
   To be rid of him we let the Swede take
   Livonia, won with our ancestors' blood.
   The Kurfurst took Lauenburg, rich Drahim,
   And he retains them with his magistrates.
   The gluttonous Turk, having drained the dregs,
   Is now greedily eyeing Kamieniec.

## IV

A my radzimy. Więc gdyby te rady
　Polskę dźwignęły w tak nieszczęsnej doli!
Leć interesa i prywatne zwady
　Trudnią, czasem sejm rwie się i dla soli.
Gdy czas skończenia sejmowej obrady,
　Ozwie się poseł, iże n i e　p o z w o l i;
Bez konkluzyjej alić sejm skończony,
A miła M a t k a krom wszelkiej obrony.

## V

Bodaj źle zginął, bodaj zabit marnie,
　Kto dla prywaty swej sejmy rozrywa,
Niech głowa jego przepada niekarnie,
　Niech wymazany z ksiąg żywota bywa.
Żywli też, niech go nieszczęście ogarnie,
　A sztuki chleba niechaj mu ubywa.
Niż M a t k a zginie, niechaj zły syn pierwu,
Zwierzom potrawę dawszy z swego ścierwu.

## VI

Nie tak, Polacy moi, byćby miało
　Z tym dyjamentem kosztownym W o l n o ś c i;
Nie truć, aleby zdobić się przystało
　W kochanej zgodzie, wzajemnej miłości;
My zaś na sobie sami jemy ciało,
　Rwąc sejmy z prywat, z uporu, ze złości.
Ale któżkolwiek tak mięszasz Koroną,
Nie skropisz tego, wiedz, wodą święconą.

## IV

And we hold councils. As if these councils
   Could lift Poland from its unhappy lot!
   But private interests and quarrels intrude—
   The diet was once broken up for salt!
   When there is time to finish a session
   An envoy declares he will v e t o  it.
   The diet ends without resolution,
   Our dear M o t h e r  without any defense.

## V

May he perish or die miserably
   Who for private interests disrupts diets.
   Let his head be chopped with impunity,
   Let his name be struck from the book of life.
   Alive, let him be seized by misfortune
   And may his bread become more and more scarce.
   Let the bad son die first, not the M o t h e r ,
   Let his dead body feed the beasts of prey.

## VI

Poles, this is not how you were intended
   To treat the precious diamond of F r e e d o m ;
   Not as a poison but an adornment
   In mutual harmony and dear love.
   We eat our own body, disrupting diets
   In self-interest, stubbornness, and spite—
   You who throw the Crown in confusion, beware,
   Holy water will not wash it away.

## PRZY PEŁNYCH ZWYCIĘSTWO
Do pp. Biberonich Bellisarów

Oj, nie rzecz, nie rzecz, i namniej przystoi
Mężnym Lechitów synom, bracia moi,
W obozie ze szkła winem zlanym hojnie,
      Mówić o wojnie.
Placem wojennym nam stół, arsenałem
Piwnica, gdzie dość municjej zastałem;
Bachus hetmanem, mistrz artyleryje,
      Kto lepiej pije.
Z mis belloardy, z pasztetów reduty,
Z kopy kuropatw szanc wielki usuty,
Marcypanowej pallisada wieże
      Cukrowa strzeże,
Koło której są po suggestach działa.
A jak na hasło armata zagrzmiała,
Pierwsza za zdrowie, pij, nie trać słów darmo,
      Biją na larmo.
Za tą pobudką jak zagrzeją głowy,
Usłyszysz różne bohatyrów mowy:
Mnie nigdy straszna nie jest ordy zgraja,
      Jam wziął Neczaja.
Jam Kinigsmarka szkwadrony przełomił,
Jam Karaszmurze z Supenkazim gromił,
Od mej walecznej szable Dołhoruki
      Rozsiekan w sztuki.
Jam w Holzacyjej nieleniwym chodem
Stanął, straszny gość pod Fryderyszodem,
Jam pierwszy w szturmie toruńskim na wały,
      Wpadał zuchwały.
Ej, stójcie bracia, czy chcecie mizernie
Poginąć wszyscy przy lubym falernie?
Czy wino lejąc, iże krew lejecie,
      Rozumieć chcecie?

## A FULL GLASS FOR VICTORY
For Mssrs. Biberonis Bellisarius


It is not right, not right at all, brothers!
It does not befit the brave sons of Lech
In a camp made of glass and drenched with wine
                To speak about war.
Our battlefield is: the table. Our arsenal:
A cellar well-stocked with ammunition.
Bacchus is hetman, the artillery master
                He who drinks the most.
Bowls are battering-rams, pies are redoubts,
A pile of partridges is a bulwark.
A sugar palisade guards a tower
                Made of marzipan.
Next to it cannons are resting on mounts;
When the cannon thunders at a command
The first is for health. Drink; do not waste words,
                They sound the alarm.
As heads become hot with this reveille
Different heroic speeches are heard:
—I am not frightened by this pack of hordes,
                I who took Neczaj.
—I devastated Koenigsmark's squadrons.
—I faught Karash-murza and Supenkazi,
Sliced Dolgoruki with my valiant sword
                Into tiny bits.
—Full speed ahead I marched into Holstein.
—At Friederichs-Odde I was a feared guest,
And when we stormed the ramparts of Toruń
                I was first to attack.
Brothers, wait! Do you all want to perish
Ignobly, with your Falern wine in hand?
Do you truly think you are spilling blood
                When you spill the wine?

Inszy krwie męskiej, inszy kolor trunku,
Różnego krzyształ z żelazem gatunku,
Języka dzieło słowami wotować,
                    Ręki wojować.
Zaniechajcież już tej daremnej chluby,
Boć sie i same śmieją z was cekuby:
To mi bohatyr, co milcząc przy stole,
                    Chowa się w pole.

Man's blood is not the color of spirits,
Crystal and iron are two different things.
The task of the tongue is to speak with words,
                      Of the arm, to fight.
Let us renounce all of this vainglory,
Even the wine is making fun of you.
The true hero is silent at table
                      But rushes to battle.

## PSALM XXVI

*Deus, auribus nostris audivimus  Ps. 43*

### PIENIE WDZIĘCZNOŚCI ZA ZWYCIĘSTWO WIEDEŃSKIE

1. Boże, cośmy uszyma naszemi słyszeli, co nam ojcowie nasi powiadali, tego się teraz oczy ludu Twego z pociechą napatrzyły.
2. Dzieło mocy Twej, któreś za dni ich uczynił z Faraonem; toż i teraz nieskrócona w cudach, ani osłabiała w potędze, wykonała ręka Twoja.
3. Ręka Twoja, Panie, nie ludzka, pogany starła; przed Nią pyszny Assur sromotnie uciekał, który w hardości serca na zgubę naszę przyszedł.
4. Z nim gruby Edomczyk w lot bieżał; a oba strachem zjęci, z bystrego Dunaju wodami na wyścigi lecieli.
5. Nie obejrzał się Part, który w odwodzie potyczkę daje; ani bissurmanin wspomniał, że się wnukiem bożym nazywa.
6. Wydarł miecze z rąk ich zwycięzca, w Imieniu Twojem silniejszy; prysnęły łuki, i strzały z kołczona rozsypały się po ziemi.
7. Patrzało na hardość ich wschodzące słońce; a toż na odwieczerzu widziało sromotnie rozgromionych.
8. Wstydził się miesiąc piątna swego, a żeby sromotę zakrył, nie chciał świecić w nocy uciekającym.
9. Nie pomógł w trwodze fałszywy prorok; ani częste umywanie nie oczyściło wszetecznych z grzechu.
10. Leżeli w polu, jako bycy tłuści po rzezi; a plugawe ścierwy kazał zwycięzca ziemią nakryć, z politowania.

PSALM XXVI:

*Deus auribus nostris audivimus Ps. 43*

A SONG OF GRATITUDE FOR THE VIENNA VICTORY

1. We have heard with our ears, O God, what our fathers have told us, now the eyes of Your people have seen it with jubilation.
2. What Your might has done to Pharaoh in those days, now Your hand—not diminished in miracles, and unweakened in its might—has performed again.
3. Your hand, O God, and not the human arm did smite the pagan; the haughty Assyrian shamefully ran from it, he who in the arrogance of his heart had come to destroy us.
4. Together with him was the fat Edomite; and both of them fled, seized with fear, racing with the waters of the swift Danube.
5. The Parthian did not look back, he whose rearguards like to skirmish as they retreat; nor did the Mussulman utter a word that he calls himself the grandson of God.
6. The victor, stronger through Your Name, tore the swords from their hands; the bows flew off, and arrows falling from their quivers scattered on the ground.
7. The rising sun saw their arrogance; in the evening, it saw them shamefully crushed.
8. The moon's crescent was ashamed of its stigma, and to cover its shame it did not want to shine for those who were fleeing in the night.
9. The false prophet did not help in their panic; nor did frequent ablutions cleanse the wicked of their sins.
10. They lay on the fields like fat bulls after slaughter, but the victor gave the order to cover their foul bodies with earth, out of pity.

11. Jeńcy w zatrzymaniu żywi zostali; a miecz po zwycięstwie ochłodnął w pochwy włożony.
12. Tyś tak kazał, Panie Boże nasz, cuda czyniący; aby którzy po cudze zdrowie przyszli, swojem nałożyli.
13. Aby chleb od gęby niewinnym wydzierający, nie pożyli go, a słabszy z mocniejszego zagarnął łupy.
14. Mało trzy dni było do zbierania korzyści. Brali nietylko żołnierze odbieżane dostatki, ale i dzieci małe z pospolitym gminem.
15. One pyszne w Sydonie, czy w Dziarbecie złotem tkane namioty, odbieżane, stały jako buda w sadzie, w której jabłek pilnowano.
16. Konie ich poosiadał mocniejszy, dzidy ich o nichże skruszył, i kulami do grzbietu uciekających strzelał.
17. Przepadli wszyscy purpuraci ich, którzy mówili: posiądźmy ziemię chrześcijańską.
18. Zginął wezyr niemęsko, powrozem uduszony; a onemu kościołów pańskich burzycielowi, niedługo w skronie młotem Jachel gwóźdź wbiła.
19. I stało się im tak jako Madianitom, i jako Jabinowi u rzeki Cisson.
20. Położyłeś ich, Panie, jako koło na odwrocie, i jako źdźbło przed wiatrem, tak pyszni zniknęli.
21. Jako ogień, który pali lasy nikomu nie przepuszczając, tak napełniona jest twarz ich sromotą.
22. Stąd niech poznają, że Pan Imię twoje, o Jehowa! boś się wielmożnie wsławił, konia i jeźdźca wrzuciwszy w morze.
23. Tenci jest Pan, którego wielbić trzeba; Bóg ojców naszych, którego wywyższać będziem.
24. Pan jako mąż waleczny, Tryumfujący Imię Jego, przed którym wojska i wozy faraonowe w Czerwonem morzu na dnie zostali.

11. The captives that were taken remained alive, and the sword cooled off in the scabbard after the victory.
12. This is what You ordered, O Lord, so that those who come to kill be killed.
13. So that those who snatched bread away from the mouths of the innocent would not consume it themselves, and so the weaker could take plunder from the stronger.
14. Three days were not enough to collect all the spoils. Not only soldiers but small children and a mob of ordinary people were gathering the abandoned riches.
15. Those magnificent tents, woven with gold in Sidon and Jarbet, now abandoned, stood like huts in an orchard where apples are stored.
16. Their horses were mounted by the stronger ones who shattered their spears and shot bullets into the backs of those who were fleeing.
17. All of their dignitaries in purple perished, all of those who said: Let us possess the Christian land.
18. The vizir died in an unmanly manner, strangled by his rope; and soon Jael was hammering a nail into the forhead of this destroyer of the Lord's churches.
19. And their fate was the same as that of the Midianites, and of Jabin at the river Kishon.
20. You have laid them low, O Lord, like a wheel turned on its side; and they, once so proud, have disappeared like a blade in the wind.
21. Like a fire that burns forests and misses nothing, so their faces were consumed with shame.
22. Thus let them learn that Your Name is Lord, O Jehovah! For You have triumphed gloriously, the horse and his rider You have thrown into the sea.
23. He is the Lord whom we shall glorify; the God of our fathers, and we shall exalt Him.
24. The Lord is a man of war, the Lord is His name; Pharaoh's chariots and his host has he drowned in the Red Sea.

25. Prawica twoja, Panie, za nas wojowała; ręka twoja, Najwyższy, nieprzyjaciół zbiła; a w mocy twojej, o Wszechmocny! poraziłeś przeciwniki nasze.
26. Któż podobny tobie między mocarzami, Panie? tak wielmożny w potędze, jako straszny i chwalebny i czyniący dziwy?
27. Nie nam tedy, Panie, podłemu gminowi, ale imieniowi Twemu świętemu, które cudowne jest, niech będzie od nas chwała, wdzięczność i poszanowanie na nieprzeżyte wieki. Amen.

25. Your right hand, O Lord, has fought for us; Your hand, Lord, has dashed in pieces the enemy, and with Your might, O Almighty, You defeated our foe.

26. Who is like You, O Lord, among the gods? Who is like You so mighty in His power, so fearful and glorious, doing wonders?

27. Thus it is not us, a lowly populace, but Your Holy Name, Lord, that is miraculous; let glory, gratitude and reverence go to You now and forever after. Amen.

Panel of a bronze door by Michael Weinhold, 1673, Wasa Chapel at Wawel, Cracow

# STANISŁAW HERAKLIUSZ LUBOMIRSKI
## (1642-1702)

Stanisław Herakliusz Lubomirski was a politician as well as poet and writer. Son of Jerzy Lubomirski, Marshal of the Crown and leader of an infamous rebellion against King Jan Casimir, S. H. Lubomirski like his father was a politician whose alliances and actions were inspired by his own interests rather than a sense of loyalty. Secret political meetings which took place in his sumptuous residence in Ujazdów, in the suburbs of Warsaw, often smacked of treason.

Lubomirski was a prolific writer, both in Polish and in Latin. He was an admirer of Italian poetry and in particular of Giambattista Marino, whose poem *Orpheus* Lubomirski adapted in Polish. His most important Polish works include a pastoral play *Ermida* (1664), poetic paraphrases of the Bible *Tobias Liberated* (*Tobiasz wyzwolony*, 1683) and *Ecclesiastes* (1702), as well as a work in prose on philosophical and aesthetic topics, *Conversations of Artaxis and Evander* (*Rozmowy Artaksesa i Ewandra*, 1683). His political treatise in Latin, *De vanitate consiliorum* (1699), was immensely popular and published in numerous editions throughout the eighteenth century.

## SONET NA CAŁĄ MĘKĘ PAŃSKĄ

Wielkiej miłości i nieogarnionej
Tryumf, czy piekła łupy, czy mogiły
Zawisnej śmierci, czy niebieskiej siły
Są cudem męki, co zniósł Bóg wcielony?

Moc, myśl, żal, strach, pot, krew, sen zwyciężony,
Zdrada, powrozy, łzy, sądy i niemiły
Twarzy policzek i rózgi, co biły,
Słup, cierń, krzyż, gwóźdź, żółć i bok otworzony

Są to dobroci dary, a nie męki,
Nie dary, ale łaski źrzódła żywe,
Nie źrzódła, ale Boskiej cuda ręki,

Tej ręki, co nam zbawienie szczęśliwe
Z swych ran wylała, za które niech dzięki
Oddaje-ć serce, o dobro prawdziwe!

# SONNET ON THE LORD'S PASSION

*Translated by Harold B. Segel*


Of great and unencompassable love
A triumph, or the spoils of hell, or graves
Of envious death, or heaven's wondrous might
The torments which the Lord Incarnate bore?

Might, strength, grief, fear, sweat, blood, defeated dream,
Deceit, ropes, verdicts, tears, unpleasant blows
On face and stinging switches' beatings,
Post, thorns, cross, nails, bile, opened flank—these are

Beneficence's gifts, not punishments.
Not gifts, but living springs of charity.
Not springs, but wonders from the hand of God,

That hand, which poured out from its awful wounds
A glorious salvation unto man,
For which our hearts give thanks, O goodness true!

## SOMNUS

### PRIMUS

Łoże łabędzim wysypane puchem
   Miękkimi rozkosz wyściela naspami,
Głowa w nich tonie jako w morzu suchem,
   Skubanych gęsi zgrążona wałami,
Tu sen w głębokim tchnie w pierzynach duchem,
   I wczas pełnymi wypiewa piersiami,
Oczy zielona jedwabnica cieni,
   By w nie nie wstrzelił Febus swych promieni.

### SECUNDUS

Na bawełnianych stróże nogach chodzą,
   Co przystępują blisko do łożnice.
Drzwi na zawiasach ostrożnie uwodzą,
   Każdemu kłódka ciche zwiera lice;
Co się odecknie, to wachlarzem chłodzą,
   Portyjerami ciemniąc okiennice.
Jeszcze tu słońce swych blasków nie siało,
   Choćby trojakim ogniem zagorzało.

### TERTIUS

Kłopot i głowy łamiące starania,
   Niewczasy, myśli, frasunek, choroby,
Tesknice serca, trudności niespania,
   Płacz i lamenty, przestrachy i co by
Było przyczyną do wczasu przerwania,
   W łańcuchach jęczy za progiem, a doby
Pomyślne chodzą w patynkach jerchowych,
   By nie wzruszyły pierwiastków cukrowych.

SOMNUS

PRIMUS

A bed strewn over with the down of swans
 Is lined with soft pillows for pleasure's sake;
The head sinks in them as in a dry sea,
 Submerged by wave upon wave of plucked geese.
Here sleep breathes deeply in feathery quilts
 And sings praise of repose with full chest.
A screen made out of green silk shades the eyes
 So Phoebus does not pierce them with his rays.

SECUNDUS

Approaching on legs made out of cotton,
 Guards walk forward and come close to the bed.
They push the door on its hinges with care,
 Their silent faces closed with a padlock.
Each time he stirs they cool him with a fan,
 Darkening windows with heavy curtains.
Here the sun does not yet sow its bright glimmers
 Even if it flares with a triple fire.

TERTIUS

Worry, and those troubles that wrack the mind—
 Discomforts, thoughts, illnesses, afflictions,
Yearnings of the heart, painful sleeplessness,
 Crying and laments, frights, and whatever
Else might cause rest to be interrupted—
 Moan in chains behind the door while good thoughts
Walk past in lambskin slippers to avoid
 Disturbing the sugar-like elements.

QUARTUS

Po gabinecie w kryształowej rynie,
　Do smaczniejszego snu przysposobienia
Wszystkim źródło wdzięcznomruczne płynie,
　Dyjamentowe dno miasto kamienia,
Tu morskie sobie pływając boginie,
　Skrytym kanałem uchodzą do cienia,
Po brzegach matki swe rozwiły włosy,
Zefir im głaszcze kędzierzawe czosy.

QUINTUS

Z gniazdek swych wdzięczne fruktują kanary;
　W belwederowym przelatując gaju
Synogarlica swej żałując pary,
　W którym się tuła odłączonym kraju,
Żałośnie stęka; nie głos, lecz nektary
　Wywodzi słowik. Jeśli szukasz raju,
Tu go zawarła natura w szczupłości.
　Kwoli rozkosznej śpiących lubieżności.

QUARTUS

In a trough of crystal inside the room
    A spring flows gracefully, purring for all
To ease them into sleep more pleasantly,
    Its bottom lined with diamonds, not with stones.
Sea goddesses are swimming here and move
    Into the shade by a secret channel,
Mothers let their long hair loose on its banks
    And the zephyrs caress their curly locks.

QUINTUS

Delicious honey ripens in its combs;
    A turtledove circles a belvedere
In a grove and laments its companion
    Who wanders in a separate country.
A nightingale is producing nectar,
    Not a voice. If you search for paradise
Nature contains it here on a small scale
    For the exquisite pleasure of sleepers.

# FORTUNA

## PRIMA

Bogini ślepa, pani nieszczerości,
   Piękny nieistnej konterfekt odmiany,
Obraz niestatku, morzenie jedności,
   Wiatr lekkiej prawdy, muł klecony z piany,
Mistrzyni kłamstwa, wizerunk płochości,
   Skopuł po wierzchu zdradziecko oblany,
Fortuna, której kołem się obraca,
   Co pod miesiącem bogów trwoży, praca.

## SECUNDA

Przed nią książęta do nóg czołem biją,
   Złote rzucają noszenia cesarze,
Królom się wieńce po skroniach nie wiją,
   Ni dyjamenty na głowach w pożarze
Bogatym sieją. Ona patrzy, czyją
   Ma być — w lamowej rozpiera czamarze
Po krześle boki, świat ma pod trzewikiem,
   A drugim depce Wulturna z Afrykiem.

FORTUNA

PRIMA

Blind goddess, grand dame of hypocrisy,
　Lovely product of the ephemeral
And image of change, death of unity—
　She is the wind of slight truth, slime from foam,
The great queen of lying and a mirror
　For fickleness, treacherous reef hidden
Under water; as fortune turns the wheel
　Her labor scares the gods below the moon.

SECUNDA

Princes bow their foreheads down before her
　And emperors throw her their golden chains;
The wreath does not entwine the king's temples
　And diamonds do not sow their sparkling fires
On hands of the rich. To whom will she give
　Herself? Sprawled in a chair, dressed in lamé,
She is holding the world under one shoe,
　With the other tramples the East and South.

Figure
of a knight,
the Bernardine
Church
in Rzeszów,
1630-1638

# A SONG OF THE BAR CONFEDERACY
## (ANONYMOUS)
### (1768-1772)

Songs of the Bar Confederacy (1768-1772), composed by anonymous poets-soldiers, find their way into anthologies of Polish poetry not because of their artistic merits, but because they are written in a characteristic style; their ardent patriotism welded to a no less ardent Catholicism, is expressed in peculiar baroque metaphors. Filled with military as well as religious rhetoric and imagery, these anonymous war songs belong both spiritually and stylistically to Sarmatism—and they represent low-brow literature. Written at the time of the Enlightenment, they sharply contrast with the intellectual, caustic and witty poems of Krasicki or Trembecki. However, the Romantics admired them greatly; Mickiewicz praised their genuine lyrical impulsion as well as the feeling of nobility and self-sacrifice with which they are inspired.

## ODWAŻNY POLAK NA MARSOWYM POLU

Stawam na placu z Boga ordynansu,
Rangę porzucam dla nieba wakansu.
Dla wolności ginę, wiary swej nie minę.
           Ten jest mój azard.

Krzyż mi jest tarczą, a zbawienie łupem.
W marszu zostaję; choć upadnę trupem,
Nie zważam, bo w boju — dla duszy pokoju
           Szukam w ojczyźnie.

Krew z ran wylana dla mego zbawienia
Utwierdza żądze, ukaja pragnienia,
Jako katolika — wskroś serce przenika,
           Prawego w wierze.

Śmierć Zbawcy stoi za pobudki hasło,
Aby wzniecenie złych czynności zgasło,
Wolności przywary, gwałty świętej wiary
           Zniesione były.

Wyroku twego, wiem, że nie zapłacę:
Niech, choć przed czasem życie moje tracę,
Aby nie w upadku, tylko w swoim statku
           Wiara słynęła.

Nie obawiam się przeciwników zdrady;
Wiem, że mi dodasz swej zbawiennej rady,
W zamysłach obrotu, dla praw swych powrotu
           Jak rekrutowi.

## A BRAVE POLISH SOLDIER ON THE FIELD OF MARS

On God's order I must enter the field,
Forego career for a place in heaven.
Such is my wager: my faith is my shield,
                I die for freedom.

I know that my marching will never cease,
The cross is my armor, salvation my spoils.
If I fall in battle my soul seeks peace
                For my country.

Blood was spilled from His wounds to save me, too.
It confirms my desire, soothes my yearning,
As a Catholic my heart is pierced through,
                Loyal to my faith.

The death of the Savior is reveille:
The call to extinguish all evil deeds,
Violence against faith that is holy,
                Abuse of freedom.

I will never pay for Your suffering,
But let me lose my life before its time
So faith will be famous for enduring,
                Not for its downfall.

I fear no treason nor enemy's might,
I know You will give Your saving advice
About fortune's turns, about restored right
                To me, a recruit.

Matka łaskawą, tuszę, że się stawi,
Dzielnością swoich rąk pobłogosławi,
A że gdy przybraną, będę miał wygraną,
              Wiary obrońca.

Boć nie nowina Maryji puklerzem
Zastawiać Polskę, wojować z rycerzem
Przybywać w osobie, sukurs dawać tobie,
              Miła ojczyzno!

W polskich patronach niepłonne nadzieje,
Zelantów serce niechaj się nie chwieje.
Gdy ci przy pieczy miecze do odsieczy
              Dadzą Polakom.

Niech nas nie ślepią światowe ponęty:
Dla Boga brońmy wiary Jego świętej.
A za naszą pracą będzie wszystką płacą
              Żyć z Bogiem w niebie.

I trust in our gracious Holy Mother
To give me her blessing with potent hands.
Once she adopts me, our Faith's defender,
                I shall surely win.

We have always used the shield of Mary
To protect Poland and fight with the knights,
To come in person, O my dear country,
                And bring to you aid.

It is not vain to trust Poland's patron,
Let the hearts of the faithful not falter.
The saints protect the Poles; so they fight on
                They lend them swords.

Let the lures of the world not make us blind,
Let us defend the holy faith for God;
Our labor's reward is the life we find
                With God in heaven.

*View of Warsaw* by Erik Dahlberg, 1656

# IV

# THE ENLIGHTENMENT

*King Stanisław August* by Marcello Bacciarelli, c. 1790

The period of the Enlightenment in Poland, which coincided with the second half of the eighteenth century, was a time of extraordinary political intensity as well as far-reaching social, political, and cultural reforms. The most significant of these was the passage of a Constitution by the Diet, after four years of stormy deliberations, on May 3, 1791; the Constitution abolished the "liberum veto," established a hereditary monarchy, granted to the inhabitants of towns the same rights as those enjoyed by the nobility, and gave legal protection to the peasants. Socially the most radical was the proclamation in 1794 by Tadeusz Kościuszko, Commander-in-chief of the national uprising, of the Manifesto of Połaniec which abolished serfdom. In the realm of culture the most important reforms concerned the educational system. They were carried out by the National Commission of Education, formed by the King in 1773 after the dissolution of the Jesuit order. Its model was the Collegium Nobilium, founded in 1740 by Stanisław Konarski, a political writer and pedagogue whose ambition was to educate a future political elite in the spirit of enlightenment and citizenship. The establishment of the Collegium Nobilium and Konarski's own writings opened the path for the Enlightenment in Poland.

If the reformatory fervor was ignited by new philosophical currents reaching Poland from Western Europe, in particular by the works of the French Encyclopedists, it was continually fuelled by Poland's precarious political situation that was particularly poignant after the first partition in 1772. It was sincerely, if wishfully, hoped that the reforms would avert political catastrophe. The catastrophe occured: Poland was partitioned by Russia, Prussia, and Austria three times—in 1772, 1793 and 1795 respectively—and disappeared from the map of Europe for the next hundred and twenty years. Poland's demise occured ironically at the very moment when the country was becoming, after a long decline, politically and spiritually healthy.

It is impossible to discuss the Polish Enlightenment without mentioning the figure of the last Polish King, Stanisław August Poniatowski. Not because he was important politically—his lack of political acumen has been amply noted by historians, and his conciliatory attitude toward Russia made his desperate, angry contemporaries accuse him of treason—but because of the central role he played in Poland's artistic and literary life. The thirty years of his reign (1764-1795) are commonly referred to as "the epoch of Stanisław August," a term that is synonymous in Polish literary scholarship with the term "Enlightenment." At a time when many leading intellectuals and writers played prominent political roles, the King's passion was poetry and art, although it is true he was also a fervent supporter of the reforms. He was a most generous patron of writers and artists, and his famous "Thursday dinners," held in the Royal Castle in Warsaw, were a gathering place of the intellectual elite. Among his guests and proteges were all the leading poets of the period: Ignacy Krasicki, Adam Naruszewicz, Stanisław Trembecki, and Kajetan Węgierski. The prominent Italian painter Bernardo Belotto, known as Canaletto, spent twenty years at the court of Stanisław August, leaving behind a splendid artistic legacy. An admirer of French classicism, the King used his Thursday dinners, attended only by men and held in a room decorated with alabaster statuettes of the nine muses, as a forum where new poetic ideas and artistic trends were discussed. Two important journals, *The Monitor* (1765-1784), modelled on the English *Spectator* and devoted to social and political issues, and the literary magazine *Games Pleasant and Useful* (*Zabawy Przyjemne i Pożyteczne*, 1770-1777), were published under the King's sponsorship. Both were instrumental in shaping public opinion as well as taste.

Polish poetry during the Enlightenment was to a considerable degree influenced by French eighteenth-century neo-classical poetry. At the same time Polish poetry continued the traditions of the Polish Renaissance, with which it shared the ideals of moderation, the golden mean, and admiration for ancient classical poetry, in particular Horace. On the formal level, classicist poetry followed certain norms that were spelled out in a number of theoretical works on the "art of versification" inspired by the *Ars Poetica* of Horace and the French seventeenth-century codifier, Boileau. The tenets of the classicist style were clarity, rigor, and order. They were an extension of the Enlightenment's cult of reason. The strong moralistic tendency of classicist poetry, expressed in the Horatian maxim *prodesse et delectare* and echoed in the programmatic title of *Games Pleasant and Useful*, accounted for the great popularity of didactic genres such as the satire, fable, mock-heroic poem, odes and epigrams. They usually contained a noticeable satirical element. Like its Horatian models, the classicist satire had a universal character and was directed against types rather than individuals, against human weaknesses rather than vices.

However, the Polish poetry of the Enlightenment period was not uniform; not all of it was contained within the bounds of classicist poetics. The most accomplished of its poets, Krasicki, Naruszewicz, and Trembecki—all of whom belonged to the King's entourage—represented classicism. On the other hand, the poems of Franciszek Karpiński and Dionizy Kniaźnin display different type of sensibility known as sentimentalism. Under the influence of Jean Jacques Rousseau, the sentimental poets stressed the importance of the emotions rather than reason, and praised tenderness as well as sensitivity to nature. In their pastorals they promoted an ideal of simplicity. By endowing their descriptions of country life with a good dose of realism, they continued the long, rich native pastoral tradition dating back to Jan Kochanowski and Szymon Szymonowic.

In the late seventeen eighties and nineties, the highly charged political atmosphere and especially the heated discussions surrounding deliberations in the Four-Year Diet gave rise to a wave of political poetry. Its emotional, frequently polemical tone as well as its narrow topicality, personal allusions, and accusations—often very thinly disguised—were all violations of the classicist tenets of universality, detachment, and *bienseance*. This is especially true of the virulent, pamphlet-like poetry of Franciszek Zabłocki, but also of poems such as Jakub Jasiński's "To the Nation" or Julian Ursyn Niemcewicz's "A Building in Decay." While the politically aloof poetry of Krasicki is artistically superior, the tragic overtones of Jasiński or Niemcewicz—expressing genuine concern, as well as a deep sense of despair—remain a moving testimony of the last days of the Old Polish Commonwealth.

# ADAM NARUSZEWICZ
# (1733-1796)

Born in an impoverished noble family in Polesie, Adam Naruszewicz made a brilliant career. After studying in the famous Jesuit College in Lyon, France, he became a lecturer of Latin at the Wilno Academy, and in 1762 a professor of poetics at the Collegium Nobilium in Warsaw. Soon he won favors from King Stanisław August as well as his friendship. Associated with the first Polish literary weekly, *Games Pleasant and Useful*—where over the years he had published close to 150 poems—he became in 1771 its editor-in-chief.

The suppression of the Jesuit order in 1773 proved to be a blessing for a man whose impulsive and passionate nature—as well as his secular, irreverent, even licentious mentality—did not blend harmoniously with the monk's habit. With the help of the King and thanks to his own unflagging efforts, Naruszewicz quickly advanced in the church hierarchy, gaining the titles first of coadjutor and, soon after, of bishop. In 1776 he was given the Medal of Saint Stanislas. His political career was equally impressive, taking him all the way to a senator's seat at the Four-Year Diet (1788-1792), where he often served as a mediator between the king and the representatives of the Camp of Reforms. Discouraged and embittered after the Confederacy of Targowica and the ensuing partitions, Naruszewicz retired from public life. He died in 1796.

A well-known and highly respected poet during his lifetime, Naruszewicz was criticized and rejected by the Romantics as a poet of panegyrics. These indeed constitute a major part of his poetic output. However, during the last hundred years this harsh, one-sided estimate of Naruszewicz has been revised, and his poetic reputation restored. Naruszewicz was a skillful poet. The distinctive features of his poetry are clarity and concision, combined with subtle but biting irony. It is also a poetry that is visually rich and well anchored in concrete details.

Aside from poetry, Naruszewicz is the author of a seven-volume *History of the Polish Nation* (*Historia narodu polskiego*, 1779-1786), commissioned by the King.

Adam Naruszewicz

## FIRCYK

Fircyk, grzeczny kawaler — każdy mi powiada.
Znam go. Je smaczno, pije dobrze, wiele gada.
A na czymże ta grzeczność fircyka zależy?
Czy że mu dziwnym kształtem fryzura się jeży,
Czy że jaki wygwiżdże włoski kancik kusy,
Czy że wonnymi cały pachnie spirytusy,
Na piętach się wykręca, lata jak sparzony,
Udając arlekina z lisimi ogony?
Czy że się rozwaliwszy grądal na kanapie,
W przytomności zacniejszych jako wielbłąd sapie?
Czy że swą przed zwierciadłem piękność rozpościera:
Cukrowe kartki pisze i sam je odbiera?
Czy że się coraz w modne suknie stroi ładnie,
Gładko tnie maryjasza, gładziej karty kradnie;
Bluzga, co ślina niesie, nie ma w gębie tamy,
Gorsząc młodzież niewinną i uczciwe damy?
Czy że z wielkim rękawem, z buczną miną chodzi,
Przymawia i przeprasza, łże i ludzi zwodzi?
Bierze wszystko na kredyt, a gdy mu dopiecze
Pan dłużnik, incognito z miasta gdzieś uciecze?
Czy że się sam powozi lub gdy zima stanie,
Trzaska biczem misternie usiadłszy na sanie?
Oh! kiedyż fircyk grzecznym kawalerem takiem,
Któż będzie sowizdrzałem, głupcem i pustakiem?

## THE DANDY

The dandy is a nice young man—this they all say.
I know him. He talks much, eats with gusto and drinks
                                                well.
And what makes this dandy so remarkably nice?
Is it his hair, bristling up in a strange fashion?
Or because he can whistle an Italian tune?
Or that he is fragrant all over with perfumes,
Twists on his heels, dashes around like a madman
Pretending to be a harlequin with fox tails?
Perhaps because he sprawls on a couch like a boor
And puffs like a camel before good company?
Or that he displays his beauty in the mirror,
Writes sugary notes, and then receives them himself?
Or because he dresses in fashionable clothes,
Smoothly plays at matrimony and steals the cards?
He spills out any nonsense and will not be stopped,
Offending both innocent and honorable?
Or because he walks with wide sleeves, proud expression,
Is filled with excuses, lies, and deceives others?
He takes things on credit, and when his creditor
Bothers him too much he flees town, incognito?
Or because he drives horses, and when winter comes
Cracks his whip with a studied pose over his sled?
Oh! If the dandy is indeed such a nice young man
Who then should be called stupid, dishonest, and vain?

## PIEŚŃ CIARLATAŃSKA NA JARMARKU

O cuda, cuda! o śliczne cuda!
Kto ma pieniążki, niechaj je tu da.
W tej maluśkiej skrzyneczce, co ma świat obszerny
Najciekawszego, zawarł rzemieślnik misterny,
Tu wszystkie rzeczy nowe, a kto spojrzy na nie,
Z podziwieniem zawoła: «Cuda, mości panie!»

O cuda, cuda! o śliczne cuda!
Kto ma pieniążki, niechaj je tu da.
Tyś pierwszy dał pieniądze, w zielonym kontuszu,
Nie wiem, czy panie Pietrze, czyli Mateuszu,
Ja nie dbam na godności, nie dbam na klejnoty
Herbowne, to pan u mnie, co położył złoty.

O cuda, cuda! o śliczne cuda!
Kto ma pieniążki, niechaj je tu da.
Przystąp... oto pan siedzi w złotogłowie strojny!
Pan nie dziwak, nie hardy, miły i spokojny;
Obok przy nim dworzanin, lecz nie wiercipięta,
Nie zna, co to pochlebstwo, co zazdrość przeklęta.

O cuda, cuda! o śliczne cuda!
Kto ma pieniążki, niechaj je tu da.
Widzisz ten dwór wspaniały; czyliż to nie cudna,
Że w nim nigdy nie gości fortuna obłudna?
Nie ma tu miejsca chciwość ni utrata marna.
Słudzy płatni, czeladka poczciwa i karna.

## SONG OF THE CHARLATAN AT A STREET FAIR

Wonders, wonders! wonders to see.
If you have money, come to me.
In this tiny chest a clever master craftsman
Has enclosed what is most curious in this world.
All the things here are new, and whoever sees them
Will admire and say, "These are truly wonders, sir."

Wonders, wonders! wonders to see.
If you have money, come to me.
You were first to pay, gentleman in the green coat.
I do not know your name—perhaps Peter, Matthew—
I have no concern for titles or for jewels,
Or coat of arms, he who pays is a lord to me.

Wonders, wonders! wonders to see.
If you have money, come to me.
Come close... Here sits a master, his head dressed in gold,
He is calm and nice, not haughty or eccentric;
The courtier near him, not twisting on his heels,
Does not know what envy and what flattery mean!

Wonders, wonders! wonders to see.
If you have money, come to me.
Look at this splendid manor: is it not wonderful
That deceitful fortune is never a guest here?
There is no place for greed, or for pitiful waste.
Servants are paid, they are honest and they obey.

O cuda, cuda! o śliczne cuda!
Kto ma pieniążki, niechaj je tu da.
Ten zaś, co mu sobole wiszą od kołnierza,
Pan to wielki, a długu nie ma i halerza,
Wszyscy ekonomowie na rękę mu padli,
Wiernie służą, jeszcze go dotąd nie okradli.

O cuda, cuda! o śliczne cuda!
Kto ma pieniążki, niechaj je tu da.
A toż pewnie nie dziwna, że krezus bogaty
Nie ciśnie ubogiego mnożąc swe intraty,
Że w dostatkach, że w sławie, że w szczęśliwej chwili
Pomni, czym też przodkowie jego przedtem byli.

O cuda, cuda! o śliczne cuda!
Kto ma pieniążki, niechaj je tu da.
Jest się czemu zadziwić, gdy kto w jedną sforę
Złączył z wielką nauką skromność i pokorę;
Kiedy ten, co na kartach dni i nocy trawi,
Zawsze jest przy pieniądzach i dzieciom zostawi.

O cuda, cuda! o śliczne cuda!
Kto ma pieniążki, niechaj je tu da.
Gdy ci wierny przyjaciel zawsze równie sprzyja,
Czy fortuna w twych progach, czyli je omija,
I choć cię z swych faworów wyruguje marnie,
Do serca otwartego łaskawie przygarnie.

O cuda, cuda! o śliczne cuda!
Kto ma pieniążki, niechaj je tu da.
I to się rzadko nader trafia w ludzkim rodzie,
Aby żona w statecznej z mężem żyła zgodzie,
By dwa ciała składały jedną tylko duszę.
Prawdziwie, ja sam na te dziwy krzyknąć muszę.

Wonders, wonders! wonders to see.
If you have money, come to me.
The one who has sables hanging from his collar
Is a grand lord, but without a thaler of debt.
All his stewards are on their knees kissing his hand,
Faithfully they serve him, and have not robbed him yet.

Wonders, wonders! wonders to see.
If you have money, come to me.
And is it not amazing that a rich Croesus
Does not squeeze the poor to multiply revenues,
That despite all this fame and wealth and goood fortune,
He remembers who his forefathers used to be?

Wonders, wonders! wonders to see.
If you have money, come to me.
There is good reason to be amazed by a man
Who combines great learning with great humility;
Or another who spends days and nights playing cards,
Yet can leave plenty of money for his children.

Wonders, wonders! wonders to see.
If you have money, come to me.
When a good friend is always well-disposed to you
Whether fortune comes to your door or turns away,
And though it no longer gives you any favors,
He still will hug you gracefully with open heart.

Wonders, wonders! wonders to see.
If you have money, come to me.
Look, for this happens so rarely among humans
To see a wife in harmony with her husband;
The bodies are two yet united with one mind.
Truly I gasp myself when I see this wonder.

O cuda, cuda! o śliczne cuda!
Kto ma pieniążki, niechaj je tu da.
Pięknie się w domu małe wychowują dziatki;
Nie pieszczą ich ojcowie i niebaczne matki.
Nauczają iść cnoty niepomylnym śladem,
A czego uczą, sami stwierdzają przykładem.

O cuda, cuda! o śliczne cuda!
Kto ma pieniążki, niechaj je tu da.
Widziałżeś kiedy mędrka, co sam wszystko umie,
Wszystko zna, wszystko gani, że jest przy rozumie?
Lub takiego patrona, który broniąc sprawy
Popiera tylko rzeczy, a nie szarpie sławy?

O cuda, cuda! o śliczne cuda!
Kto ma pieniążki, niechaj je tu da.
Chlubny junak, co w kącie szablą wiatry kroi,
Gdy go wyzwą, nie stchórzy i placu dostoi;
Krytyk spraw cudzych, a sam w niczym niezganiony,
Sędzia ma czyste ręce od łez i mamony.

O cuda, cuda! o śliczne cuda!
Kto ma pieniążki, niechaj je tu da.
Dama udatna, piękna jak jutrzenka złota,
A szwanku jej stateczna nie doznaje cnota;
Biega młokos samopas, kędy chce, a przecie
Nic złego o nim ludzie nie mówią na świecie.

O cuda, cuda! o śliczne cuda!
Kto ma pieniążki, niechaj je tu da.
Pomyślne ożenienie bez mądrej uwagi,
Że nie czynią szczęśliwym piękność i posagi;
Zasługi bez zazdrości, cnota bez obłudy —
Czyliż między pierwszymi nie ma miejsca cudy!

    Wonders, wonders! wonders to see.
    If you have money, come to me.
Little children grow up beautifully at home,
Not spoiled either by fathers or heedless mothers;
They are told to follow virtue's unerring path—
The parents are examples of what they are taught.

    Wonders, wonders! wonders to see.
    If you have money, come to me.
Have you seen a wiseacre who does everything,
Knows all and judges all, but is reasonable?
Or a lawyer who makes his case in such a way
He promotes its merits, does not soil someone's name?

    Wonders, wonders! wonders to see.
    If you have money, come to me.
A dashing young man slashes the wind with his sword
In a corner but when challenged will hold his own;
The critic of others himself without blemish;
The judge whose hands are clean of both tears and money.

    Wonders, wonders! wonders to see.
    If you have money, come to me.
A lady, as beautiful as the golden dawn,
But with her steady virtue intact and unharmed;
A youngster runs wild without control—but no one
Could say of him the least bad thing under the sun.

    Wonders, wonders! wonders to see.
    If you have money, come to me.
A good marriage, not following the wise advise
That beauty and dowry do not make happiness.
Merits without envy, virtue without pretense—
Do not all of these belong among the wonders?

O cuda, cuda! o śliczne cuda!
Kto ma pieniążki, niechaj je tu da.
Polityk, a nie szalbierz, bogacz, a nie zdzierca,
Wdzięczny za dobrodziejstwa, żołnierz nie bluźnierca;
Szczęśliwy tak, że go nic w życiu nie zasmuci,
Poczciwy tak, że mu nic żaden nie wyrzuci.

O cuda, cuda! o śliczne cuda!
Kto ma pieniążki, niechaj je tu da.
Pieśń moja tak ucieszna, tak skromna, tak miła,
By ganiąc obyczaje, osób nie ganiła,
Gdy ją każdy pochwali, ani okiem krzywym
Rzuciwszy na nią, rzeknie tonem uraźliwym:

Kto pisał, wielki musiał być duda.
O cuda, cuda! o śliczne cuda!
Kto ma pieniążki, niechaj je tu da.

Wonders, wonders! wonders to see.
If you have money, come to me.
A politician, not false; a rich man, not stingy;
Sincere gratitude; a soldier who never swears;
A man who is so happy nothing makes him sad,
Or so honest he is above any reproach.

Wonders, wonders! wonders to see.
If you have money, come to me.
My song is so amusing, so modest and nice
Because it finds fault with customs and not persons;
Everyone will then praise it, and without scowling
Or blaming simply say in a tone filled with spite:

Only a blockhead could write this.
Wonders, wonders! wonders to see.
If you have money, come to me.

## PODZIĘKOWANIE
za zegarek wzięty z rąk J. K. Mości

Królu łaskawy, cóż za podarek
   Odnoszę z pańskiej szczodroty?
Widzę-ć ja dobrze, iż to zegarek
   Kształtnie zrobiony i złoty.

Lecz mi on mocą czasy ukrytą
   Rączymi króci sprężyny:
Bo gdy w nim widzę twarz Twą wyrytą,
   Prędzej mi biegną godziny.

Nieufny, nuż mię wyrazem cichem,
   Błądząc po liczbach, zawodzi;
W sercc go popchnę złocistym sztychem:
   Lecz on tak mówi, jak chodzi.

Już, widzę, składać nie na zegara
   Wadę ten pośpiech należy.
Czasu jest serce pewniejsza miara:
   Z dobrym Panem i on bieży.

## GRATEFUL ACKNOWLEDGMENT
for a Watch Received from His Majesty the King

Most gracious king, what sort of gift is this
    Your generosity grants me?
Now I can see it well: it is a watch,
    Intricately made and golden.

But its hidden power shortens my time
    With its nimble fast-moving springs:
For when I see Your face engraved in it
    The hours run faster for me.

Fearful that the quiet face wandering
    Over the numbers deceives me,
I poke at its heart with a golden point:
    But it speaks the same way it runs.

I can see that this swiftness of pace
    Should not be ascribed to the watch.
The heart is the surer measure of time:
    With a good Master time runs fast.

## KANARKI
Bajka

Pewny gospodarz, pan licznych folwarków,
Miał w swym pokoju dwóch białych kanarków,
Oba z nich mieli dziane paciorkami klatki,
Maku, cukru, konopi niezmierne dostatki:
Wodę zawsze z krynicy, jako kryształ, czystą;
      Słowem: wszystkiego rzęsisto.
Z tym tylko obowiązkiem, aby się uczyli,
      Co im piszczałka zakwili:
    A pana swego, jak z pola przyjedzie,
    Czy przy śniadaniu, czy to przy obiedzie,
      Gdy zacznie pić smaczne piwko,
      Słodką bawili rozrywką.
Ledwo kilka miesięcy upłynęło, alić
Nie mógł się z nich jednego, kto słyszał, odchwalić.
Tak wszystko ślicznie pojął, co zagrał organek,
      Czy to menwecik, czy to skoczny tanek,
      Czy mazurka, czy kozaczka;
Nic nie było trudnego dla cudnego ptaczka.
Mało na tym, że śpiewał: kiedy mu na linie
Kazano w orzechowej do góry łupinie
Ciągnąć wodę, lub obrok makowy ze żłobem;
Póty się silił to nóżką, to dziobem,
      Aż do klatki zawindował.
     Pan też go zawsze na ręku piastował.
      Pozwalał mu z dłoni jadać,
      I czasem na wąsach siadać.
Nie tak się drugi udał; choć równą wygodę
     Miał jak kolega, mak, cukier, i wodę,
      I z kilką drążkami klatkę,
      I świeżą zawsze sałatkę.

# THE CANARIES
A  Fable

*Translated by David Welsh*


A certain farmer, lord of many acres,
Had in his drawing-room two white canaries.
Both had cages adorned with beads,
Plenty of hemp, sugar, corn,
Water clear as crystal from the spring,
   In a word—plenty of everything.
With one duty only—that they should learn
   What tunes a whistle-pipe should play to them,
And when their master comes home from the fields,
Either at breakfast or at dinner time
   And begins to sup his ale,
   They should divert him with pleasant songs.
Scarce passed a month, when
He couldn't say too much in praise of one canary
So delightfully did it catch what the whistle-pipe played,
   Whether a minuet or jig,
   A mazurka or a Cossack dance.
Nothing was too hard for this wonderful bird.
Not only did it sing; when it was told to draw water
In a nut-shell or poppy-pod by a piece of string,
It worked its little claw or beak
Until it had wound the water into its cage.
Its master also nursed it on his hand,
   Let it eat out of his palm
   And sometimes perch upon his whiskers.
The second did not succeed so well; although it had
   Comfort equal to its colleague—flour, sugar and water,
   And a cage with few bars,
   And greenery that was always fresh.

Nie chciało mu się uczyć, biegał w kątek z kątka,
Każdego ostrym pyszczkiem dotykając prątka;
      Aby mógł tylko przez jakową dziurę
      Przykrą pożegnać klauzurę.
Darmo chłopiec nadymał organkowe miechy:
Lepiej wróbel świergotał siedząc koło strzechy,
      Niżeli on nieuk śpiewał.
Skakał tylko, psuł klatkę, albo brzuch nadziewał.
Aż też pan rozgniewany, nie widząc poprawy,
      Cisnął go kotu buremu do strawy;
Mówiąc: kiedyś niewdzięczny za me łaski ptaku,
Znajdziesz lepsze mieszkanie u matusa w saku.
      Niechaj ten raczej na świecie nie żyje,
      Kto tylko na nim je darmo i pije.
      Mości panowie studenci,
Życzę większej do nauk wam przykładać chęci.
Nie traćcie marnie czasu: często się to przyda,
Że szlachcic głupi umrze za piecem u żyda.

It didn't want to learn, it ran from corner to corner,
Touching the bars with its sharp beak
    In order to quit its bitter imprisonment
    Through some gap or other.
In vain did the farmer's boy puff his whistle-pipe;
A sparrow on the roof twittered better
    Than this ignorant bird.
It did nothing but jump up and down, damage its cage or
                                      stuff its belly.
At last its master, angry at seeing no improvement,
    Threw it to the cat for its supper,
Declaring, "Since you're ungrateful for my kindness, bird,
You can find better lodging—in the cat."
    Let him who only eats and drinks for nothing in this
                                      world
    Not continue to live in it.
    Young gentlemen-students,
I urge you to put more heart into your studies.
Do not waste time in vain: it often happens
That a stupid gentlman dies in poverty behind a Jew's stove.

Ignacy Krasicki

# IGNACY KRASICKI
## (1735-1801)

Ignacy Krasicki came from a family of titled nobility in Ruthenia. Early destined for the priesthood, he attended first a Jesuit college in Lwów and later a seminary in Warsaw. Krasicki became very close to the King, Stanisław August, participated in his Thursday dinners, and had an apartment in the Royal Castle. He was co-founder, co-editor, and contributor to *The Monitor*. Thanks to powerful connections, Krasicki made a splendid career in the church hierarchy. After a number of lucrative posts and benefits, in 1766 he was consecrated bishop of Warmia. When Warmia was annexed to Prussia in 1772 as a result of the first partition, Krasicki's contacts with Poland became more tenuous. In these politically turbulent years, Krasicki remained uncommitted and politically aloof. He devoted himself to writing, collected books and drawings, and cultivated a beautiful garden. He died in 1801 in Berlin.

Krasicki was a prolific writer, and tried his hand in many genres: epic and lyrical poetry, mock heroic poems, satires, fables, novels, plays, encyclopedia articles, and critical essays. He was not sucessful in all of them, but the best of his poetry earned him the title of prince of poets among his contemporaries.

Krasicki debuted with a mock-heroic poem *The Mouse-iad* (*Myszeis*, 1775), followed by two satires on monastic orders, *Monachomachia, or the War of the Monks* (*Monachomachia albo wojna mnichów*, 1778) and *Anti-Monachomachia* (1780). Krasicki's two novels *The Adventures of Nicolaus Doświadczyński* (*Mikołaja Doświadczyńskiego przypadki*, 1776) and *Mr. Pantler* (*Pan Podstoli*, 1778) are important as milestones in the development of the Polish novel.

It is his *Satires* (*Satyry*, 1779) and even more his *Fables and Parables* (*Bajki i przypowieści*, 1779) and *The New Fables* (*Bajki nowe*, published posthumously in 1803) that assure Krasicki a prominent place in Polish letters. The genre of fables suited Krasicki's moralistic and didactic temperament exceptionally well. Although he used common plots and popular characters, Krasicki created his own type of fable: concise, concentrated, and at the same time written in language that one critic described as "simpler than everyday speech." Praised for their compositional, intellectual, and stylistic values, also compared to algebraic equations and mathematical formulas, Krasicki's fables have been labelled "icy." To some critics and readers Krasicki remains a great artist, but because of lack of deep feeling and lively imagination is not always a great poet.

Throne Hall at the Royal Castle in Warsaw

# [MYŚLI SŁODKA, GDY SPOKOJNA]

Myśli słodka, gdy spokojna,
Bogdaj zawżdy byłaś u mnie!
Czy to pokój, czyli wojna,
Czy pełno, czy pustki w gumnie,
Słodzisz pracę i daremną,
Gdy ja z tobą, a ty ze mną.

Bywaj myśli pożądana!
Co po życiu, kiedy w troskach,
Biedzisz z mroku aż do rana
Smętna w miastach, rzeźwisz w wioskach,
Tu przestajesz być nikczemną,
Gdy ja z tobą, a ty ze mną.

Myśli słodka i spokojna,
Uszczęśliwiaj po kryjomu,
Myśli prawa i dostojna,
Jakeś weszła, trwaj w mym domu.
Wszystko ma postać przyjemną,
Gdy ja z tobą, a ty ze mną.

Przyjaciele, siądźmy w cieniu,
Siądźmy w cieniu tej topoli,
Orzeźw, słodka w odpocznieniu,
Daj się ucieszyć do woli.
Niech czują rozkosz wzajemną,
Gdy ja z tobą, a ty ze mną.

## [MY PRECIOUS THOUGHT, SWEET WHEN PEACEFUL]

O my precious thought, sweet when peaceful,
I wish that you stayed with me always
Whether in time of peace or of war,
Whether the barn is full or empty.
You sweeten even useless labor
When I am with you, and you with me!

My thought, please be as I desire you.
What is life worth when filled with worries,
And you complain from dusk till morning?
Morose in the city you exult
In the country, casting away gloom
When I am with you, and you with me!

O my precious thought, sweet and peaceful,
Make me happy in your secret way.
Thought that is noble and dignified,
Once you have come, remain in my home;
Everything appears pleasurable
When I am with you, and you with me!

My friends, come, let us sit in the shade,
In the shade of this tall poplar tree.
Sweet thought, refresh us while we rest
And let us take full delight in you—
Let them feel the reciprocal joy
When I am with you, and you with me!

# SATYRY

## PIJAŃSTWO

„Skąd idziesz?" „Ledwo chodzę." „Słabyś?" „I jak jeszcze.
Wszak wiesz, że się ja nigdy zbytecznie nie pieszczę,
Ale mi zbyt dokucza ból głowy okrutny."
„Pewnieś wczoraj był wesół, dlategoś dziś smutny.
Przejdzie ból, powiedzże mi, proszę, jak to było?
Po smacznym, mówią, kąsku i wodę pić miło."
„Oj, niemiło, mój bracie! bogdaj z tym przysłowiem
Przepadł, co go wymyślił; jak było, opowiem.
   Upiłem się onegdaj dla imienin żony;
Nie żal mi tego było. Dzień ten obchodzony
Musiał być uroczyście. Dobrego sąsiada
Nieźle czasem podpoić; jejmość była rada,
Wina mieliśmy dosyć, a że dobre było,
Cieszyliśmy się pięknie i nieźle się piło.
Trwała uczta do świtu. W południe się budzę,
Cięży głowa jak ołów, krztuszę się i nudzę.
Jejmość radzi herbatę, lecz to trunek mdlący.
Jakoś koło apteczki przeszedłem niechcący,
Hanyżek mnie zaleciał, trochę nie zawadzi.
Napiłem się więc trochę, aczej to poradzi:
Nudno przecie. Ja znowu, już mi raźniej było,
Wtem dwóch z uczty wczorajszej kompanów przybyło.
Jakże nie poczęstować, gdy kto w dom przychodzi?
Jak częstować, a nie pić? i to się nie godzi.
Więc ja znowu do wódki, wypiłem niechcący:

SATIRES

DRUNKENNESS

*Translated by David Welsh*

"Where have you been?" "I can scarcely walk." "Are you
                                       sick?" "I should say so!
You know I do not coddle myself overmuch,
But this headache is bothering me too much."
"You were certainly celebrating yesterday?" "That's why
                                                I feel bad."
"The headache will pass: tell me, pray, what happened?
They say that after a tasty snack, a drink is agreeable."
"O no, my dear friend! May he that made up this proverb
Be damned: I will tell you what happened.

   I got drunk the other day on my wife's birthday,
I didn't regret it. This day had to be celebrated.
It is not a bad thing sometimes to get a good neighbor tipsy.
My wife was pleased, we had plenty of wine,
And because it was good, we enjoyed ourselves and drank
                                              not badly:
The feast lasted till dawn. I woke up at noon,
My head as heavy as lead; I coughed and felt sick.
My wife suggested tea—a most insipid drink.
I happened to walk by the pantry,
I smelled aniseed: a little does no harm.
So I drank a little, maybe it will help.
After all, I was sick; already I felt better.
Then two companions arrived from yesterday's feast.
How not to offer drink to a friend at your house?
How offer, but not drink oneself? That isn't proper,
So I set to the vodka again—I drank reluctantly:

*Omne trinum perfectum*, choć trunek gorący
Dobry jest na żołądek. Jakoż w punkcie zdrowy,
Ustały i nudności, ustał i ból głowy.
Zdrów i wesół wychodzę z moimi kompany,
Wtem obiad zastaliśmy już przygotowany.
Siadamy. Chwali trzeźwość pan Jędrzej, my za nim,
Bogdaj to wstrzemięźliwość, pijatykę ganim,
A tymczasem butelka nietykana stoi.
Pan Wojciech, co się bardzo niestrawności boi,
Po szynce, cośmy jedli, trochę wina radzi:
Kieliszek jeden, drugi zdrowiu nie zawadzi,
A zwłaszcza kiedy wino wytrawione, czyste,
Przestajem na takowe prawdy oczywiste.
Idą zatem dyskursa tonem statystycznym
O miłości ojczyzny, o dobru publicznym,
O wspaniałych projektach, mężnym animuszu;
Kopiem góry dla srebra i złota w Olkuszu,
Odbieramy Inflanty i państwa multańskie,
Liczemy owe sumy neapolitańskie,
Reformujemy państwo, wojny nowe zwodzim,
Tych bijem wstępnym bojem, z tamtymi się godzim,
A butelka nieznacznie jakoś się wysusza.
Przyszła druga; a gdy nas żarliwość porusza,
Pełni pociech, że wszyscy przeciwnicy legli,
Trzeciej, czwartej i piątej aniśmy postrzegli.
Poszła szósta i siódma, za nimi dziesiąta,
Naówczas, gdy nas miłość ojczyzny zaprząta,
Pan Jędrzej, przypomniawszy żurawińskie klęski,
Nuż w płacz nad królem Janem. „Król Jan był zwycięski!
— Krzyczy Wojciech. — Nieprawda!" A pan Jędrzej płacze.
Ja gdy ich chcę pogodzić i rzeczy tłumaczę,
Pan Wojciech mi przymówił: „Słyszysz waść" — mi rzecze.
„Jak to waść! Nauczę cię rozumu, człowiecze."
On do mnie, ja do niego, rwiemy się zajadli,
Trzyma Jędrzej, na wrzaski służący przypadli,
Nie wiem, jak tam skończyli zwadę naszą wielką,

*Omne trinum perfectum*, for strong drink
Is good for the stomach. Right away I was cured,
My sickness stopped, so did the headache.
Fit and cheerful I go off with my companions,
Then we find that dinner is ready. We sit down.
Mr. Jędrzej praises sobriety, so do we.
God give moderation! We condemn drinking bouts,
And meanwhile the bottle stands untouched.
Mr. Wojciech, who fears indigestion very much,
After the ham we'd eaten, advises a little wine,
One glass or two doesn't hurt the health,
Especially when the wine is dry and pure.
We accede to such obvious truths.
The conversation proceeds in a political tone,
About love for one's country and the public weal,
Wonderful projects, manly spirit,
We'll dig for silver and gold in the Olkusz mountains,
Seize Livonia and the Moslem states,
We count those sums of Neapolitan money,
We will reform the State, make new wars,
These we conquer at the first blow, with those we agree;
And the bottle imperceptibly, somehow runs dry.
Comes a second, and as we are fired by enthusiasm,
Full of satisfaction that all our opponents have perished,
The third, fourth and fifth pass without our noticing,
Then the sixth and seventh, and tenth.
Thereupon, as patriotic feelings preoccupy us,
Mr. Jędrzej, recollecting the defeats at Żórawno,
Bursts into tears over King Jan. 'King Jan was victorious,'
Shouts Wojciech. 'Not so!' and Mr. Jędrzej weeps.
I, because I wanted to reconcile them, explain the matter.
Mr. Wojciech blames me. 'Listen to me, sirrah!' he says.
'Sirrah, indeed! I'll teach you sense, fellow.'
He's at me, I at him: we're at one another fiercely.
Jędrzej holds us back; at the uproar in rush servants.
I don't know how our great squabble ended,

Ale to wiem i czuję, żem wziął w łeb butelką.
Bogdaj w piekło przepadło obrzydłe pijaństwo!
Cóż w nim? Tylko niezdrowie, zwady, grubijaństwo.
Oto profit: nudności i guzy, i plastry."
　„Dobrze mówisz, podłej to zabawa hałastry,
Brzydzi się nim człek prawy, jako rzeczą sprosną.
Z niego zwady, obmowy nieprzystojne rosną,
Pamięć się przez nie traci, rozumu użycie,
Zdrowie się nadweręża i ukraca życie.
　Patrz na człeka, którego ujęła moc trunku,
Człowiekiem jest z pozoru, lecz w zwierząt gatunku
Godzien się mieścić, kiedy rozsądek zaleje
I w kontr naturze postać bydlęcą przywdzieje.
Jeśli niebios zdarzenie wino ludziom dało
Na to, aby użyciem swoim orzeźwiało,
Użycie darów bożych powinno być w mierze.
Zawstydza pijanice nierozumne zwierzę,
Potępiają bydlęta niewstrzymałość naszą,
Trunkiem według potrzeby gdy pragnienie gaszą,
Nie biorą nad potrzebę; człek, co nimi gardzi,
Gorzej od nich gdy działa, podlejszy tym bardziej.
　Mniejsza guzy i plastry, to zapłata zbrodni,
Większej kary, obelgi takowi są godni,
Co w dzikim zaślepieniu występni i zdrożni,
Rozum, który człowieka od bydlęcia rożni,
Śmią za lada przyczyną przytępiać lub tracić.
Jakiż zysk taką szkodę potrafi zapłacić?
Jaka korzyść tak wielką utratę nadgrodzi?
Zła to radość, mój bracie, po której żal chodzi.
　Ci, co się na takowe nie udają zbytki,
Patrz, jakie swej trzeźwości odnoszą pożytki:
Zdrowie czerstwe, myśl u nich wesoła i wolna,
Moc i raźność niezwykła i do pracy zdolna,
Majętność w dobrym stanie, gospodarstwo rządne,
Dostatek na wydatki potrzebnie rozsądne.

But I know and I feel that I got hit on the head with a bottle.
May filthy drunkenness be damned!
What's in it? Only sickness, quarrels, grossness,
Here's the profit: nausea and bruises and sticking-plaster."
   "You speak well, it's the entertainment of the low herd;
The righteous man loathes it as a shameful thing.
From it come quarrels, unseemly backbiting grows from it;
It destroys the memory and the use of the intellect,
It damages the health and shortens life.
   Look at the man seized by strong drink,
He's only in appearance a man, but worthy to be placed
With the animal species when he floods his common sense,
And, contrary to Nature, adopts the form of a beast.
If heaven bestowed on mankind the gift of wine
So that he might refresh himself by its use,
The use of heavenly gifts should be in moderation.
The irrational animals condemn our immoderation;
When they quench thirst with drink according to their needs,
They don't take more. Men who despise them
Act worse than they do, and are the more abject.
   Never mind the bandages and bruises, that's payment for
                                              the crime,
Those who drink deserve a greater punishment and
                                              contempt,
As they, wicked and perverse, in barbarous blindness,
Dare, for any reason, to deaden or to lose
The intellect, which differentiates man from animals.
Whatever profit can repay such damage?
What benefit reward such great losses?
Joy followed by unhappiness is bad, my friend!
   See how those who don't go in for such foolishness
Draw profit from their sobriety;
Robust in health, their minds cheerful and unburdened,
Unusually brisk, capable of work;
Property in good order, domesticity thrifty,
Enough for all expenses necessary and sensible.

Te są wstrzemięźliwości zaszczyty, pobudki,
Te są." „Bądź zdrów!" „Gdzie idziesz?" „Napiję się wódki."

These are the rewards of sobriety and its incentive,
These are..." "Goodbye." "Where are you going?" "To
                                        have some vodka."

## ŻONA MODNA

„A ponieważ dostałeś, coś tak drogo cenił,
Winszuję, panie Piotrze, żeś się już ożenił."
„Bóg zapłać." „Cóż to znaczy? Oziębie dziękujesz,
Alboż to szczęścia swego jeszcze nie pojmujesz?
Czyliż się już sprzykrzyły małżeńskie ogniwa?"
„Nie ze wszystkim; luboć to zazwyczaj tak bywa,
Pierwsze czasy cukrowe." „Toś pewnie w goryczy?"
„Jeszczeć!" „Bracie, trzymaj więc, coś dostał w zdobyczy!
Trzymaj skromnie, cierpliwie, a milcz tak jak drudzy,
Co to swoich małżonek uniżeni słudzy,
Z tytułu ichmościowie, dla oka dobrani,
A jejmość tylko w domu rządczyna i pani,
Pewnie może i twoja?" „Ma talenta śliczne:
Wziąłem po niej w posagu cztery wsie dziedziczne,
Piękna, grzeczna, rozumna." „Tym lepiej." „Tym gorzej.
Wszystko to na złe wyszło i zgubi mnie wsporzej;
Piękność, talent wielkie są zaszczyty niewieście,
Cóż po tym, kiedy była wychowana w mieście."
„Alboż to miasto psuje?" „A któż wątpić może?
Bogdaj to żonka ze wsi!" „A z miasta?" „Broń Boże!
  Złem tuszył, skorom moją pierwszy raz obaczył,
Ale żem to, co postrzegł, na dobre tłumaczył,
Wdawszy się już, a nie chcąc dla damy ohydy,
Wiejski Tyrsys, wzdychałem do mojej Filidy.
  Dziwne były jej gesta i misterne wdzięki,
A nim przyszło do szlubu i dania mi ręki,
Szliśmy drogą romansów, a czym się uśmiechał,

## THE FASHIONABLE WIFE

*Translated by David Welsh*


"And because you've got that which you so highly
                                          valued,
I congratulate you, Mr. Peter, on getting married."
"Much obliged." "What does this mean? You thank me
                                          coolly,
Can it be you still don't grasp your happiness?
Or have the marriage bonds already sickened you?"
"Not all; albeit it usually happens
That the first days are sweet." "Surely you're bitter?"
"You've said it!" "Friend, keep hold of what you've won!
Be modest, patient, and keep silent like the rest,
The humble servants of their wives,
Masters of the house in name, apparently well-matched,
But Madam is the ruler and mistress at home.
Surely yours is the same?" "She has fine talents:
With her I got as dowry four inherited villages.
She's pretty, well-bread, clever." "So much the better!"
                           "So much the worse.
It all turned out badly and will be the ruin of me soon;
Beauty and talent are great things in a woman,
But what of that if she was brought up in town?"
"Is the town so demoralizing?" "Who can doubt it?
O for a wife from the country!" "Not from town?" "God
                                          forbid!
I had forebodings when I saw my wife the first time,
But explained away what I saw as good qualities.
Once embarked, and not wanting to shame the lady,
I sighed, a rustic Tirsis, for my Filida.
   Strange were her ways and fine her charms,
And before it came to the wedding and giving me her hand,
We followed the way of romances, but whether I smiled

Czym się skarżył, czy milczał, czy mówił, czy wzdychał,
Widziałem, żem niedobrze udawał aktora,
Modna Filis gardziła sercem domatora.
I ja byłbym nią wzgardził; ale punkt honoru,
A czego mi najbardziej żal, ponęta zbioru,
Owe wioski, co z mymi graniczą, dziedziczne,
Te mnie zwiodły, wprawiły w te okowy śliczne.
    Przyszło do intercyzy. Punkt pierwszy: że w mieście
Jejmość przy doskonałej francuskiej niewieście,
Co lepiej (bo Francuzka) potrafi ratować,
Będzie mieszkać, ilekroć trafi się chorować.
Punkt drugi: chociaż zdrowa czas na wsi przesiedzi,
Co zima jednak miasto stołeczne odwiedzi.
Punkt trzeci: będzie miała swój ekwipaż własny.
Punkt czwarty: dom się najmie wygodny, nieciasny,
To jest apartamenta paradne dla gości,
Jeden z tyłu dla męża, z przodu dla jejmości.
Punkt piąty: a broń Boże! — Zląkłem się. A czego?
«Trafia się — rzekli krewni— że z zdania wspólnego
Albo się węzeł przerwie, albo się rozłączy!»
«Jaki węzeł?» «Małżeński.» Rzekłem: «Ten śmierć
                                            kończy.»
Rozśmieli się z wieśniackiej przytomni prostoty.
I tak płacąc wolnością niewczesne zaloty,
Po zwyczajnych obrządkach rzecz poprzedzających
Jestem wpisany w bractwo braci żałujących.
    Wyjeżdżamy do domu. Jejmość w złych humorach:
«Czym pojedziem?» «Karetą.» «A nie na resorach?»
Daliż ja po resory. Szczęściem kasztelanic,
Co karetę angielską sprowadził z zagranic,
Zgrał się co do szeląga. Kupiłem. Czas siadać.
Jejmość słaba. Więc podróż musiemy odkładać.
Zdrowsza jejmość, zajeżdża angielska kareta.
Siada jejmość, a przy niej suczka faworyta.

Or complained, or was silent, or spoke, or sighed,
I saw I was but poorly feigning my part,
Fashionable Filida despised the stay-at-home in her heart.
And I'd have despised her: but my honor
And (which I most regret) the allure of possessing
Those villages, which border on mine and she'd inherited,
They betrayed me, brought me into these fine fetters.
   It came to the marriage settlement. First point: in town
Madam (with an excellent French maid
Because a Frenchwoman can take best care of her)
Will live whenever she happens to fall sick.
Point the second: even though she may be well in the
                                                country,
She will, however, visit the capital every winter.
Point the third: she will have her own carriage.
Point the fourth: a comfortable, large house will be rented,
With splendid apartments for visitors,
One in the rear for the husband, in front for Madam.
Point the fifth: God forbid! I took fright. What more?
'It happens,' said her relatives, 'that by common accord
Either the bond breaks, or there's a divorce!'
'What bond?' 'Matrimonial.' Said I: 'That ends with
                                                death.'
Those present laughed at my rustic simplicity.
And paying thus for my premature courtship with my
                                                freedom,
After the usual rites preceding marriage,
I'm enrolled into the fraternity of mourning brothers.
   We set off for home. Madam's in a bad humor:
'What are we riding in?' 'A carriage.' 'Not on springs?'
So I seek a carriage on springs. By good fortune a castellan
Who has brought an English carriage from abroad,
Lost every penny at cards. I bought it. Time to get in.
Madam's poorly. So we have to postpone the journey.
When Madam recovers, up drives the English carriage.
In gets Madam, beside her the favorite poodle.

Kładą skrzynki, skrzyneczki, woreczki i paczki,
Te od wódek pachnących, tamte od tabaczki,
Niosą pudło kornetów, jakiś kosz na fanty;
W jednej klatce kanarek, co śpiewa kuranty,
W drugiej sroka, dla ptaków jedzenie w garnuszku,
Dalej kotka z kocięty i mysz na łańcuszku.
Chcę siadać, nie masz miejsca; żeby nie zwlec drogi,
Wziąłem klatkę pod pachę, a suczkę na nogi.
Wyjeżdżamy szczęśliwie, jejmość siedzi smutna,
Ja milczę, sroka tylko wrzeszczy rezolutna.
Przerwała jejmość myśli: «Masz waćpan kucharza?»
«Mam moje serce.» «A pfe, koncept z kalendarza,
Moje serce! Proszę się tych prostactw oduczyć!»
Zamilkłem. Trudno mówić, a dopieroż mruczyć.
Więc milczę. Jejmość znowu o kucharza pyta.
«Mam, mościa dobrodziejko.» «Masz waćpan stangryta?»
«Wszak nas wiezie.» «To furman. Trzeba od parady
Mieć inszego. Kucharza dla jakiej sąsiady
Możesz waćpan ustąpić.» «Dobry.» «Skąd?» «Poddany.»
«To musi być zapewne nieoszacowany —
Musi dobrze przypiekać reczuszki, łazanki,
Do gustu pani wojskiej, panny podstolanki.
Ustąp go waćpan; przyjmą pana Matyjasza,
Może go i ksiądz pleban użyć do kiermasza.
A pasztetnik?» «Umiał ci i pasztety robić.»
«Wierz mi waćpan, jeżeli mamy się sposobić
Do uczciwego życia, weźże ludzi zgodnych,
Kucharzy cudzoziemców, pasztetników modnych,
Trzeba i cukiernika. Serwis zwierściadlany
Masz waćpan i figurki piękne z porcelany?»
«Nie mam.» «Jak to być może? Ale już rozumiem
I lubo jeszcze trybu wiejskiego nie umiem,
Domyślam się. Na wety zastawiają półki,
Tam w pięknych piramidach krajanki, gomółki,
Tatarskie ziele w cukrze, imbier chiński w miodzie,

They pile up boxes and packages, bags and packets,
These of perfume, those of snuff,
They bring a box of cornets, a basket of fripperies;
A canary that sings courants in its cage,
A magpie in another, with a dish of food for the birds,
Next a cat with kittens and a mouse on a chain.
I want to take my seat, there's no room; so as not to delay,
I took a cage under one arm, and the poodle in my lap.
We drive off happily, but Madam sits there sad,
I keep silence, only the magpie croaks boldly.
Madam interrupted my thoughts: 'Do you have a cook?'
'I do, my dear heart.' 'Fie, what an old-fashioned conceit,
My dear heart, indeed! Pray unlearn such coarseness!'
I fell silent. It's hard to talk, or even mutter.
So I say nothing. Madam asks again about the cook.
'I have one, madam.' 'And a coachman?'
He's driving now.' 'That's a carter. For appearances' sake,
We must have another. You can let the cook go
To some neighbor or other.' 'He's a good cook.' 'Where's
                                                                            he from?' 'A serf.'
'Our cook must certainly be unexcelled,
He must know how to make doughnuts and noodles
To the taste of the local gentlefolk.
Let him go, sir; they'll take Mr. Matyjasz,
Perhaps the local priest can use him.
And a pastrycook?' 'He could make pastry.'
'Believe me, sir, if we're to settle down
To a respectable life, take on suitable servants,
Foreign cooks, fashionable pastrycooks.
We also need a confectioner. Have you a dinner-service
And pretty porcelain dishes?
'No.' 'How's that possible? But I understand,
And although I don't yet know rustic ways,
I can guess. At dessert, they add extra boards to the table,
And there they set out (in pretty pyramids) cheese-cake,
Sugared rushes, Chinese ginger in honey,

Zaś ku większej pociesze razem i wygodzie
W ładunkach bibułowych kmin kandyzowany,
A na wierzchu toruński piernik pozłacany.
 Szkoda mówić, to pięknie, wybornie i grzecznie,
Ale wybacz mi waćpan, że się stawię sprzecznie.
Jam niegodna tych parad, takiej wspaniałości.»
Zmilczałem, wolno było żartować jejmości.
Wjeżdżamy już we wrota, spojźrzała z karety:
«A pfe, mospanie; parkan, czemu nie sztakiety?»
Wysiadła, a z nią suczka i kotka, i myszka;
Odepchnęła starego szafarza Franciszka,
Łzy mu w oczach stanęły, jam westchnął. W drzwi wchodzi.
«To nasz ksiądz pleban!» «Kłaniam.» Zmarszczył się
 dobrodziej.
«Gdzie sala?» «Tu jadamy.» «Kto widział tak jadać!
Mała izba, czterdziestu nie może tu siadać.»
Aż się wezdrgnął Franciszek, skoro to wyrzekła,
A klucznica natychmiast ze strachu uciekła.
Jam został. Idziem dalej. «To pokój sypialny.»
«A pokój do bawienia?» «Tam gdzie i jadalny.»
«To być nigdy nie może! A gabinet?» «Dalej.
Ten będzie dla waćpani, a tu będziem spali.»
«Spali? Proszę, mospanie, do swoich pokojów.
Ja muszę mieć osobne od spania, od strojów,
Od książek, od muzyki, od zabaw prywatnych,
Dla panien pokojowych, dla służebnic płatnych.
A ogród?» «Są kwatery z bukszpanu, ligustru.»
«Wyrzucić! Nie potrzeba przydatniego lustru,
To niemczyzna. Niech będą z cyprysów gaiki,
Mruczące po kamyczkach gdzieniegdzie strumyki,
Tu kiosk, a tu meczecik, holenderskie wanny,
Tu domek pustelnika, tam kościół Dyjanny.
Wszystko jak od niechcenia, jakby od igraszki,

While, for greater pleasure and convenience,
Candied caraway is served in twists of colored paper,
And on top, a gilded Toruń pie.
   Needless to say, it's pretty, elegant and refined,
But pray forgive me, sir, if I contradict,
I'm unworthy of these splendors, this magnificence.'
I was silent, let Madam joke.
We're driving through the gate, she glanced out of the
                                                    carriage:
'Fie, sir: a fence, why not a hedge?'
She got out, followed by the poodle and cat and mouse;
She pushed aside the old steward Franciszek,
Tears came into his eyes, I sighed. She goes in.
'This is our parish priest.' 'How do?' The venerable
                                             gentleman frowned.
'Where's the dining-room?' 'We eat here.' 'Whoever saw
                                             such a thing!
A little room, you couldn't seat forty people in it.'
Franciszek shuddered as she said this,
And the housekeeper instantly took to her heels in terror.
I remained. We go further. 'This is the bedroom.'
'And the drawing-room?' 'That's the dining-room.'
'That can't be! And the study?' 'Further on.
This will be for Madam, and we'll sleep here.'
'Here? Sir, to your own apartments, pray.
I must have separate chambers for sleeping, for dressing,
For my books, my music, my private amusements,
For the ladies' maids and servant-girls.
And the garden?' 'There are privet and boxwood garden-
                                             beds.'
'Throw them out! There's no need of them,
That's the German fashion. Let there be cypress thickets,
Little streams murmuring here and there o'er pebbles,
A kiosk here, a little mosque there, Dutch tubs,
Here a hermit's abode, there Diana's temple.
Everything apparently at random, as if for sport.

Belwederek maleńki, klateczki na ptaszki,
A tu słowik miłośnie szczebiocze do ucha,
Synogarlica jęczy, a gołąbek grucha,
A ja sobie rozmyślam pomiędzy cyprysy
Nad nieszczęściem Pameli albo Heloisy...»
Uciekłem, jak się jejmość rozpoczęła zżymać,
Już też więcej nie mogłem tych bajek wytrzymać,
Uciekłem. Jejmość w rządy. Pełno w domu wrzawy,
Trzy sztafety w tygodniu poszło do Warszawy,
W dwa tygodnie już domu i poznać nie można,
Jejmość w planty obfita, a w dziełach przemożna,
Z stołowej izby balki wyrzuciwszy stare,
Dała sufit, a na nim Wenery ofiarę.
Już alkowa złocona w sypialnym pokoju,
Gipsem wymarmurzony gabinet od stroju.
Poszły słojki z apteczki, poszły konfitury,
A nowym dziełem kunsztu i architektury
Z półek szafy mahoni, w nich książek bez liku,
A wszystko po francusku; globus na stoliku,
Buduar szklni się złotem, pełno porcelany,
Stoliki marmurowe, zwierściadlane ściany.
Zgoła przeszedł mój domek warszawskie pałace,
A ja w kącie nieborak, jak płaczę, tak płaczę.
　To mniejsza, lecz gdy hurmem zjechali się goście,
Wykwintne kawalery i modne imoście,
Bal, maszki, trąby, kotły, gromadna muzyka,
Pan szambelan za zdrowie jejmości wykrzyka,
Pan adiutant wypija moje stare wino,
A jejmość, w kącie szepcząc z panią starościną,
Kiedy się ja uwijam jako jaki sługa,
Coraz na mnie pogląda, śmieje się i mruga.
　Po wieczerzy fejerwerk. Goście patrzą z sali;
Wpadł szmermel między gumna, stodoła się pali.
Ja wybiegam, ja gaszę, ratuję i płaczę,

A little Belvedere, cages for birds,
And here a nightingale lovingly murmurs to the ear,
A dove moans, and a pigeon coos,
And I will ponder, amidst the cypresses,
On the sorrows of Pamela or Heloise...'
I fled as Madam started to fret and fume,
I couldn't endure any more of these fancies,
I fled. Madam rules the roost. The house is full of uproar,
Three carts were sent to Warsaw in a week;
Two weeks later the house was unrecognizable.
Madam has no end of ideas, and overpowering in deed,
The old beams are thrown out of the dining-room,
She installed a ceiling, on it the victim of Venus.
There's a gilded alcove in the bedroom,
A cabinet marbled with plaster for dressing.
Jars and preserves have been thrown out from the pantry,
And—a new work of art and of architecture—
Closets of mahogany with shelves, countless books on
                                            them,
Everything in French; a globe on a little table,
The boudoir glitters with gold, everywhere porcelain,
Little tables of marble, mirrored walls,
In all, my little house excelled the palaces of Warsaw,
But I in a corner, poor soul, sit and weep.
    This wasn't all, for guests drove up in throngs,
Elegant gentlemen and fashionable ladies,
A ball, masks, trumpets, drums, the local band,
His Excellency the Chamberlain calls for Madam's health,
The Adjutant drinks up my old wine,
And Madam, whispering in a corner with the Starosta's
                                            wife,
As I bustle around like a servant,
Glances at me time and again, laughs and winks.
    After supper, fireworks. The guests watch from the hall;
A rocket fell into the granary, the stable catches fire.
I rush out, pour water, rescue what I can, and weep,

A tu brzmią coraz głośniej na wiwat trębacze.
Powracam zmordowany od pogorzeliska,
Nowe żarty, przymówki, nowe pośmiewiska.
Siedzą goście, a coraz więcej ich przybywa,
Przekładam zbytni ekspens, jejmość zapalczywa
Z swoimi czterma wsiami odzywa się dwornie.
«I osiem nie wystarczy» — przekładam pokornie.
«To się wróćmy do miasta.» Zezwoliłem, jedziem;
Już tu od kilku niedziel zbytkujem i siedziem.
Już... ale dobrze mi tak, choć frasunek bodzie,
Cóż mam czynić? Próżny żal, jak mówią, po szkodzie."

While the trumpeters play ever louder 'Long live!'
I come back exhausted from the conflagration,
More jokes, allusions, derision.
The guests sit down, and more and more arrive.
I mention the cost, impetuous Madam
With those four villages of hers, speaks haughtily.
'But eight wouldn't suffice,' I humbly suggest.
'Then let's go back to town.' I agree, we set off;
Now we've been wasting money here several weeks,
Already... But it serves me right, though worries pain me,
What's to be done? No use, they say, crying over spilt
                                            milk."

# BAJKI I PRZYPOWIEŚCI

## WSTĘP DO BAJEK

Był młody, który życie wstrzemięźliwie pędził;
Był stary, który nigdy nie łajał, nie zrzędził;
Był bogacz, który zbiorów potrzebnym udzielał;
Był autor, co się z cudzej sławy rozweselał;
Był celnik, który nie kradł; szewc, który nie pijał;
Żołnierz, co się nie chwalił; łotr, co nie rozbijał;
Był minister rzetelny, o sobie nie myślał;
Był na koniec poeta, co nigdy nie zmyślał.
A cóż to jest za bajka? Wszystko to być może!
Prawda, jednakże ja to między bajki włożę.

# FABLES AND PARABLES

## PREFACE TO THE FABLES

*Translated by Gerard T. Kapolka*

There was a young man who lived by the golden mean;
There was an old man who never grumbled or screamed;
There was a rich man who shared with the poor and the
                                                    lame;
There was an author happy that others had fame;
A soldier who didn't boast, a rogue who didn't brawl;
A tailor who didn't drink, a taxman who never stole;
A minister who didn't lie or abuse his station,
A poet who never used his imagination.
—What sort of a fable is this? —These things can be!
—Yes, but it all sounds just like a fable to me.

FILOZOF

Zaufany filozof w zdaniach przedsięwziętych
Nie wierzył w Pana Boga, śmiał się z wszystkich świętych.
Przyszła słabość, aż mędrzec, co firmament mierzył,
Nie tylko w Pana Boga — i w upiry wierzył.

# THE PHILOSOPHER

*Translated by Gerard T. Kapolka*


A philosopher who had faith in his convictions
Laughed at all the saints and thought of God as fiction.
But when old age came and he noticed death approach,
He believed not just in God, but also in ghosts.

## LEW I ZWIERZĘTA

Gdy się wszystkie zwierzęta u lwa znajdowały,
Był dyskurs: jaki przymiot w zwierzu doskonały.
Słoń roztropność zachwalał; żubr mienił powagę;
Wielbłądy wstrzemięźliwość, lamparty odwagę,
Niedźwiedź moc znamienitą, koń ozdobną postać;
Wilk staranie przemyślne, jak zdobyczy dostać,
Sarna kształtną subtelność, jeleń piękne rogi,
Ryś odzienie wytworne, zając rącze nogi;
Pies wierność, liszka umysł w fortele obfity;
Baran łagodność, osieł żywot pracowity.
Rzekł lew, gdy się go wszyscy o zdanie pytali:
„Według mnie, ten najlepszy, co się najmniej chwali."

# THE LION AND THE ANIMALS

*Translated by Gerard T. Kapolka*

In the presence of the lion there raged a debate:
The animals were arguing about their greatest trait.
The elephant praised caution, the bison dignity,
The camels moderation, the leopards bravery;
The bear put forward strength, the horse a handsome frame,
The wolf the use of cunning in capturing his game,
The lynx a stylish coat, the doe a graceful form,
The hare promoted nimble feet, the stag ornate horns,
The dog lauded faithfulness, the fox a mind of wiles,
The lamb praised the gentle, the donkey the servile.
But when they asked the lion for the best trait in a beast,
He said, "In my opinion, he is best who boasts the least."

DEWOTKA

Dewotce służebnica w czymsiś przewiniła
Właśnie natenczas, kiedy pacierze kończyła.
Obróciwszy się przeto z gniewem do dziewczyny,
Mówiąc właśnie te słowa: „...i odpuść nam winy,
Jako i my odpuszczamy" — biła bez litości.
Uchowaj, Panie Boże, takiej pobożności!

# THE BIGOT

*Translated by Gerard T. Kapolka*

A bigot knelt at her bedside and prayed,
But took offense at something done by the maid.
She turned with anger upon the young lass,
As she was saying, " ...forgive us our tresspass,
As we forgive those..." she beat her without pity.
Lord God, please save us from such piety!

## CHLEB I SZABLA

Chleb przy szabli gdy leżał, oręż mu powiedział:
„Szanowałbyś mnie bardziej, gdybyś o tym wiedział,
Jak ja na to pracuję i w wieczór, i rano,
Żeby twoich bezpiecznie darów używano."
„Wiem ja — chleb odpowiedział — jakim służysz kształtem:
Jeśli mnie często bronisz, częściej bierzesz gwałtem."

## THE BREAD AND THE SWORD

*Translated by Gerard T. Kapolka*

A sword was set down beside a loaf of bread.
"You would have more respect for me," the weapon said,
"If you knew how I worked from morning till night
That men may be safe to enjoy your delight."
"I know," the bread answered, "what service you're under:
You often defend me; more often you plunder."

DOBROCZYNNOŚĆ

Chwaliła owca wilka, że był dobroczynny;
Lis to słysząc spytał ją: „W czymże tak uczynny?"
„I bardzo — rzecze owca — niewiele on pragnie.
Moderat! mógł mnie zajeść, zjadł mi tylko jagnię."

# CHARITY

*Translated by Gerard T. Kapolka*

A sheep was praising the wolf for his charity.
The fox was shocked by this irregularity.
"His wants," said the sheep, "are moderate as can be:
He only ate my lamb; he could have eaten me."

## WILK I OWCE

Wilk, chociaż to ostrożny, przecie, że żarłoczny,
Postrzegł ścierwo, chciał dostać i wpadł w dół poboczny.
Siedzi w jamie a wzdycha; wtem owieczki słyszy.
Patrzą w dół, aż wilk w jamie siedzi, ledwo dyszy.
Odezwał się na koniec, rzekł do nich powolnie:
„Nie wpadłem, za pokutę siedzę dobrowolnie;
Trzeba czynić pokutę za boje, za groźby,
Za to, żem was pożerał..." Owce zatem w prośby:
„Wynidź z dołu..." — „Nie wyjdę! ..." — „My będziem
                                            podnosić!"
Droży się wilk, na koniec dał się im uprosić.
Jęły się więc roboty i tak pracowały,
Że go ze dna samego jamy wydostały.
Wyszedł, a zawdzięczając nierozumnej kupie,
Pojadł, pogryzł, podusił wszystkie owce głupie.

# THE WOLF AND THE SHEEP

*Translated by Gerard T. Kapolka*

The wary wolf was overcome by a hunger fit.
He tried to reach a carcass and fell into a pit.
Some sheep who were approaching heard him as he sighed.
They peered into the hole and saw the wolf inside.
At last the wolf called up to them, sounding very ill:
"I am doing penance here, of my own free will;
I've decided to repent for all my sins,
For killing so many sheep... I did not fall in."
The sheep begged: "Come out!" But the wolf replied,
                                              "I won't."
"Then we'll come in and carry you out if you don't."
The sheep struggled at their task with body and soul,
And soon they had hoisted the wolf out of his hole.
When free, the wolf showed his thanks in one joyous leap,
Then slaughtered and devoured all of the stupid sheep.

JAGNIĘ I WILCY

Zawżdy znajdzie przyczynę, kto zdobyczy pragnie.
Dwóch wilków jedno w lesie nadybali jagnię.
Już go mieli rozerwać, rzekło: „Jakim prawem?"
„Smacznyś, słaby i w lesie!" — Zjedli niezabawem.

# THE LAMB AND THE WOLVES

*Translated by Gerard T. Kapolka*


Whoever seeks to conquer will always find an excuse.
Two wolves in the woods were stalking a lamb that had
                                                        gotten loose.
They were about to tear it apart when the lamb said: "By
                                                        what right?"
"You are tasty, weak and in the woods!" —They ate it up in
                                                        one bite.

*Scenes from Court Life at the Royal Palace* by Canaletto, 1774

# STANISŁAW TREMBECKI
(ca. 1739-1812)

One of the most gifted poets of the eighteenth century, Stanisław Trembecki seems to have written his poetry almost carelessly and on the margin of his intense life. "I was one of the most daring trouble-makers, one of the most fiery drunkards, and one of the most ardent lovers," Trembecki wrote about himself in a letter to the King, Stanisław August. He was an enthusiastic admirer of the French Encyclopedists whose materialistic and epicurean philosophy suited his temperament. Befriended by the King, Trembecki was a much-appreciated guest at the "Thursday dinners"; it is there that he met Adam Naruszewicz, who published his early poems and fables in *Games Pleasant and Useful*.

Trembecki was never concerned about his poetic fame, and extremely negligent about publication of his poems; many were circulated among friends in hand-written copies, sometimes under an assumed name. The problem of the authorship of a number of poems attributed to Trembecki has not been solved to this day. Aside from his early fables, Trembecki is best known for two long descriptive poems, *The Gardens of Powązki* (*Powązki*, 1774), about the gardens of the Czartoryski family outside Warsaw, and *The Sofiówka Estate Described in Verse in a Topographical Manner* (*Sofiówka w sposobie topograficznym opisana wierszem*, 1806), about the park that Potocki arranged on his Ukrainian estate for his wife, Zofia. The greatest value of Trembecki's poetry lies in his extraordinary mastery of language as well as his impressive range of different metric patterns. Adam Mickiewicz more than once paid tribute to Trembecki's talent, and considered *Sofiówka* a masterpiece of descriptive poetry. He praised him for his sense of movement and ability to avoid monotony and dryness. He also appreciated Trembecki's language: supple, rich, and varied.

The Sibyl Temple at the Czartoryski estate in Puławy, by József Rychter, c. 1830

## JELEŃ PRZEGLĄDAJĄCY SIĘ

Razu pewnego w przeźroczystej wodzie
Przypatrując się jeleń swej urodzie,
Sam się dziwił cudności rosochatych rogów.
Lecz widząc swoje nogi, cienkie jak badyle,
   Gorzko narzekał na bogów:
„Gdzie proporcyja? głowa tyla! nogi tyle?
Me rogi mię równają z wysokimi krzaki,
   Lecz mię ta suchość nóg szpeci."
   A wywierając żal taki,
Obejrzy się, aż tu doń obces ogar leci;
Nie bardzo dalej psiarnia cieka rozpuszczona.
   Strach go w głęboki las niesie,
Lecz rączość jego nieco jest spóźniona,
Bo mu się w gęstym rogi zawadzają lesie.
   Uciekł ci przecię, ale mu ogary
   Podziurawiły mocno szarawary.

Kto kocha w rzeczach piękność i zysków się wstydzi,
Częstokroć się takimi pięknościami zgubi,
Jak ten jeleń, co swymi nogami się brzydzi,
   A szkodną ozdobę lubi.

## THE STAG CONTEMPLATING HIMSELF

*Translated by David Welsh*

Once upon a time, in transparent water,
A stag contemplated his charms,
He was himself amazed at the splendor of his forked horns.
But on seeing his legs, slender as stalks,
　　He bitterly reproached the gods:
"Where is proportion here? So much head! So little leg?
My horns make me tall as the summits of bushes,
　　But this thinness of leg quite spoils my looks."
　　And uttering this complaint,
He looked around, saw a bloodhound rushing headlong at
　　　　　　　　　　　　　　　　　　　　him;
Not far off, a whole pack of hounds was running loose.
　　Terror drove him into the depths of the forest,
But his fleet foot was somewhat hampered
Because his horns got entangled in the thick branches.
　　He fled, but the bloodhounds
　　Tore him entirely to pieces.

He who loves his own fine looks, but is ashamed of his
　　　　　　　　　　　　　　　　　　　　advantages,
Very often perishes on account of his looks,
Like this stag, who despised his own legs,
　　But loved the adornment which destroyed him.

## POWĄZKI
(Fragment)

O, miasto! cóż są twoje częstokroć pałace?
Łzami dobrych zlepione ubogiego prace:
A gospodarze onych najczęściej bez cudu
Piją krew i żrą ciało jęczącego ludu.
Pełne są turmy Judy familiji winnej
Za łączenie w praśniki posoki dziecinnej.
Wnet ujrzem czarownice wleczone na stosy,
Wilkołek z opętanym pojeży nam włosy:
Młodek bez doświadczenia i lękliwych starek
Zwodziciel, wśród stolicy uwija się Marek.
Przed niedołężną tłuszczą prorokiem się mieni,
Oko ma w niebie, rękę w bliźniego kieszeni:
Uchodzi mu bez kary łudzić tak bezwstydnie!
Z tych przyczyn, wyznam szczerze, Warszawa mi brzydnie.

Nie tamują wyjazdu żadne obowiązki,
Wsi mię będą trzymały, a naprzód Powązki.
Tu słodko śpiewać rozkosz, wtorując na flecie;
Tu zwykła myśl swobodna przybywać poecie.
Tu się gonić z kochanką przy miłych powiewach
Lub nieprzytomnej, imię rysować na drzewach.
Tu piękny świat przybywa na witanie wiosny,
A kto smutny przyjechał, powraca radosny.

# THE GARDENS OF POWĄZKI
(An Excerpt)

*Translated by David Welsh*


O city! What are your manifold palaces?
Cemented by the tears of the virtuous and labor of the poor:
Their owners often drink the blood
And devour the body of the groaning poor, unheeding.
The prison-houses are full of the children of Judah, guilty
Of mixing the blood of infants with leavened bread.
Soon we shall see witches, bound to the stake,
A werewolf will make our hair stand on end;
Father Marek, betrayer of innocent girls and fearful old
                                                                  women,
Bustles through the city, called "Prophet" by the rabble;
He has one eye on Heaven, his hand in his neighbor's
                                                                  pocket:
He succeeds in deluding himself shamelessly!
For these reasons, I freely admit, Warsaw sickens me.

No obligations prevent my departure,
The countryside will detain me, first of all Powązki.
Here it is delightful to sing of pleasure to the accompaniment
                                                                 of a flute,
Here a poet's thoughts may rest at liberty.
Here he can pursue his mistress through delightful breezes,
Or absently engrave her name on the trees.
Here the beautiful world comes to greet the Spring,
Anyone who comes here mournful, will go home rejoicing.

## SOFIÓWKA
(Fragmenty)

Miła oku, a licznym rozżywiona płodem,
Witaj, kraino, mlekiem płynąca i miodem!
W twych łąkach wiatronogów rżące mnóstwo hasa;
Rozroślejsze czabany twe błonie wypasa.
Baran, którego twoje utuczyły zioła,
Ciężary chwostu jego nosić muszą koła.
Nasiona, twych wierzone bujności zagonów,
Pomnożeniem dochodzą babilońskich plonów.

\* \* \* \* \* \*

Pójdę tam, gdzie gwałtownym rzeka lecąc szumem,
Gdy słuch zaprząta brzękiem i wejźrzenie bawi,
Zbyt ściśnionemu sercu jakąś ulgę sprawi.
Dostatek, moc przemysłu i sztuka rzemiosła
Bliższe wody ściągnęła, złączyła, podniosła,
Z nich kanały, fontanny, z nich obrusy szklane
Płyną, skaczą, błyskoczą, pod wagą rozlane;
Ale przemogła inne ogromna kaskada,
Którą, od siebie większa, Kamionka wypada.

\* \* \* \* \* \*

Lecz te miejsca, Sofijo, więcej zdobisz sama,
Podobniejsza niebiankom niż córkom Adama.
Ciebie to spuścił Olimp, chcąc trudy nagrodzić,
I chcąc takiego męża ważne troski słodzić.
Godne są w jego domu wiek utwierdzać złoty
Twe wdzięki, twe piękności, twe łagodne cnoty;
A póki między rodem ludzkim raczysz gościć,
Pół świata czcić cię będzie, drugie pół zazdrościć.

# THE SOFIÓWKA ESTATE
(Excerpts)

*Translated by David Welsh*


Agreeable to the eye and enlivened with various fruits,
Greetings, O region! flowing with milk and honey!
In your meadows, numerous fleet horses frolic;
Stout oxen pasture in your plains.
Heavy must be the wagons that bear the wool
Of sheep fattened by your herbs.
The seeds of your fruitful ploughed fields
Equal in quantity the harvests of Babylon.

\* \* \* \* \* \*

I will go yonder, where a river impetuously flows,
Where the ear is captured by the swell, and the gaze is
                                 delighted,
It brings relief to a dejected heart.
Prosperity, the power of industry and handicraft
Have brought together, joined and raised the nearby waters,
From them flow under pressure canals, fountains
And glassy sheets of water, which spring, frolic, sparkle:
But all are dominated by the huge waterfall
Which tumbles from the Kamionka river.

\* \* \* \* \* \*

Do you, O Zofia! adorn the place most of all,
More like a heavenly nymph than the daughter of Adam.
Olympia herself has sent you down, wishing to reward
And to sweeten the grave cares of your husband.
Your charms, your beauties, your gentle virtues
Are worthy of establishing the Golden Age in his home;
And as long as you deign to remain amidst human kind,
Half the world will honor you, the other half envy.

*Krakowskie Przedmieście from Nowy Świat*, Warsaw, by Canaletto, 1773-1779

# TOMASZ KAJETAN WĘGIERSKI
(1756-1787)

Called by one of his critics an "angry young man" of the Polish Enlightenment, Kajetan Węgierski acquired fame that was due as much—if not more—to his short but unusual life as to his poetry. Born in a noble family, Węgierski studied at Collegium Nobilium where one of his teachers was Adam Naruszewicz. At the age of 20, Węgierski was writing bluntly satirical poems about renowned personalities and dignitaries, and these provoked many angry replies. One of the most scandalous was a series of five short malicious epigrams on well-known aristocratic ladies entitled "Portraits of Five Elisabeths" ("Portrety pięciu Elżbiet," 1776). Two years later Węgierski was sentenced to a week of prison and fired from his governmental post for writing and publishing a violent pamphlet against a nobleman who raided his estate. Węgierski started to earn his living by playing cards. He won considerable sums of money, enough to fulfill his long-time dream and travel abroad. After Berlin, Italy and Paris, he made a trip in 1783 to America, which he described in two series of letters that were published. Upon his return to Europe he stayed in London, where he was befriended by the Prince of Wales, and in Paris, where he won favors from the queen Marie-Antoinette, with whom he played cards. His rapidly failing health made him try— unsuccessfully—a cure in Switzerland and southern France. He died in Marseille in 1787 at the age of 31.

Węgierski wrote all his poetry between age 15 and 24. Most of his poems are imitations, especially of Voltaire. His most ambitious work. *Church Organs* (*Organy*, written in 1776 and published in 1784) is a paraphrase of Boileau's *Le Lutrin*. Bold, independent, rebellious and irreverent, Węgierski expressed himself best in satires, but unlike

Krasicki he was personal and occasionally even libellous. Węgierski's style is smooth and flowing, but his poetry often gives an impression of prose that has been rhymed.

*Two Jews* by Canaletto, after 1775

## O POŻYTKU NIEMIENIA
(Fragmenty)


Dziękuję tobie, panie Nakwaski,
Żem się zabawił wczoraj z twej łaski,
Bo ci się przyznam, że chociem nie letki,
Z tym wszystkim lubię wino i kobietki,
Lecz na nieszczęście niełaskawe losy,
Dawszy gust pański, usunęły trzosy.
Przy miernej jednak nie rozpaczam doli
I milczeć zwykłem, choć mię co zaboli.
Wolałbym, prawda, ja tak jak i drudzy,
Których być musim uniżeni słudzy,
Na giętkich prętach w angielskiej karecie
Sześciu kucami wiatr pędzić po świecie
Albo na dzielnym turczynie zawodzić,
Bo zawsze lepiej jeździć niźli chodzić.
Ale cóż robić, mój kochany bracie:
Jedni się w zamku, drudzy lęgną w chacie;
Nie wszystkich równo natura obdarza;
Nie nam to pierwszym nieszczęście się zdarza;
Ubóstwo czasem na dobre wychodzi
I zbytek w ludziach często głupstwa rodzi. [...]
Widzisz, z owego co się stało teraz,
Co z nami chodził i przesiadał nieraz,
Jak posłużyły dubieńskie kontrakty:
Innymi zaraz począł stąpać takty;
Skoro się przeniósł z bruku do karety,
Stroi narowne jak rumak korwety;
Jak się nadyma z swojej karyjolki,
Śmiałem się ongi, aż mię wsparły kolki;
Głowę na karku, jak orzeł, kieruje,
Nikogo nie zna, choć się przypatruje;
O równych nie dba, a niższych nie widzi,
Nie pomnąc na to, że z takich świat szydzi.

## ON THE ADVANTAGES OF BEING POOR
(Excerpts)


Thank you for your kindness, dear Nakwaski,
I had a fine time with you yesterday.
Though not frivolous I must still admit
I greatly enjoy both women and wine.
Regrettably, unkind fortune gave me
The taste of a lord but an empty purse.
Yet I do not despair at my hard lot,
And, when hurt, I know how to keep silent.
It is true I would prefer, like others—
Whose humble servants we remain—to chase
The wind around the world with six ponies,
Sitting in a springy English carriage,
Or to amble on a brave Turkish horse
Because it is better to ride than walk.
But then what can we do, my dear brother?
Some are hatched in castles, others in huts;
Nature does not grant her favors equally.
We are not the first with this misfortune;
Sometimes poverty can be a blessing,
And wealth often breeds foolishness in men.
You can see what happened to our old friend
Who used to come and keep us company:
As a result of profits in Dubno
His steps followed a different melody.
When he left the pavement for the carriage
He pranced and reared like a skittish horse.
While he was puffed up in his equipage
The other day I laughed to split my sides.
He swivelled his neck stiffly, like an eagle,
Stared, but did not recognize anyone,
Does not heed equals or see those below
Although the world scoffs at the likes of him.

Chwała bądź Bogu, że mamy niewiele,
I z nas by może drwili przyjaciele.
Któż wie, mospanie, jeśliby pieniądze
I w nas też inne nie wznieciły żądze?
Może by i my, posiadając zbytki,
Pańskiej próżności stawiali przybytki;
Może by i my skarby tkali w mury
I mniej potrzebne wznosili struktury,
W których na pozór uboga prostota,
A wewnątrz zbytki i rozpusta złota;
Może by i my, z kaprysu lub mody,
Wspaniałe chcieli wystawiać ogrody,
W nich labirynty, świątnice Dyjanny,
Wyspy cypryjskie, mruczące fontanny.
Wszyscyćmy ludzie podlegli odmianie —
Może by i my szaleli, mospanie!
Bo któż dziś dobrze majątku używa?
Jeśli nie szumi, to w karty przegrywa,
A chociaż nędzarz od głodu umiera,
Któż na te jęki swój worek otwiera?
Lepiej mieć mało, mierność cnoty cechą:
Można z pałaców śmiać się i pod strzechą.

God should be thanked we have little money,
Since our friends would mock at us just as well.
Who knows, sir, if we had money ourselves
Whether it would rouse strange cravings also?
If we had great wealth we ourselves perhaps
Would build altars to lordly vanity.
Perhaps we too would weave wealth into walls
And erect completely useless structures,
On the outside modest simplicity,
Inside debauchery dripping with gold.
Perhaps following fashion or our whim
We too would plant magnificent gardens
With mazes and temples to Diana,
Cypress islands and murmuring fountains.
We are all prone to undergo a change—
You and I could be extravagant, sir!
Does anyone today use his wealth well?
If not on pleasures he wastes it at cards;
A poor man may be dying of hunger,
But who opens his purse at his laments?
Little is better, poverty virtue;
Under a thatched roof one laughs at palaces.

*Polish Marionettes* by Jan Piotr Norblin, 1780

# FRANCISZEK ZABŁOCKI
## (1752-1821)

Franciszek Zabłocki was born in Końskowola, near Puławy. He moved to Warsaw where he closely collaborated with the National Theater and the literary magazine *Games Useful and Pleasant*. Zabłocki was a political activist: he was employed by the Commission of National Education, was a member of the Camp of Reform, and in 1794 took part in the Kościuszko uprising. After 1795 Zabłocki abandoned all political and literary activities, became a priest, and in 1800 settled in a parish in his native Końskowola.

Zabłocki's main contribution to Polish literature is in the realm of the theater; he wrote more than 50 comedies. Among his best-known plays are *The Fop-Suitor* (*Fircyk w zalotach*, 1781) and *Sarmatism* (1785).

Zabłocki also wrote satires and political pamphlets. During the Four-Year Diet he used his pen to support the Camp of Reform and to attack traitors and opponents. In his satires as in his plays Zabłocki was a master of dialogue, and freely used colloquial, even "low" language.

DONIESIENIE

Jestem teraz w robocie pisania żywotów
Wszystkich naszych łajdaków, szelmów i huncfotów,
Jeśli mi w chęci mojej Bóg pobłogosławi,
To dzieło, spodziewam się, ciekawych zabawi.
Przezacna powszechności! życz mi w tym wytrwania,
Do czego miłość mojej ojczyzny mnie skłania,
Ja zaś wtenczas skuteczną pochlubię się pracą,
Gdy się z wstydu choć jeden obwiesi ladaco.

DENUNCIATION

Now I set myself the task of writing the lives
Of all our scoundrels, our evil-doers, our knaves.
If God gives His blessing to this undertaking
I hope my readers will find the work amusing.
Most esteemed public! Wish perseverance to me
In what I undertake for love of my country.
If at least one rascal hangs himself out of shame,
I shall take pride that my labor is not in vain.

## DO NIEKTÓRYCH CHLUBY

Stanęło sto tysięcy wojska. Bogu chwała!
Teraz to będzie Polska po Europie brzmiała!
Stanęło sto tysięcy wojska. Są żołnierze.
Bogu chwała! Gdzież oni? Gdzieżby? Na papierze.
Dajmy na wojsko wszystko, połowę mniej więcej!
Bogu chwała! Już i żołd jest na sto tysięcy.
Jedni płaczą, drudzy się śmieją rozrzewnieni,
Są miliony... Gdzież są?... W każdego kieszeni.
Nikt nam przeczyć nie będzie ni rządu, ni męstwa,
Ni wspaniałości... prawda! ni krzywoprzysięstwa.
Odtąd bać się nie będziem pamiętnych nam gości;
Jest obrona. W kim!... Pewnie w boskiej Opatrzności...
Samochwalcy! niechaj was Opatrzność nie mami!
Niech się nie na was prawdzi, że »Bóg za durniami«.

## ON WHAT, TO SOME, IS A SOURCE OF PRIDE

An army of a hundred thousand men is ready.
Thank God! Now throughout Europe Poland shall be heard.
We have soldiers. We have a hundred thousand men.
Thank God! But where? Where else could they be? On
                                                                   paper.
Let us give all to the army—at least a half!
Thank God! We can pay for a hundred thousand men.
Some are weeping, others laughing from emotion.
We have millions... Where? In everybody's pockets.
No one can deny our wisdom, our bravery,
Our greatness... How true! Nor also our perjury.
Now we need not fear our memorable guests,
We have defense. Where? Surely divine Providence.
Braggarts, do not deceive yourselves with Providence!
Do not prove true to the saying, "God is with fools."

*Kościuszko's Oath in Cracow* by Franciszek Smuglewicz, 1797

# JULIAN URSYN NIEMCEWICZ
## (1758-1841)

From a noble family in Lithuania, Julian Ursyn Niemcewicz attended the Warsaw military academy. As a deputy in the Four-Year Diet, he distinguished himself by delivering strong, eloquent speeches in support of reforms. His comedy, *The Return of the Deputy* (*Powrót posła*), written in 1791 as a political pamphlet, had a powerful impact on public opinion and the course of the debates in the Diet. In 1794 Niemcewicz joined the uprising, and served throughout the war as Kościuszko's adjutant. Wounded in the battle of Maciejowice, he was taken into captivity and spent two years in the Petropavlovsk fortress. He was freed in 1796, and travelled with Kościuszko to America. He returned to Poland in 1807 to serve as secretary of the Senate and an active member of the Society of the Friends of Learning. In 1816 Niemcewicz published *Historical Songs* (*Śpiewy historyczne*), a volume of songs illustrating Polish history. He wrote a three-volume *History of the Rule of Sigismund III* (*Historia panowania Zygmunta III*, 1818-1819) as his contribution to the project to continue Adam Naruszewicz's *History of the Polish Nation*. For his dedication and all his activities, Niemcewicz enjoyed very high esteem among his contemporaries, and J.A. Czartoryski called him "the moral dictator of Warsaw." After the outbreak of the 1830 uprising, Niemcewicz became a member of the government, but upon its defeat emigrated to Paris where he died in 1841.

Niemcewicz was first of all a political activist, and only secondly a writer. He subordinated his writing to politics. Niemcewicz's *Fables* (*Bajki*, 1791) are topical, strongly politicised, and contain allusions to specific events and personages.

Niemcewicz is also the author of three novels: *The Two Gentlemen Sieciech* (*Dwaj Panowie Sieciechowie*, 1815), *Lejbe and Siora* (*Lejbe i Siora*, 1821), the first novel in Polish on a Jewish subject, and *Jan of Tęczyn* (*Jan z Tęczyna*, 1825), a historical novel in the manner of Sir Walter Scott.

*Battle at Racławice* by Aleksander Orłowski, 1797

## GMACH PODUPADŁY
Powieść wyjęta z manuskryptów przed-uniowych

Nieraz ten, co bajki plecie,
Trefunkiem i prawdę powie.
W mozyrskim, mówią, powiecie
— Nie wiem, jak się miejsce zowie —
Leżał zamek starodawny
Nad czystego zdroju spadkiem.
Niegdyś, wielkością swą sławny,
Okazałości był wzorem,
Lecz czasem i niedozorem
Już zewsząd groził upadkiem.
Panowie, co w nim mieszkali,
Długo o zamek nie dbali,
Choć się część jego zwaliła.
Lecz gdy i reszta groziła,
Że każdemu miłe życie,
Nie chcąc żyć w niepewnym bycie,
Jęli myśleć o poprawie.
Co się w mnóstwie rzadko zdarzy,
Zgodzili się w swej ustawie,
Że chcąc ruiny poprawić,
Należy się mieć mularzy.
Wśrzód tej gorliwej ochoty,
Gdy przyjść miało do roboty,
Gdy mur nowy mieli stawić
I dawne naprawić rysy,
Skłócili się o abrysy.
Należy wiedzieć, że niedawnym czasem,
Gdy się dom walił częściami,
Pan, chcąc go wzmocnić nawiasem,
Podparł go kilką drągami.
Ale Zamek murowany
Źle podpiera drąg drewniany.

## A BUILDING IN DECAY
A story from a Pre-Union Manuscript

Sometimes he who tells a story
Will by accident speak the truth.
In Mozyr county, it is said—
I do not know the place's name—
An ancient castle towered high
Above the banks of a clear stream.
Once known to all for its greatness
It was the image of splendor;
But with time and with lack of care
It came to the verge of collapse.
The masters who were living there
Did not pay the least attention,
Though parts already lay in ruins;
The rest threatened to do the same.
Since every man prizes his life
And does not like uncertainty,
They began to think of repairs.
They agreed in their written acts
(Seldom seen in a multitude)
That to reconstruct the ruins
Masons must be urgently called.
In the midst of this eagerness
When it was time to start the work
Of building strong new outer walls
And repairing all the old cracks,
They quarrelled over different plans.
Here I should add that in most recent times,
When parts of the house had toppled down,
Its master wanted to reinforce it
By propping it up with several poles.
   But wooden poles are poor supports
   For a castle built out of bricks.

Dawni jednak budownicy,
Dzieła swego miłośnicy,
Chcieliby, w nowych nie szukając wzorach,
Klecić na dawnych podporach.
Lecz większa drugich połowa,
Szczera w chęciach, w radach zdrowa,
Wołała: »Próżna robota!
»Próżna praca i ochota!
»Wszystko będzie pełne wady,
»Gdy wątłe będą zasady;
»Że trzeba, żeby panięta
»Wspomnieli na fundamenta;
»Że gdy te założą trwało,
»Mogą potem stawić śmiało,
»A gmach, stojąc w czas daleki,
»Zwalczy pioruny i wieki«.
Próżna mowa, bo jedni jej nie zrozumieli,
Drudzy zrozumieć nie chcieli,
Ci zaś najwięcej mieszali,
Co budownictwa nie znali.
Bo gdy ten o podwalinach
I o upadku przyczynach
Chce radzić, tamci coś nowego wzniecą
I z jakąś fraszką wylecą:
Ten żąda okna poprawić,
Tamten nowy dach postawić,
Ten piec gdzie indziej przenosi,
Ów gwałtem kominka prosi,
Wielu zaś o to nagliło,
Żeby drzwiczek sekretnych jak najwięcej było.
Wśród tak rozlicznych sporów i niezgody,
Co babilońskie przypomnieli wieże,
Kiedy się każdy niby od upadku strzeże
I chcąc dać jasne dowody
Głębokiej swojej mądrości
I niemylnej ostrożności,

However the early builders,
Admiring their own workmanship,
Preferred to tinker and patch up
Things by using their old methods,
And not exploring newer ways.
The majority of the rest
Wished well and gave good advice,
Saying: "It is wasted effort!
This labor and zeal are in vain!
The building will always be flawed
If the very base is flimsy.
For the masters must remember
The importance of foundations.
When they are solidly in place,
Then the building may be restored
Safely and endure years to come,
Resistant to thunder and time."
Vain admonition! Some did not understand it,
Many others did not wish to.
Those ignorant of masonry
Interfered and opposed it most.
Rather than speak of foundations
And find the causes of damage,
They would invent something quite new
And recommend a small trifle:
One wanted to repair windows,
Another spoke of a new roof.
One demanded a fireplace,
Many insisted on having
As many baths as possible.
Among so many quarrels and disputes
Reminiscent of the Tower of Babylon,
Each one seemed to be guarding it from a fall,
Giving the most evident proofs
Of both his most profound wisdom
And unmistakable prudence,

Choć nie zna gmachu osnowy,
　　Przydaje swym konceptem gabinecik nowy;
　　　I gdy tak każdy szuka swej zalety,
　　　　Nowe stawiąc gabinety,
　　　　Tyle się ich namnożyło,
　　Że już samego gmachu ledwie widać było.
　　　　A co dziwna, że w tym gwarze
　　　　Zapomnieli, iż mularze
　　　　Najprędzej potrzebni byli,
　　　　Żeby gmach zabeśpieczyli.
　　Lecz czyli takie losu zrządzenie,
　　　　Czyli jakieś zaślepienie,
　　Czyli że się pan nie chciał czeladzi powierzyć,
　　　　A czeladź bała się pana,
　　　Choć była wszystkich chęć nie podejrzana,
　　　　Nikt nie mógł sporów uśmierzyć,
　　　　Nikt nie mógł trafić do końca!
　　Już niejednego miesiąca
　　　　Dni na próżno uleciały,
　　　　Alić gmach ów nadwątlały,
　　　　Nie doczekawszy pomocy,
　　　　Wpośród okropnej nocy,
　　　　Wpośród gromów przeraźliwych
　　　　Spadł na głowy nieszczęśliwych.
　　　　Wtenczas przy ostatnim zgonie
　　　　Z płaczem wszyscy narzekali,
　　　　Że gabinety stawiali,
　　Gdy trzeba było myśleć o domu obronie.

But ignoring the structure's core.
All of them wanted to add a new chamber
　　As they praised their own inventions
　　And built for themselves new, small chambers.
　　These continued to multiply
Until the building itself could no longer be seen.
　　In all the hubbub they strangely
　　Failed to remember the masons
　　Who were needed immediately
　　To come and protect the building.
Whether it was due to fate's decree
　　Or a result of some blindness,
Whether the master did not trust his servants
　　Or the servants feared their master,
　　Though everyone's good intentions were beyond doubt,
　　No one could prevent the discord,
　　And no conclusion could be reached!
The days passed by with no effect
　　As well as months with nothing done,
　　And during one terrible night
　　Amid horrifying thunder,
　　The dilapidated building
　　That had received no aid at all
　　Fell on their unfortunate heads.
　　In that moment of agony
　　They all tearfully lamented
　　They had built those little chambers
When they should have thought of protecting the building.

Jakub Jasiński

# JAKUB JASIŃSKI
## (1761-1794)

Jakub Jasiński came from Wielkopolska. He was educated in the Cadet School in Warsaw. In 1792 during the Russo-Polish war he organized and commanded a corps of engineers in Lithuania. During the Kościuszko uprising Jasiński had the rank of colonel and commanded a garrison. He was killed on the outskirts of Warsaw in the famous battle in defense of Praga.

Admired as a soldier and a national hero, Jasiński has been much more difficult to evaluate as a poet. He wrote little, and published even less. His spiritual and poetic master was Voltaire. Some of his witty love songs became very popular. Several of his poems express socially radical attitudes, which led critics to see in him a representative of a Jacobinian current in eighteenth century Polish poetry. His sympathy for revolutionary France as well as revolutionary America also found its way into the poem, "To the Nation" ("Do narodu"), included in this anthology.

## DO NARODU

Narodzie! nigdyś wielki, dziś w smutnej kolei
Wyzuty z sił, bogactwa, sławy i nadziei,
Co niegdyś mocą miecza i nauk wyborem
Postronnych byłeś dziwem, pogromem i wzorem!
Dziś pod jarzmem zhańbienia, klęsków i niewoli
Dumnych jesteś igrzyskiem i pastwą swywoli.
Ty, coś orężem obce przemierzał narody,
Patrz, co z tobą zrobiły domowe niezgody!
Jużeś po długim smutku darem oświecenia
Począł wznawiać gmach silny dawnego znaczenia
I już widział z postrachem twój sąsiad niegodny,
Czym może zostać Polak, gdy wolny a zgodny.
Niestety! jakżeś z twoim pragnieniem się minął —
Błysnąłeś jako gwiazda, jak iskierkaś zginął!
Już więc na tyle nieszczęść byłeś potępiony,
By cię zdradził przyjaciel, brat, król ulubiony;
Czemuż ci los przynajmniej tej nie ujął męki,
Byś legł pod cudzym mieczem, a nie z własnej ręki.
Narodzie! Czas nie ufać w żadne zaręczenia,
W tobie samym jest zakład zguby lub zbawienia!
Nie dbaj na to, żeś w ciężkie kajdany się dostał,
Gdzie lud rzekł: «Chcę być wolnym» — zawsze wolnym
                                                                                                                    został!
Niechaj ci w myśli stoją przykłady Zachodu,
Co są siły tyranów, a co moc narodu.
Wstań, a spróbuj swej ręki, jeśli jest w niej siła
Władać jeszcze tym mieczem, którym wprzód walczyła,
Poznasz, czegoś znać nie chciał, że na twą obronę
Jest broń, są mężne serca, są rady uczone!
Lecz to wiedz, że nim wyrok powstać ci naznaczy,
Potrzeba wiele zgody, a więcej rozpaczy.
Ten, co włada losami narodów i ludzi,
Jeszcze raz promień światła dla ciebie obudzi;

## TO THE NATION

O my nation! Once great, today by a sad turn
Of fortune deprived of power, wealth, fame and hope.
Once your mighty sword and eminence in learning
Made you a wonder, victor, model for your neighbors!
Today under the yoke of shame and slavery
You are plaything to the proud, prey to anarchy.
You who once conquered other countries with the sword,
See what your domestic disputes have done to you!
After long sadness, with the gift of enlightenment,
You began to rebuild the greatness of the past,
And your unworthy neighbor could observe with fear
What Poles can do when they are united and free.
But alas, you missed the mark of your destiny.
You flashed like a star and then perished like a spark!
You were condemned to so many calamities,
Betrayed by friend, brother, and your beloved king.
Why did your fate not spare you at least one thing—
To die by another's sword and not your own hand.
O my nation! Do not trust others' promises,
You alone must wager a ruin or salvation.
Disregard the heavy shackles you are wearing,
Whenever a people said, "I want to be free,"
Free it became! Recall examples from the West:
What is the might of tyrants—and of the people.
Rise, and try your hand if it has still strength enough,
To wield again the sword with which it fought before.
You will learn what you ignored, that for your defense
Are weapons, courageous hearts, and learned counsel!
But know, also, that before the time comes to rise
There must be great harmony—and still more despair.
He who rules over the fate of nations and men
Will once again kindle the beam of light for you.

Jeśli raz jeszcze stracisz porę korzystania,
Niegodnym będziesz łaski, niegodnym powstania.
Oto już dwa narody, godne siebie dusze,
Łączą serca braterskie na wieczne sojusze,
Wnet dadzą światu poznać przez dzielne zapędy,
Co może światło prawdy, a co złość i błędy.
A ty jeszcze tymczasem pod ustronną władzą
Czekasz, aż miłosierdzia rękę ci podadzą,
I będąc jeszcze w stanie szczątka sił twych użyć,
Wolisz wziąć to z litości, co mógłbyś zasłużyć!
Ojczyzno! kraju drogi, czyliż już dla ciebie
Nie ma szczęścia na ziemi i litości w niebie?
Czyliż wiecznie zgnębiony pod groźnym toporem
Już Polak nie potrafi też umrzeć z honorem?
Przebóg, czy to sen miły, czyli już na jawie
Widzę broń w dłoni polskiej ku wielkiej wyprawie!
Idźcie, mężni młodzieńce, pełni świętej cnoty,
Mścić się naszych ucisków i naszej sromoty;
Idźcie, ojczyzna żąda, by wasz miecz wygładził
Razem tego, co naszedł, i tego co zdradził!
Próżno was dusza chytra niemocą zastrasza,
Jedno was zgubić może — to jest litość wasza.
Wiedzcie, iż cnota sama, gdy nie jest w swej porze,
Równie was zhańbić zdoła, jak zbrodnia w honorze.
Ty, Ojcze wielkiej prawdy, Ojcze twoich dzieci,
Kiedyż nam dzień twój wielki pierwszy raz zaświeci?
Czas, by już palce twoje ściśnione ku dłoni
Nas wyrwały z tej hańby, a naród z tej toni.
Niech już twój święty odgłos od nieba i ziemi
Da nam znać, czym jesteśmy i co potrafiemy.
A ty, co na nas czekasz, ojczyzno strapiona,
Wiedz, że wnet nie masz dzieci lub jesteś zbawiona.

If you fail to seize the moment you are unworthy
Of charity, unworthy of rising again.
Look: those two nations, souls worthy of each other,
How they unite their hearts in an eternal pact;
By brave endeavors they will soon let the world know
What the light of truth can do; or spite and blunders.
But you, although under foreign domination,
Wait for a hand stretched to you from someone's mercy—
And though you can still use the vestige of your strength,
Prefer charity to what you might win by yourself!
O my homeland! Dear country, will you have no more
Happiness on the earth nor pity in heaven?
Does a Pole, constantly kept under the grim ax,
No longer know what it is to die with honor?
My Lord, is it dream or reality that I see
A weapon in Polish hands for a great campaign!
Go, courageous young men filled with holy virtue,
Seek vengeance for our oppression and our disgrace.
Go, your country demands that you slay both the one
Who has enslaved you and the one who betrayed you!
In vain your sly soul tries to scare you with impotence,
Only one thing can bring defeat: your self-pity.
Remember, when it is the wrong moment, virtue
Will disgrace honor just as much as any crime.
When will Your first great day shine for us O Father
Of the Highest truth, O Father of Your children?
It is time that Your fingers, pressed now by our hands,
Help raise us from shame and our nation from the depths.
Let Your holy voice from the sky and from the earth
Tell us what we are, what we are able to do.
And you, afflicted country waiting for our help,
You will know if you still have children, and are saved.

# FRANCISZEK KARPIŃSKI
## (1741-1825)

From an impoverished family of gentry in south eastern Poland, Franciszek Karpiński was educated at a Jesuit college in Stanisławów, and later at the Jesuit Academy in Lwów. For many years he alternated between life in the countryside and a career in Warsaw, where he hoped to win the favor and protection of the King or one of the magnates. Embittered by his failure he settled in the countryside and divided his time between poetry and farming.

Author of many love poems addressed to Justyna and consequently nicknamed "Justyna's singer," though these poems had more than one addressee, Franciszek Karpiński is the foremost representative of Polish sentimentalism. Both his own temperament, his life in the countryside, and his enthusiastic reading of Jean-Jacques Rousseau made Karpiński particularly sensitive to nature. In his poetry he effectively uses nature as a background to the expression of feelings. Occasionally lackadaisical, his love poems come to life in flashes of sensuality.

Simplicity of expression was the key to Karpiński's poetic program, and this won him many admirers; he became one of the most popular poets of his times. He was also valued by Adam Mickiewicz, who admitted that without Karpiński's love pastorals his own *Ballads and Romances* would have never been written. Karpiński's popularity, especially that of his religious poems, continued well beyond his lifetime. His religious songs "Morning Song" and "Evening Song," as well as the Christmas carol "God is born," have been sung in Poland now for two centuries.

Most of Karpiński's love lyrics were written prior to 1790, and published in seven successive volumes entitled *Playthings in Verse and Prose* (*Zabawki wierszem i prozą*,

1782-87). His *Religious Songs* (*Pieśni nabożne*, 1792) were written as a songbook for the general public. Karpiński also wrote patriotic and political poems, and dramas. The best known of these is an elegy, "The Lament of a Sarmatian at the Tomb of Sigismund August, the Last Polish King of the Jagellonian Dynasty" ("Żale Sarmaty nad grobem Zygmunta Augusta, ostatniego polskiego króla z domu Jagiełłów," 1806). In the last thirty years of his life Karpiński wrote mostly prose. His memoirs, *The Story of my Age and People with Whom I Lived* (*Historia mego wieku i ludzi, z którymi żyłem*, 1844), betray the strong influence of J.J. Rousseau's *Confessions*.

*Excursion on a Lake* by Jan Piotr Norblin, around 1785

## DO JUSTYNY
Tęskność na wiosnę

Już tyle razy słońce wracało,
   I blaskiem swoim dzień szczyci;
A memu światłu cóż to się stało,
   Że mi dotychczas nie świeci?

Już się i zboże do góry wzbiło,
   I ledwie nie kłos chce wydać;
Całe się pole zazieleniło:
   Mojej pszenicy nie widać!

Już słowik w sadzie zaczął swe pieśni,
   Gaj mu się cały odzywa;
Kłócą powietrze ptaszkowie leśni:
   A mój mi ptaszek nie śpiewa!

Już tyle kwiatów ziemia wydała
   Po onegdajszej powodzi;
W różne się barwy łąka przybrała:
   A mój mi kwiatek nie schodzi!

O wiosno! Pókiż będę cię prosił,
   Gospodarz zewsząd stroskany?
Jużem dość ziemię łzami urosił:
   Wróć mi urodzaj kochany!

# TO JUSTYNA
Yearnings in the Spring

*Translated by Paul Soboleski*

Full many times the sun has come and gone
    And favored the day with light;
But from my life all sunshine has withdrawn,
    Why must I ever walk in night?

The grain is shooting up so fresh, so fair,
    Almost the heads begin to show;
So verdant are the wide fields everywhere,
    Why does my precious wheat not grow?

Within the grove sweet sings the nightingale,
    Echoes the grove its melody;
Gaily the birds sing in the woodland and vale,
    But my bird does not sing for me!

Many flowers have sprung from the moist ground,
    After a reviving shower;
Bright tinted are the meadows all around,
    Oh! why springs for me no flower?

How long, O Spring! shall I beseech in vain?
    Disconsolate I sigh and yearn;
While my sad tears have bathed the earth in rain,
    For this, a harvest rich return.

## MAZUREK

Dobranoc, Jacenta,
   I wam, usta czyste,
I słodkie oczęta,
   I piersi parzyste!

Ja nie spać statecznie
   Całą noc gotowym:
Bo któż śpi bezpiecznie
   Przy skarbie takowym?

Wzięłaś mi sen cały
   Oczu twych czarami;
Nie będę zuchwały,
   Żartował z oczami.

Pójdęż ja do fary,
   Jak się na dzień zbierze,
Na te twoje czary
   Zakupię pacierze,

Kupięż ja i świecę
   Za złotowiec cały,
Bym nie miał tęsknice
   Do Jacentej białej.

Przynajmniej uproszę,
   Jeśli jest zuchwała,
By, co ja ponoszę,
   Toż samo cierpiała.

## MAZURKA

Goodnight my Jacenta,
   Goodnight to your pure lips,
To your lovely sweet eyes,
   The pair of your white breasts!

Now I am quite ready
   Not to sleep the whole night,
For who can sleep safely
   With such treasure nearby?

The magic of your eyes
   Took away my sleepiness,
But to toy with your eyes
   I am not bold enough.

As soon as the day breaks
   I will go to the church,
Where I will buy prayers
   Against your many charms.

With my gold sovereign
   I will buy a candle:
Not to suffer such love
   For the white Jacenta.

If she is difficult,
   At least I will make her
Suffer the same torment
   That has overwhelmed me.

## PIEŚŃ PORANNA

Kiedy ranne wstają zorze,
Tobie ziemia, Tobie morze,
Tobie śpiewa żywioł wszelki,
Bądź pochwalon, Boże wielki!

A człowiek, który bez miary
Obsypany Twymi dary,
Coś go stworzył i ocalił,
A czemuż by Cię nie chwalił?

Ledwie oczy przetrzeć zdołam,
Wnet do mego Pana wołam,
Do mego Boga na niebie,
I szukam Go koło siebie.

Wielu snem śmierci upadli,
Co się wczora spać pokładli;
My się jeszcze obudzili,
Byśmy Cię, Boże, chwalili.

MORNING SONG

When the early dawn is rising
To You all the elements sing,
The earth sings to You, and the sea:
May You be praised, God almighty.

The man upon whom You shower
So many gifts beyond measure,
Whom You created and saved too,
Why should not he as well praise You?

Barely rising from sleep at day
I call on my Lord right away;
The Lord lives in heaven but I see
Him everywhere close to me.

Many who went to sleep last night
Never woke to see the sun's light,
But we have been wakened anew,
My Lord, so that we can praise You.

## O NARODZENIU PAŃSKIM

Bóg się rodzi, moc truchleje;
Pan niebiosów obnażony;
Ogień krzepnie, blask ciemnieje;
Ma granice — nieskończony;
Wzgardzony — okryty chwałą,
Śmiertelny — król nad wiekami!...
A Słowo Ciałem się stało,
I mieszkało między nami.

Cóż, Niebo, masz nad ziemiany?
Bóg porzucił szczęście twoje,
Wszedł między lud ukochany,
Dzieląc z nim trudy i znoje.
Niemało cierpiał, niemało,
Żeśmy byli winni sami.
A Słowo Ciałem się stało
I mieszkało między nami.

W nędznej szopie urodzony,
Żłób mu za kolebkę dano!
Cóż jest, czym był otoczony?
Bydło, pasterze i siano.
Ubodzy! was to spotkało
Witać Go przed bogaczami!
A Słowo Ciałem się stało
I mieszkało między nami.

## ON THE LORD'S NATIVITY

God is born, the powers tremble,
The Lord of Heaven is naked.
Fire freezes and light grows dark,
The infinite has limits.
Despised but covered with glory,
A mortal, but king for ever!
And behold the Word was made flesh,
And dwelt here below among us.

Is heaven better than man on earth?
The Lord forsook your happiness,
Came to His beloved people,
Sharing its burdens and labors.
Not a little did He suffer,
For this we ourselves were guilty.
And behold the Word was made flesh,
And dwelt here below among us!

He was born in a poor stable,
Given a trough as a cradle!
Who is He, what is around Him?
Cattle, the shepherds, and hay.
It fell to you, poor of this world,
To hail Him before the wealthy.
And behold the Word was made flesh,
And dwelt here below among us!

Potem i króle widziani
Cisną się między prostotą,
Niosąc dary Panu w dani:
Mirrę, kadzidło i złoto.
Bóstwo to razem zmieszało
Z wieśniaczymi ofiarami!...
A Słowo Ciałem się stało
I mieszkało między nami.

Podnieś rękę, Boże Dziecię!
Błogosław ojczyznę miłą,
W dobrych radach, w dobrym bycie
Wspieraj jej siłę — swą siłą,
Dom nasz i majętność całą,
I Twoje wioski z miastami.
A Słowo Ciałem się stało
I mieszkało między nami.

Later came illustrious kings
Crowding among the simple throng.
They brought gifts for the Lord,
Myrrh, frankincense, and gold.
The Deity has mingled these
With offerings by country folk!
And behold the Word was made flesh,
And dwelt here below among us!

Raise Thy hand, O Child of God!
Give blessing to our beloved land.
With good counsel, good sojourn here,
Support its strength with Your own strength,
Our homes and all our estates,
Thy villages, cities and towns.
And behold the Word was made flesh,
And dwelt here below among us!

# FRANCISZEK DIONIZY KNIAŹNIN
(1750-1807)

Born in Vitebsk, Franciszek Kniaźnin came from the same noble Belorussian family as his contemporary, the Russian writer Yakov Knyazhnin. He attended Jesuit schools in Vitebsk and Warsaw, and was a novice in the Jesuit order. The dissolution of the order in 1773 put an end to his monastic career. Already known as a poet, Kniaźnin became secretary to Prince Czartoryski and the preceptor of his sons. He spent the rest of his life in the entourage of the prince, and lived at his estate in Puławy where he also fulfilled the function of family court poet. A shy and exceptionally sensitive man, Kniaźnin showed the first signs of mental illness in 1792. It is believed that the sight of Russian soldiers destroying the palace and library at Puławy in a brutal, vandalistic manner in 1794 was a shattering experience for the poet, already depressed by the failure of the Kościuszko Insurrection. Kniaźnin spent the last eleven years of his life in total insanity, tended by his close friend, the poet Franciszek Zabłocki.

Kniaźnin started to write poetry early, while still in school, and was precocious not only in Polish but in Latin as well. His first volume, *Love Poems* (*Erotyki*, 1779) was followed by a book of Latin poems, *Carmina* (1781), *Poems* (*Wiersze*, 1783), and a collection, *Poetry* (*Poezje*, 1787-88). He is also the author of many pastoral dramas, operas, and plays commissioned and performed at the theater of the Czartoryski estate in Puławy.

DO GWIAZD

Skry złotej nocy, gminie jasno–lśniący,
Drobniuchni bracia, wysocy mieszkańce,
Co na podniebiu, ogień miecąc drżący,
Staczacie ciszkiem niepomylne tańce!

Lecą pod ów czas srebrne kołowroty,
Słodkie niebiosom czyniąc krotofile!
Gdy wszystkie ciała i tchnące istoty
Mrocznym ujęciem sen napawa mile.

O, jakże lubo spojrzeć było na cię,
Wieczystych świateł orszaku mój złoty;
Gdy na mej pani, bywało, patrzacie
Wdzięki przyjemne i słodkie pieszczoty.

Po cóż wy teraz z tego nieb ogromu,
Gdzie gorejących nic ogniów nie gasi,
W szczupłe okienko do niskiego domu
Blask swój rzucacie? nie ujrzycie Kasi!

## TO THE STARS

Sparks of golden night, bright shimmering throng,
Tiny brothers, inhabitants up high—
As you stir the trembling fire of the sky
You follow the steps of a silent dance!

At these times silvery windlasses spin,
Playing on the heavens their gentle tricks
As all bodies and all breathing creatures
Are caught in the embrace of a dark sleep.

O what pleasure it was to look at you,
My golden pageant of eternal lights,
When you happened to see my mistress's
Delightful charms and tender caresses.

Why now, from the immense expanse of skies
Where nothing can put out those blazing fires,
Are you shedding your glow through the window
Of that small house? You will not see Kasia!

## KROSIENKA
W rodzaju pasterskim

Darmo mi, matko! stawisz krosienka:
　Insza mię teraz myśl wiedzie.
Ah, pozwol raczej wyźrzeć z okienka,
　Czyli mój Filon nie jedzie.

Gdyśmy na siebie spojźrzeli mile,
　Powiedział tylko dwa słowa.
Bez niego teraz przykre mi chwile:
　On mojej duszy połowa!

Cóż go tak długo tam zatrzymało?
　Drogać mu nie jest daleka.
Serce on moje zna jeszcze mało,
　Które na niego tak czeka.

Przez ten ma gaik jechać mój miły;
　Kiedyż twarz jego zaświeci?
Ptaki się stamtąd nagle ruszyły:
　Zapewne on to już leci.

I sroczka z płotu skrzeczy na niego:
　Cóż to? nie widać go jeszcze.
Filonie! na blask wźroku twojego
　W ręce z radości zakleszczę.

Otoż i widać — gość luby jedzie,
　Sercu mojemu życzliwy!
Miłość w te strony wźrok jego wiedzie,
　A pod nim igra koń siwy.

## THE LOOMS
In a Pastoral Genre


In vain, mother, did you bring me these looms,
   Another thought concerns me now.
Please let me watch, instead, through the window
   To see if Philon is coming.

That day when we exchanged looks filled with love
   He said only three words to me.
Without him the time hangs so heavily:
   He has become half of my heart!

What could be keeeping him away so long?
   It is a short path to travel.
He does not yet know my heart very well,
   My heart so much waiting for him.

My beloved is to come by that grove,
   When will his face shine through the leaves?
All of a sudden birds are taking flight,
   No doubt he is hastening here.

The magpie chirrups to him from the fence:
   What now? I still do not see him.
My Philon! At the sight of your bright eyes
   I shall clap my hands out of joy!

Now I see him, my beloved rides up,
   He is well-disposed to my heart!
Love guides his gaze here in this direction,
   The white horse frisking beneath him!

Siędę w krosienkach na moment miły,
    Abym tę radość ukryła;
By nie zrozumiał Filon przybyły,
    Że ja tu po nim tęskniła.

I will sit by the loom for a moment
    And try to conceal my great joy—
Let Philon who has just arrived not think
    I was yearning for his coming.

## ROZKOSZY SKUTEK

Słodko nas miłość łechce z początku,
Póki nie dójdzie do swego szczątku;
I im kto bardziej kwapić się zechce,
    Tym bardziej łechce.

Ale, cóż po tym, gdy ta jej sprawa
Żałosny wrychle koniec podawa,
A po słodyczach, przy swoim kresie,
    Gorżkości niesie?

Z weselem Wenus nam się nawija,
Ale na smutku jej radość mija:
Przychodzi do nas z rozkoszą chutnie,
    Odchodzi smutnie.

Tak bystry potok rzecznej powodzi,
Gdy więc ze swego źrzodła wychodzi,
Słodki nurt toczy, nim się ochynie
    W morskiej głębinie.

Skoro ją słony ocean zgarnie,
Zatraci w onym swój zawod marnie;
I dokąd rzeka z pośpiechem wpada,
    Tam słodycz strada.

## THE EFFECT OF PLEASURE

Love tickles us at first very sweetly,
Until it has run its course to the end.
The more eagerly we respond to it,
                The more it lures.

But what is it worth if in its full course
It comes to a pitiful end so soon,
If after such sweetness the conclusion
                Brings bitterness?

With what delight we stumble on Venus!
But her joy is transformed into sadness;
She comes to us with her lustful pleasure,
                She leaves with pain.

Thus the rapid brook of a large river
Leaves far behind the spring that is its source
And rolls its sweet current before drowning
                In the sea's depths.

As the salty ocean gathers it in
It is miserably shorn of its calling,
And the stream loses its waters' freshness
                Where it hurriedly flowed.

## O ELIZIE

Eliza wczoraj ostro spojrzała:
   Możem dał powód urazy.
Cisnęła wiankiem ręka jej biała,
   Przygryzła usta pięć razy.

Nie można było gniewu odwrócić
   I błagać srogiej nie śmiałem.
Poszedłem smutny z sobą się kłócić
   I noc tę całą nie spałem.

Dziś lubym sama witając głosem,
   Serce wróciła mi swoje.
Cieszy mię słodkim nadzieja losem,
   Ale się jutra znów boję.

ON ELIZA

*Translated by David Welsh*


Eliza looked cross yesterday;
   Maybe I gave cause for offence.
Her white hand crushed a ribbon,
   She bit her lip five times.

I could not turn away her wrath,
   Nor dared I beseech her, the stern one.
Sorrowfully I departed to quarrel with myself,
   And slept not a wink all the night.

Today she greeted me with her own dear voice,
   And turned her gaze upon me!
Hope rejoiced me with its sweet destiny;
   But then again, I fear tomorrow.

# NOTES

## BOGURODZICA * MOTHER OF GOD

The Polish text, both the original and the modernised versions, follow the edition: *Bogurodzica*. Jerzy Woronczak ed. Wrocław: Ossolineum, 1962, Biblioteka Pisarzów Polskich, A, 1.

p. 8    l. 1  *Bogurodzica, dziewica, Maryja*—forms of the Nominative with function of the Vocative.

        l. 3  *zyszczy*—Imperative from *zyskać* (*zyskaj*); *spuści*—Imperative from *spuścić* (*spuść*).

        l. 4  *Kyrieleison*—*Panie, zmiłuj się* (Have mercy, Lord). The expression comes from the Greek liturgy.

        l. 5  *dziela*—*dla*. In the old Polish the preposition *dziela, dla* followed the word it referred to; *bożycze*—Vocative from *bożyc, syn Boga* (the son of God).

        l. 7  *słysz*—*słuchaj*; *jąż*—*którą*; *nosimy*—*zanosimy*.

        l. 8  *raczy*—*racz*; *jegoż*—*czego*.

## EASTER SONG

The Polish text follows the edition: *Najdawniejsze zabytki języka polskiego*. Witold Taszycki, ed. Wrocław: Ossolineum, 1975, Biblioteka Narodowa, I, 104.

p. 12   l. 1  *je*—*jest; wstał je*—*wstał*.

         l. 2  *ludu*—*ludowi; dał je*—*dał*.

         l. 3  *wstaci*—*wstać*.

         l. 4  *krolewaci*—*królować*.

## LAMENT OF OUR LADY AT THE FOOT OF THE CROSS

The Polish text follows the edition: *Średniowieczna pieśń religijna polska*. Aleksander Brückner, ed. Cracow: Krakowska Spółka Wydawnicza, 1923, Biblioteka Narodowa, I, 65.

SŁOTA: ON TABLE MANNERS

The Polish text follows the edition: *Średniowieczna poezja polska świecka*. Stefan Vrtel-Wierczyński, ed. Wrocław: Ossolineum, 1952, Biblioteka Narodowa, I, 60.

p. 22   l. 7   *lęże—legnie* from the verb *lec*.
           l. 27  *twarzą cudną—płeć piękna* ("the other sex").
           l. 29  *Ana też ma k niemu rzecz obłudną*—she speaks insincerely because she pretends not to notice his dirty hands.
p. 24   l. 1   *szukaję—szukając*.
           l. 4   *przed się—przed siebie*.
           l. 31  *prze nię mu nikt nie nagani*—the passage refers to illegitimate birth that could lead even to stripping someone of his nobility.
           l. 34  *jeść—jest*.

A SATIRE ON LAZY PEASANTS

The Polish text follows the edition: *Średniowieczna poezja polska świecka*. Stefan Vrtel-Wierczyński, ed. Wrocław: Ossolineum, 1952, Biblioteka Narodowa, I, 60.

p. 30   l. 3   *dzień panu robić mają*—refers to villein service.
           l. 9   *wić*—a circular ring of metal or wood that holds together the beam and wheels of a plough. The word *wić* means a twig, since the bows were originally made of wood.
           l. 16  *ako gorze—jak najgorzej* (as badly as he can).
           l. 17  *w lemiesz klekce*—he knocks on the ploughshare to clear it of earth, roots, and weeds.
           l. 18  *kliny*—wooden pins used to secure two pieces together.
           l. 21  *szedw—szedłszy* (past passive participle).

CONVERSATION OF A MASTER WITH DEATH

The Polish text follows the edition: *Średniowieczna poezja polska świecka*. Stefan Vrtel-Wierczyński, ed. Wrocław: Ossolineum, 1952, Biblioteka Narodowa, I, 60.

p. 34   l. 9   *nizacz—za nic* (*ni-za-co*).
p. 36   l. 6   *miece*—3rd prs. sing. from *miotać*.

p. 38　l. 16　*Sortes*—Socrates.
　　　　l. 21　*epistoły*—part of the Holy mass, lessons.
p. 46　l. 33　*w ocemgnieniu*—*w oka mgnieniu* (in a wink of an eye).
p. 50　l. 28　*co na ostre gonią*—those who fight with sharp weapons.
p. 54　l. 9　*sędzia w miech piszczeli włoży*—a proverbial expression, equivalent of *"spuścić z tonu."*

## LAMENT OF A DYING MAN

The Polish text follows the edition: *Średniowieczna poezja polska świecka*. Stefan Vrtel-Wierczyński, ed. Wrocław: Ossolineum, 1952, Biblioteka Narodowa, I, 60.

p. 62　l. 2　*dowiedzieci*—*dowiedzieć*; *-ci* was a common ending for the infinitive in Old Polish. The text contains numerous examples of this ending such as *mieci* (*mieć*), *umrzeci* (*umrzeć*), *byci* (*być*).
p. 64　l. 15　*prze ty dwa bogi*—*przez te dwa bogi*; *przeklęta*— adjective in a dual number because of *dwa bogi*.
　　　　l. 19　*ni z pirwiny, ni z nowiny*—*pirwina* meant the first harvest, *nowina* land that has been tilled for the first time.

## THE SOUL HAD LEFT THE BODY

p. 72　l. 4　*arzeknący*—*mowiąc*.

## A POEM ON MARRIAGE

The Polish text follows the edition: *Średniowieczna poezja polska świecka*. Stefan Vrtel-Wierczyński, ed. Wrocław: Ossolineum, 1952, Biblioteka Narodowa, I, 60.

## BIERNAT OF LUBLIN

The Polish texts follow the edition: Biernat z Lublina. *Wybór pism*. Jerzy Ziomek, ed. Wrocław: Ossolineum, 1954, Biblioteka Narodowa, I, 149. The first two poems, "There was an unusual man..." and

"Destiny, most important...," come from the first part of *Aesop's Life*; the fables come from the second part.

[DESTINY, THE MOST IMPORTANT]

p.88    l. 1    *po Bodze—po Bogu* (old form of the Locative).
        l. 2    *dwie drodze—dwie drogi* (dual number).

NOBILITY DEPENDS ON VIRTUE

p. 90    l. 14    *za czasy—z czasem*.

HE WHO HOLDS THE SWORD ENJOYS PEACE

p. 92    l. 3    *mawa—mamy* (1st person of the dual).

## MIKOŁAJ REJ

The Polish texts of "A Short Conversation between Three Persons, a Squire, a Bailiff, and a Parson" as well as the poem "Man—a Glass Phial" follow the edition: Mikołaj Rej. *Pisma wierszem*. Julian Krzyżanowski, ed. Wrocław: Ossolineum, 1954, Biblioteka Narodowa, I, 151. The poem "Man—a Glass Phial" comes from a larger work, *A Faithful Image of an Honest Man* (*Wizerunk własny żywota człowieka poczciwego*, 1558). The poems "Martin Luther, the Doctor," "Cracow's Cloth Hall: The Sukiennice," and "Sigismund, the Bell of the Royal Castle" come from the *Bestiary* and follow the edition: Mikołaj Rej. *Zwierzyniec*. Wilhelm Bruchnalski, ed. Cracow: Nakładem Akademii Umiejętności, 1895. Biblioteka Pisarzów Polskich, 30. The poems "On the Precarious Agreement" and "The Man Who Did Not Want To Confess Because His Wife Had Confessed" follow the edition: Mikołaj Rej. *Figliki*. Maria Bokszczanin, ed. Warsaw: PIW, 1970.

A SHORT CONVERSATION BETWEEN THREE PERSONS, A SQUIRE, A BAILIFF, AND A PARSON

p. 98    l. 6    *już więc tam swą każdy porze*—a proverbial expression; *porze*—present tense of *próć*.
        l. 11    *odśpiewa ją czasem sowa*—an owl hoots at dawn when the morning service should take place.

l. 16 *obrócim li sie na prawą*—the passage refers to the Last Judgment, where the right side is the side of those who will be saved.

l. 25 *dam li dobrą koledę*—this refers to the Polish custom in the period immediately following Christmas, when the priest goes from house to house giving his blessing. It was customary to reward the priest with an offering in kind.

p. 100 l. 5 *nogieć*—a cattle disease that was cured with salt, hence a joke in this context.

l. 13-14 *spłacą...pobracą*—the subject of the sentence, peasants, is not spelled out but implied. Some editors assume the 3rd person plural here is a printer's mistake, and read it as the 1st person singular: *spłacę...pobracę*.

l. 31 *czciesz*—2nd person sg. from *czytać*.

p. 102 l. 1 *strząsasz porożym*—a proverbial expression; lit., you shake your horns.

l. 10 *święty Mikołaj*—patron of wolves.

l. 16 *Piotra, co kopy pali*—patron of thunder, his day is August 1st, a time of year when thunderstorms often cause fires in haystacks.

l. 17 *Michał, co liczy dusze*—according to medieval belief, the Archangel Michael had the role of prosecutor at the divine tribunal before which souls appeared.

l. 18 *Masia z gęsią kłusze*—Masia, a peasant woman, hurries to the fair on the day of Saint Michael (September 29) carrying a goose as an offering for souls in purgatory.

l. 29-30 The church fair takes place next to the cemetery adjacent to the church; the fence between them is made of twigs.

p. 104 l. 3 *wieręsmy odpust zyskali*—refers to the sale by the clergy of indulgences which absolved sins. The widespread abuse of this custom was one of the causes of the Reformation.

MAN—A GLASS PHIAL

p. 106 l. 7 *umieć—umie ci*.

l. 14 *Uplecie się jak kokosz we zgrzebiach na grzędzie*—a paraphrase of a proverb, "*Wplątał się jak kokosz w zgrzebie.*"

ON THE PRECARIOUS AGREEMENT

p. 114 l. 2 *biegając liszkę—biegającą liszkę*.

A CHRISTMAS CAROL (ANONYMOUS): "An angel told the shepherds..."

The Polish text follows the edition: *Poeci polscy od średniowiecza do baroku.* Kazimiera Żukowska, ed. Warsaw: PIW, 1977.

A SONG (ANONYMOUS): "A soldier goes riding through woods..."

The Polish text follows the edition: *Poeci renesansu.* Jadwiga Sokołowska, ed. Warsaw: PIW, 1959.

## JAN KOCHANOWSKI

The Polish texts follow the edition: Jan Kochanowski. *Dzieła polskie.* Julian Krzyżanowski, ed. 5th ed. Warsaw: PIW, 1967.

### SONGS

Kochanowski's songs are divided into two books. "Song II" in this anthology comes from the First Book, "Song XXIV" and "Song XXV" come from the Second Book.

### SONG XXIV

p. 134  l. 2-3  *ze dwojej złożony natury*— the metaphor of a poet-bird takes as a point of departure the double meaning of the Polish word "*pióro*," both a pen and a feather. As this playful poem develops, the "double nature" signifies also mortal and immortal.
  l. 7  *Myszkowski*—Piotr Myszkowski (1505-1591), bishop of Płock and a Deputy Chancellor, was a prominent politician and a humanist as well as one of the wealthiest men in Poland. He was Kochanowski's friend and his patron.

### ST. JOHN'S EVE

p. 146  l. 1  *Gdy słońce Raka zagrzewa*—June 23, the day of St. John's eve, Polish equivalent of midsummer's night. Also the eve of Jan Kochanowski's nameday.
p. 150  l. 17-20  In folk songs the gift of a wreath by a maiden to a young man was the expression of consent to amorous advances and

courtship. Hence the suggestion that the young man did not limit himself to "take" the wreath alone.

## SEBASTIAN KLONOWIC

The Polish text follows the edition: Sebastian Fabian Klonowic. *Flis, to jest spuszczanie statków Wisłą*. Stefan Hrabec, ed. Wrocław: Ossolineum, 1951, Biblioteka Narodowa, I, 137.

THE RAFTSMAN

p. 184 l. 3 *Byś nie wziął szablą u Nogatu*—at Nogat, up the Vistula, the new raftsman was put through an arduous hazing ceremony, after which he was accepted as "brother" to the raftsmen's guild.
p. 186 l. 33 *do Motławy*—Motława is the principal tributary of the Vistula in Gdańsk, more commonly known as the Dead Vistula (Martwa Wisła), also as the Lazy River (Leniwka). In Klonowic's day most of the docks were to be found there.
    l. 35 *Od Warszawskiego (mostu)*—The Warsaw Bridge, built in the sixteenth century, was one of the wonders of its time.
    l. 36 *do Zielonego (mostu gdańskiego)*—The Green Bridge of Gdańsk, completed in 1569, was the finest structure of its kind in Gdańsk.
p. 188 l. 5 *Biskupska kępka*—in the village of Biskupice, near Płock.
    l. 14 *Włodsławek*—today Włocławek, a county seat and ancient trade center. In the twelfth century it became the seat of the Kujavian bishops; a Cathedral was built there between 1340 and 1365.
    l. 16 *Zapłać podatek*—the Crown had a customs office in Włocławek.
    l. 17 *Bobrowniki*—the name of this town comes from *bóbr*, beaver. The beaver trade was very active in Poland, and beaver settlements were known in Poland ever since the thirteenth century.
    l. 21 *Nieszawa*—a county town, and important center for the grain trade. The town became famous for its Statutes, signed here in 1454, and known as "The Magna Charta of the Polish nobility."
p. 190 l. 1 *misternej windy*—a famous windlass in Gdańsk that was destroyed during WWII.

# MIKOŁAJ SĘP SZARZYŃSKI

The Polish texts follow the edition: Mikołaj Sęp Szarzyński. *Rytmy abo wiersze polskie oraz cykl erotyków.* Julian Krzyżanowski, ed. Wrocław: Ossolineum, 1973, Biblioteka Narodowa, I,118. However, my own translations do not always follow Krzyżanowski's edition. I have indicated all divergences in the footnotes.

## SONNET I

p. 196   l. 1-2 The first two lines are based on an ode by Horace (II, 14), "Eheu, fugaces...labuntur anni." The exclamation "Ehej" is a polonization of the Latin "Eheu" (Eheu + Hej).

l. 3   The line poses problems of interpretation which are discussed at length by Jan Błoński in his book *Mikołaj Sęp Szarzyński a początki polskiego baroku*, pp. 297-298. The first difficulty concerns the word "może," that critics have read either as a verb meaning "can, might" or as an adverb modifying "chciwa śmierć." Even more difficult is the interpretation of the word "nędzą," which has been read either as a noun in the instrumental case, or as a noun in the accusative ("Chciwa śmierć może odciąć rozkosz-nędzę," "Greedy death can cut off pleasure - misery"), or as a peculiar adjectival form ("nędzna rozkosz," "pitiful pleasure"), or finally as a misprint in which the printer would have lost the preposition "z" (in the expression "rozkosz z nędzą," "pleasure and misery"). Błoński abstains from opting for any of these interpretations as final. Professor Wiktor Weintraub suggested to me an interpretation that I find very plausible: "A śmierć, chciwa odciąć rozkosz nędzą, może tuż za nami spore czyni kroki," "And death, greedy to cut off pleasure with misery, perhaps just behind us takes a huge stride!" My translation is a modification of this last reading, a modification made necessary by the exigencies of the English syntax as well as the attempt to keep the same number of syllables in each line.

l. 6-7 *które gęsto jędzą / Strwożone serce ustawiczną żędzą*— this passage is equally complex, and has also been the object of critical controversy. Julian Krzyżanowski substituted "żędzą" (desire, lust) for the original "nędzą" (misery), which he considers to be printer's mistake. Some editors of Sęp Szarzyński's poetry (notably Jerzy Sinko in his edition of 1928, and Jadwiga Sokołowska in her edition of 1957) have substituted "jedzą" (from "jeść," to eat) for "jędzą" from "jędzić," a rare verb related to the noun "jędza" (a shrew), similar—if not identical—in meaning to "jątrzyć" (to gnaw, to harrow). Błoński (*op. cit.*, pp. 298-300) opts for still a different solution, whereby the word "nędzą" ending line 7 is a verb ("nędzić," to torture, to torment, to trouble), and "jędzą" is the instrumental of the noun "jędza," designating death as a phantom or a ghost. Błoński's interpretation assumes a complex word order, but examples of similarly complicated word order can be found quite frequently in Sęp Szarzyński's other poems. They are a distinctive—and baroque—feature of his style. Rather than opt for any of these interpretations in a strictly literal manner, in my translation I have tried to render both the spirit and urgency of Sęp's text.

## SONNET II

Title: *Homo natus muliere, brevi vivens tempore*—The quote in Latin is from the Book of Job (14, 1). In English it reads as follows: "Man that is born of a woman is of few days, and full of trouble." (King James Version). The opening lines of the sonnet are a paraphrase of this quotation.

p. 198  l. 10-12  *Cherubim...Seraphim*—The names of the angels are given in the plural although the verbs are in the singular.

## SONNET III

p. 200  l. 2  *wtóra ozdobo*—Christ was the first adornment.
　　　　l. 5  *smoka*—In the Bible God speaks to the serpent: "And I will put enmity between thee and the woman, and between thy seed and her seed; it shall bruise thy head." (Genesis 3, 15. King James Version)

## SONNET IV

p. 202  l. 1-2  The lines are a paraphrase of the Book of Job (7, 1). In English it reads as follows: "Is there not an appointed time to man upon earth? are not his days also like the days of an hireling?" (King James Version)
　　　　l. 3  *Hetman*—a military commander, here Satan.
　　　　l. 6  *dla zbiegłych lubości*—it is uncertain whether this phrase is a complement of the word "dom" (house), or provides a causal explanation for the following line. The comma that separates it from the preceding words, given both in J. Sokołowska's and J. Krzyżanowski's editions, suggests the second interpretation. However Professor Weintraub argues persuasively ("Do charakterystyki stylu Sępa Szarzyńskiego," *Od Reja do Boya*, p. 58) for the first interpretation. My translation follows his argument.

l. 11-12  In the original printing no comma is given at the end of line 11, hence the line could be read: "Universal king, true peace of my salvation, [my] hope is in You!"

SONNET V

p. 204   l. 1-2  These lines are a paraphrase of an ode by the Greek poet Anacreon (Ode 46).

SONG V ABOUT FRIDRUSZ

Title:  The battle between the Poles and the Tartars at Sokal (a small town east of Zamość) has been described by Marcin Bielski (1495-1575) in his *Polish Chronicle (Kronika Polska)*, the first history of Poland written in the vernacular. It formed a separate part of a larger work, *A Chronicle of the Whole World (Kronika wszytkiego świata*, 1551). Bielski speaks also of the bravery of the Polish magnate, Fridrusz, whose full name was Fryderyk Herburt.

p. 206   l. 1   The line is a paraphrase of Horace's ode (III, 3).

l. 8   *blizny*—of the wound, here means defeat; *prze upór co nieszczęścia mamy*—according to Bielski's chronicle, the cause of the Polish defeat was "the stubborness of the young people," and Sęp might have referred to that passage. However, J. Sokołowska interprets the line differently, as "defeat suffered because of the persistance of misfortune" (in Mikołaj Sęp Szarzyński, *Rytmy abo wiersze polskie*, p. 94).

l. 18   *mogąc pomóc żywiąc, umrzeć szkodzi*—literally the passage translates: "[fear]...able to help the living, hinders dying." My translation interprets the text. For a discussion of this passage see J. Błoński, *Mikołaj Sęp Szarzyński a początki polskiego baroku*, p. 134.

l. 20   *zbroja*—armor, here means battle or war.

p. 208   l. 16   *był okrzyk rożny*—their shouts were not the same because the Tartars' shout was triumphant, while the Polish captives gave a shout of despair.

EPITAPH FOR ROME

Sęp Szarzyński's epitaph is an adaptation of a popular Latin poem, "In Romam qualis est hodie" by the sixteenth century Sicilian poet Janus Vitalis. For an excellent analysis and comparison of Sęp Szarzyński's poem with that of Vitalis, see Wiktor Weintraub's essay "Do charakterystyki stylu Mikołaja Sępa Szarzyńskiego," *Od Reja do Boya* (pp. 47-53); also his "Some Remarks on the Style of Mikołaj Sęp Szarzyński" (pp. 563-565).

## SEBASTIAN GRABOWIECKI

The Polish texts follow the edition: Sebastyan Grabowiecki. *Rymy Duchowne 1590*. Józef Korzeniowski, ed. Cracow: Nakładem Akademii Umiejętności, 1893.

### XCVII

The poem is a free translation of Sonnet XXXVIII ("Simile a questo mar vasto, e profondo") from *Rime Spirituali* (1570, 1573, 1575) of the sixteenth-century Italian poet Gabriel Fiamma (1531-1585).

### CLXXV

p. 224   l. 8   *wilgotność*—"moisture" designates here the liquid part of a body, and refers to the medieval concept of humors or temperaments.

## KASPER MIASKOWSKI

The Polish text follows the edition: *Poeci polscy od średniowiecza do baroku*. Kazimiera Żukowska, ed. Warsaw: PIW, 1977.

### ON A PAINTED GLASS GOBLET

p. 228   l. 13-14   *w perzyny poszedł*—this Polish idiomatic expression is untranslatable into English; it means to be destroyed as a result of fire, hence "blue smoke."

## SZYMON SZYMONOWIC

The Polish texts follow the edition: Szymon Szymonowic. *Sielanki i pozostałe wiersze polskie*. Janusz Pelc, ed. Wrocław: Ossolineum, 1964, Biblioteka Narodowa, I, 182.

## THE WEDDING CAKES

p. 234  l. 1  *Sroczka krzekce na płocie, będą goście nowi*—this is a paraphrase of the proverb *"Sroka przyleciała, będą goście,"* "A magpie has come, there will be guests."

l. 18  *Po obietnicę trzeba wsiadać na rączego*—paraphrase of a proverb *"Po obietnicę trzeba na prędkim koniu jechać,"* "If a gift has been promised to you, you have to ride a quick horse."

l. 26  *I Bóg nie dźwignie, kto się sam nie ma na pieczy*—a paraphrase of the proverb *"Boga wzywaj a ręki przykładaj,"* "Call upon God, but work hard."

p. 236  l. 12  *Co z oczu, to i z myśli*—a paraphrase of the proverb *"Co z oczu, to i z serca,"* "Far from the eyes, far from the heart."

p. 238  l. 27  *Bez kołaczy jakoby nie było wesela*—this refers to the proverb *"Bez kołaczy nie wesele,"* "Without the wedding cakes, no wedding."

p. 242  l. 7-8  It was an old custom to tell the future of the newlyweds by the behavior of young servant boys at the moment when the cake was cut and served.

l. 11  *wodę oddają*—refers to the water which was used to wash hands at the end of the meal. When the water was taken away, it was a sign that the meal has ended.

## MOPSUS

p. 244  l. 23  *gdyby w me—gdyby było po mojej myśli*, were it according to my wishes.

# DANIEL NABOROWSKI

The Polish texts follow the edition: *Poeci polskiego baroku*. Jadwiga Sokołowska and Kazimiera Żukowska, eds. Warsaw: PIW, 1965.

## ON THE EYES OF THE ENGLISH PRINCESS

The poem is an adaptation of the French poem *"Sur les yeux de Madame la duchesse de Beaufort"* by Honoré Laugier de Porchères (1572-1653), a poet at the court of Henry IV.

# HIERONIM (JAROSZ) MORSZTYN

The Polish texts follow the edition: *Poeci polskiego baroku*. Jadwiga Sokołowska and Kazimiera Żukowska, eds. Warsaw: PIW, 1965.

## STEWARD WEALTH

p. 272   l. 18   *łacwo durować, koli przystępuje*—a Bielorussian proverb.

## FORTUNATE YEARS

p. 274   l. 4   *kopa*—sixty, of either haystacks or groszys.
   l. 5   *do nowego*—until the new harvest.
   l. 7   *ojczysta swoboda*—refers to the nobles' freedom, "ojczysta" in the sense of inherited from one's father, together with the noble title which passes from father to son.
   l. 9   *rodowity...przyjaciel*—a friend who is well-born, i.e. a nobleman, like the speaker of the poem.

# SZYMON ZIMOROWIC

The Polish texts follow the edition: Szymon Zimorowic. *Roksolanki*. Aleksander Brückner, ed. Cracow: Krakowska Spółka Wydawnicza, 1924, Biblioteka Narodowa, I, 73.

## BINEDA

p. 286   l. 2   *śpiewak czubaty*—literally, a crested singer, i.e. rooster.
   l. 10   *mak...senliwy*—poppy seeds, when eaten, are soporific.
   l. 13-14   *Zaryades z...Odatą*—the story of their love can be found in the writings of Athenaeus of Naucratis in Egypt, author of *The Learned Banquet* (ca. A.D. 192).

# BARTŁOMIEJ ZIMOROWIC

The Polish texts follow the edition: Bartłomiej Zimorowic. *Sielanki (1663)*. Jan Łoś, ed. Cracow: Nakładem Akademii Umiejętności, 1916, Biblioteka Pisarzów Polskich, 71.

MIŁOSZ

p. 294   l. 11   *taniec mieniony*—a dance in which men and women change places.

THE SINGERS

The dialogue of two girls, Rozyna and Lidychna, constitutes the dramatic frame for this singing contest between two choirs called respectively "the music" and "the singers."

p. 296   l. 7   *cymbały dęte*—possibly Zimorowic had in mind a bagpipe to which the word dulcimer (*cymbały*) was sometimes erroneously applied. This would explain the epithet "wind" (*dęte*). Since, however, Zimorowic mentions pipes several times in the following lines, I have opted in my translation for dulcimer and left out the epithet.

## JAN ANDRZEJ MORSZTYN

The Polish texts follow the edition: Jan Andrzej Morsztyn. *Utwory zebrane*. Leszek Kukulski, ed. Warsaw: PIW, 1971.

INCONSTANCY

Morsztyn's poem is a paraphrase of a sonnet of Giambattisto Marino, "Donna Volubile" (*"Segue il vento leggier, fabrica, e fonda..."*).

TO A CORPSE

Morsztyn's poem is an adaptation of Giambattisto Marino's sonnet, "Ad un cadavere" (*"Giaci, o misero, estinto, io giaccio estinto..."*).

DEPARTURE

Morsztyn's poem is a translation of Ausonius' epigram "Ad Gallam" (*"Vado, sed sine me, quia te sine: nec nisi tecum..."*).

A SMART MAIDEN

Morsztyn uses here an anecdote popular in the seventeenth century. Poems on the same subject were written by other poets, among them Daniel Naborowski and Wacław Potocki.

TO WALEK

Morsztyn's poem is a paraphrase of an epigram by Martial (*"Praedia solus habes et solus, Candide, nummos..."*).

## ZBIGNIEW MORSZTYN

The Polish texts follow the edition: Zbigniew Morsztyn. *Wybór wierszy.* Janusz Pelc, ed. Wrocław: Ossolineum, 1975, Biblioteka Narodowa, I, 215.

SONG OF CAPTIVITY

The poem was written in 1657 during the Swedish invasion of Poland (1655-1660). Zbigniew Morsztyn was a captive of the Swedes in Cracow between June 20, 1656 and August 20, 1657. Another version of the same poem has a title as follows: "A Second Song of the Same Author at the Very Time of Cracow's Siege When He Was Captive of the Swedes" ("Druga duma samegoż autora pod tenże czas oblężenia krakowskiego, gdy był u Szwedów więźniem.")

p. 332. l. 13-18 The stanza alludes to the Polish Brethren (the Arians), Morsztyn's coreligionists, who were in Cracow at the time.

HUMAN THOUGHT

p. 338  l. 9-10  *szczęśliwe na końcu świata (wyspy)*—the Canary Islands that in antiquity were believed to be at the end of the world.
p. 340  l. 5-6  These lines have religious overtones; the sun rising in the east refers to Christ. Compare with "the star in the east" in Matthew II, 2.

THE NOSE

p. 342  l. 8  *Wielkiego Mistrza*—refers to Jan Kochanowski who wrote the poem entitled "Broda" ("The Beard").
  l. 10-11  *potomek / Onego nosa*—following Kochanowski's poem "The Beard," Morsztyn refers here to the Platonic ideal forms, of which all concrete objects in the world are copies.
p. 344  l. 9-10  *plemię Cesarzów, którzy całą zhołdowali ziemię*—the Habsburg dynasty that ruled in Hungary, the Czech lands, and also in Spain and its many colonies scattered all over the world. Several members of this family were known to have large noses.
  l. 18  *żeby poszedł z nosem*—a proverbial expression, untranslatable into English, and meaning: let him go empty-handed.

## WACŁAW POTOCKI

The Polish text of "The War of Khotim" follows the edition: Wacław Potocki. *Wojna chocimska*. Aleksander Brückner, ed. Cracow: Krakowska Spółka Wydawnicza, 1924, Biblioteka Narodowa, I, 75. The Polish texts of the poems "What Time Finds, Time Ruins" and "Let It Sleep, Drunk" follow the edition: *Poeci polskiego baroku*. Jadwiga Sokołowska and Kazimiera Żukowska, eds. Warsaw: PIW, 1965.

THE WAR OF KHOTIM

The full title is exceptionally long. It begins as follows: *THE WAR OF KHOTIM Where the Turkish Emperor Osman, After Gathering Forces From All His Countries In Africa, Asia, and Europe Against the Poles, Was Defeated in His Enterprise By the Grace of the Highest Lord, the Wisdom of Sensitive and Foreseeing Commanders as well as the Bravery of Polish Knighthod...* (*TRANSAKCJA WOJNY CHOCIMSKIEJ, gdzie Osman, cesarz turecki, wszystkie państw swoich z Afryki, z Azji i z Europy na Polaki zgromadziwszy siły, za łaską Najwyższego Pana, roztropnością czułych i opatrznych wodzów, a dzielnością rycerstwa polskiego spadł z imprezy swojej...*)

p. 354  l. 5  *mir zrzuciwszy stary*—reference to the treaty signed by the Turks and the Poles at Busza in 1617, possibly also the older treaties dating back to the sixteenth century (1533 and 1553). It was, however, the involvement of the Polish king Sigismund III in 1618 in skirmishes between Austria and Transylvania that provoked the Turkish War. In September 1620, Iskender-Pasha advanced against the Republic, and at Cecora inflicted a defeat on the Poles. A year later at Khotim on the Dniester, a Polish and Cossack army of sixty-five thousand men defeated an Ottoman army three times their number under the personal command of Sultan Osman II.

   l. 6 *Chciał ich przykryć haraczem z Węgry i z Bułgary*—Bulgaria was paying tribute to Turkey since the fourteenth century, and part of Hungary was a Turkish province since 1526.

LET IT SLEEP, DRUNK
THIRD POEM ON THE SUBJECT

p. 362 l. 2 *babilońska swacha*—the Babylonian whore is referred to in the Bible, Book of Revelation, 17, 2 and 4.

   l. 4 *Winem z prasy Bożego na swe grzechy gniewu*—reference to the Book of Revelation, 14, 8-10.

   l. 8 *Żeby spali, nie szczekał żaden na katedrze*—reference to the Book of Isaiah, 56, 10-11.

   l. 14 *Niech paszczeki swej się sprawi katu—niech się ze swych słów wytłumaczy przed katem*, let him justify his words to the hangman.

## WESPAZJAN KOCHOWSKI

The Polish texts follow the edition: Wespazjan Kochowski. *Psalmodia polska oraz wybór liryków i fraszek*. Julian Krzyżanowski, ed. Cracow: Krakowska Spółka Wydawnicza, 1926, Biblioteka Narodowa, I, 92.

A MONUMENT FOR BRAVE SOLDIERS

Title: Marcin Kalinowski, voievoda of Czernihow and a hetman of the Polish army, was killed on June 2, 1652 at Batoh, a Ukrainian village on the river Boh. Kalinowski was attacked by the Tartar and Cossack army despite the pact between the Poles and the Cossacks signed in 1651 in Biała Cerkiew (a reference to it can be found in line 10, "*przeciwko przymierzu*"). During the battle the Poles, surrounded on every side, were all killed.

A CURSE ON THE SONS OF THE CROWN

The poem was written after the disruption of the Diet on November 5, 1669.

p. 370  l. 14  *Przez lat dwadzieścia*—since 1648, i.e. during the reign of Jan Kazimierz.
  l. 19  *Oderwał nam Szwed*—in the peace of Oliwa in 1660.
  l. 21  *Kurfirszt wziął Lomburg i Drahim obfity*— at the Treaty of Wehlau (Welawa) on 19 October 1657, Friedrich Wilhelm, the Great Elector of Brandenburg, obtained from the Poles the cities of Drahim, Lauenberg, and Elbląg as a price for deserting the Swedes.
  l. 24  *Kamieniec*—Kamieniec Podolski was captured by the Turks in 1671.
p.372  l. 24  *nie skropisz tego...wodą święconą*—no religious practices will annul this sin.

A FULL GLASS FOR VICTORY

Title: *pełna*—the expression meant a toast drunk with a full glass; *Biberonich Bellissarów*—ironical name invented by Kochowski and formed from Latin words: *bibere*, to drink and *bellare*, to fight.

p. 374  l. 20  *Neczaja*—Neczaj, one of the Cossack commanders in Bohdan Chmielnicki's uprising, killed in a battle with hetman Kalinowski in 1651.
  l. 21  *Kinigsmarka*—Koenigsmark, a field marshal in the Swedish army taken into captivity in Gdańsk.
  l. 22  *Karaszmurze z Supenkazim*—Karasz-murza and Supenkazi, Tartar commanders helping Chmielnicki.
  l. 23  *Dolhoruki*—a Moscow prince, commander in the war with Poland in 1660.
  l. 25  *w Holzacyjej*—Holstein, captured by Stefan Czarniecki in the Danish war of 1658-59.
  l. 26  *pod Fryderyszodem*—Friederichs-Odde, a fortress captured by Czarniecki in 1659, an event described by Jan Chryzostom Pasek in his *Memoirs*.
  l. 27  *w szturmie toruńskim*—the storming of Toruń in 1658 forced the surrender of the Swedes to king Jan Kazimierz.

PSALM XXVI

The first three verses derive from Psalm 44, 2-3.

p. 378   v. 4   *Edomczyk*—a biblical people, here meaning the Turks.
   v. 5   *Part*—Parthians. Kochowski, like other Polish authors, uses the name to designate Tartars.
p. 380   v. 22-26   many expressions derive from the Book of Exodus (15: 1, 3, 6, 11).

## STANISŁAW HERAKLIUSZ LUBOMIRSKI

The Polish texts follow the edition: *Poeci polskiego baroku*. Jadwiga Sokołowska and Kazimiera Żukowska, eds. Warsaw: PIW, 1965.

A SONG OF THE BAR CONFEDERACY (ANONYMOUS)
A BRAVE POLISH SOLDIER ON THE FIELD OF MARS

The Polish text follows the edition: *Literatura barska. Antologia*. Janusz Maciejewski, ed. Wrocław: Ossolineum, 1976, Biblioteka Narodowa, I, 108.

## ADAM NARUSZEWICZ

The Polish texts of "The Dandy" and the "Song of the Charlatan at a Street Fair" follow the edition: *Poezja polska*. Antologia. Stanisław Grochowiak and Janusz Maciejewski, eds. Warsaw: PIW, 1973. The Polish text of the "Grateful Acknowledgment" follows the edition: Adam Naruszewicz. *Liryki wybrane*. Juliusz W. Gomulicki, ed. Warsaw: PIW, 1964. The Polish text of "The Canaries: A Fable" follows the edition: *Poezye Adama Naruszewicza*. Jan Nep. Bobrowicz, ed. Leipzig: Breitkopf et Haertel, 1855.

## IGNACY KRASICKI

The Polish texts follow the edition: Ignacy Krasicki. *Pisma poetyckie*. Zbigniew Goliński, ed. Warsaw: PIW, 1976. 2 vols.

DRUNKENNESS

p. 434　l. 1　*omne trinum perfectum*—every trinity is perfection.
　　　　l. 17　The Olkusz mines were known for silver and gold.
　　　　l. 18　*Inflanty*—a Baltic state united with Poland in 1561: part was seized by Sweden in 1660, and Russia took the remainder in 1772; *państwa multańskie*—Moldavia and Walachia, on the Danube.
　　　　l. 19　*sumy neapolitańkie*—430,000 Neapolitan ducats lent by Queen Bona in the early 15th century to Phillip of Spain and Naples, but never repaid.
　　　　l. 28　*żurawińskie klęski*—in 1676 king Jan Sobieski made a treaty with the Turks at Żurawno, transferring a large part of the Ukraine to Turkey. The treaty angered the Polish gentry exceedingly.

## STANISŁAW TREMBECKI

The Polish texts follow the edition: Stanisław Trembecki. *Pisma wszystkie*. Jan Kott, ed. Warsaw: PIW, 1953.

THE GARDENS OF POWĄZKI

Trembecki provided a footnote (in French) at the end of line 7. In English it reads as follows: "The other day they imprisoned a poor woman by the name of Marianne Zdanowska for having recently stolen the Saint Eucharist. She had already stolen several to use them in her witchcraft. It appears that she will be asked both ordinary and extraordinary questions, and we will learn the miracles that she had performed with these holy hosts. These discoveries will be extremely useful for the progress of experimental physics."

## TOMASZ KAJETAN WĘGIERSKI

The Polish text follows the edition: Kajetan Węgierski. *Wiersze wybrane*. Juliusz W. Gomulicki, ed. Warsaw: PIW, 1974.

ON THE ADVANTAGES OF BEING POOR

p. 482　l. 23　*dubieńskie kontrakty*—refers to the business meetings of the gentry that took place in January every year in Dubno.

p. 484 l. 8  *mniej potrzebne struktury*—refers to Powązki, the suburban residence of the Czartoryski family, about which Węgierski's friend Trembecki wrote his well-known eulogy.

l. 12 *Wspaniałe...ogrody*—an allusion to the gardens of prince Kazimierz Poniatowski, the King's brother, in Solec.

## FRANCISZEK ZABŁOCKI

The Polish texts follow the edition: Franciszek Zabłocki. *Pisma*. Bolesław Erzepki, ed. Poznań: Drukarnia Dziennika Poznańskiego, 1903.

ON WHAT, TO SOME, IS A SOURCE OF PRIDE

The poem is a bitterly ironical comment on the law passed during the Four-Year Diet that established a standing army of 100,000 men. By relying on contributions rather than taxes, it failed to raise money for the army. Because of lack of funds the number 100,000 was never reached.

## JULIAN URSYN NIEMCEWICZ

The Polish text follows the edition: Julian Niemcewicz. *Powrót posła oraz wybór bajek politycznych z epoki Sejmu Wielkiego*. Stanisław Kot, ed. Wrocław: Ossolineum, 1950, Biblioteka Narodowa, I, 4.

A BUILDING IN DECAY

The subtitle, *Powieść z manuskryptów przed-uniowych*, refers to the Union of Lublin (1569). It is a literary device to conceal the obvious topicality of the fable, which was written during the Four-Year Diet, and reflected its long, often empty debates and painful inefficiency.

p. 496 l. 3  *W mozyrskim...powiecie*—in distant Polesie.
p. 498 l. 1  *Dawni...budownicy*—allusion to the conservative deputies opposed to the reforms.
p. 500 l. 8-9  *mularze / Najprędzej potrzebni byli*—that is, an army.

# JAKUB JASIŃSKI

The Polish text follows the edition: *Poezja polska XVIII wieku*. Zdzisław Libera, ed. Warsaw: Czytelnik, 1976.

TO THE NATION

The poem was most likely written just before the Kościuszko uprising, and was prompted by the news of commander Madaliński's march from the Narwia River to Cracow, on March 12, 1794. Madaliński's march became a signal for the uprising; his brigade joined Kościuszko's army on April 1st. In line 48 there is a reference to this event.

p. 504　l. 10　*począł wznawiać gmach silny*—allusion to the Four-Year Diet and the Constitution of the 3rd of May.
　　l. 16　*By cię zdradził...król ulubiony*—most likely a reference to King Stanisław August and his pro-Russian policies.
　　l. 18　*Byś legł...z własnej ręki*—allusion to the Confederacy of Targowica (1792).
p. 506　l. 3　*dwa narody*—France and the United States.

# FRANCISZEK KARPIŃSKI

The Polish texts follow the edition: Franciszek Karpiński. *Wiersze wybrane*. Jan Kott, ed. Warsaw: PIW, 1966.

# FRANCISZEK DIONIZY KNIAŹNIN

The Polish texts, except for the poem "On Eliza," follow the edition: Franciszek Dionizy Kniaźnin. *Wybór poezji*. Wacław Borowy, ed. Wrocław: Ossolineum, 1948, Biblioteka Narodowa, I, 129. The Polish text of the poem "On Eliza" follows the edition: Franciszek Dionizy Kniaźnin. *Wiersze wybrane*. Andrzej F. Guzek, ed. Warsaw: PIW, 1981.

# SELECT BIBLIOGRAPHY

This bibliography does not pretend to be exhaustive. It emphasizes post World-War II publications which are more readily available. However, it includes older editions of primary sources when they are the only editions of a text, or because I consider them important alternatives to recent editions. I have included all the English translations regardless of their date of publication, since they will be of particular interest to English-speaking readers. With the secondary sources, I have limited myself to the most important post-war, book-length studies. The only exceptions are articles written in English. In the section of the bibliography devoted to individual poets, I also include selected critical studies; these entries follow references to the original texts and are further indented.

The following abbreviations are used for publishers:

| | |
|---|---|
| LSW | Ludowa Spółdzielnia Wydawnicza |
| Ossolineum | Zakład Narodowy Imienia Ossolińskich |
| PIW | Państwowy Instytut Wydawniczy |
| PWN | Państwowe Wydawnictwo Naukowe |
| WL | Wydawnictwo Literackie |

## ANTHOLOGIES

Borowy, Wacław, ed. *Od Kochanowskiego do Staffa. Antologia liryki polskiej.* 4th ed. Warsaw: PIW, 1958.

Bowring, Sir John, ed. and trans. *Specimens of the Polish Poets; with Notes and Observations on the Literature of Poland.* London, 1827.

Brückner, Aleksander, ed. *Sielanka polska XVII wieku. Szymon Simonides. Bartłomiej Zimorowic. Jan Gawiński.* Cracow: Krakowska Spółka Wydawnicza, 1922, Biblioteka Narodowa, I, 48.

———. *Średniowieczna pieśń religijna polska.* Cracow: Krakowska Spółka Wydawnicza, 1923, Biblioteka Narodowa, I, 65.

Coleman, Marion Moore, ed. *The Polish Land. An Anthology in Prose and Verse.* Trenton, New Jersey: White Eagle Publishing Company, 1943.

Goliński, Zbigniew and Kostkiewiczowa, Teresa, eds. *Świat poprawiać—zuchwałe rzemiosło: antologia poezji polskiego Oświecenia.* Warsaw: PIW, 1981.

Grochowiak, Stanisław and Maciejewski, Janusz, eds. *Poezja polska. Antologia.* Warsaw: PIW, 1973. 2 vols.

Jedlicz, Antonina, ed. *Toć jest dziwne a nowe. Antologia literatury polskiego średniowiecza*. Warsaw: PIW, 1987.
Kirkconnell, Watson, ed. and trans. *A Golden Treasury of Polish Lyrics*. Roman Dyboski, intr. Winnipeg, Canada: The Polish Press, 1936.
Korolko, Mirosław, ed. *Średniowieczna pieśń religijna polska*. Wrocław: Ossolineum, 1980, Biblioteka Narodowa, I, 65.
Libera, Zdzisław, ed. *Poezja polska XVIII wieku*. Warsaw: Czytelnik, 1976.
Maciejewski, Janusz, ed. *Literatura barska. Antologia*. Wrocław: Ossolineum, 1976, Biblioteka Narodowa, I, 108.
Nieznanowski, Stefan and Nowak-Dłużewski, Juliusz, eds. *Kolędy polskie*. Warsaw: PAX, 1966. 2 vols.
Peterkiewicz, Jerzy and Burns Singer, eds. and trans. *Five Centuries of Polish Poetry, 1450-1950: An Anthology with Introduction and Notes*. London: Secker : Warburg, 1960.
Rzepka, Wojciech R. and Wydra, Wiesław, eds. *Chrestomatia staropolska: teksty do roku 1543*. Wrocław: Ossolineum, 1981.
Soboleski, Paul, ed. and trans. *Poets and Poetry of Poland. A Collection of Polish Verse*. 3rd. ed. Milwaukee, Wisconsin: Paul Soboleski Society, 1929.
Sokołowska, Jadwiga, ed. *Poeci Renesansu. Antologia*. Warsaw: PIW, 1959.
———. *Patrząc na rozmaite świata tego sprawy. Antologia polskiej poezji renesansowej*. Warsaw: PIW, 1984.
Sokołowska, Jadwiga and Żukowska, Kazimiera, eds. *Poeci polskiego baroku*. Warsaw: PIW, 1965. 2 vols.
Taszycki, Witold, ed. *Najdawniejsze zabytki języka polskiego*. 5th ed. Wrocław: Ossolineum, 1975. Biblioteka Narodowa, I, 104.
Vrtel-Wierczyński, Stefan, ed. *Średniowieczna poezja polska świecka*. 3rd. ed. Wrocław: Ossolineum, 1952. Biblioteka Narodowa, I, 60.
———. *Wybór tekstów staropolskich. Czasy najdawniejsze do roku 1543*. 3rd ed. Warsaw: PIW, 1963.
Żukowska, Kazimiera, ed. *Poeci polscy od średniowiecza do baroku*. Warsaw: PIW, 1977.

GENERAL SURVEYS AND CRITICAL STUDIES

Aleksandrowska, Elżbieta, ed. *Oświecenie*. Warsaw: PIW, 1966-1972. 4 vols.

Backvis, Claude. "Some Characteristics of Polish Baroque Poetry," *Oxford Slavonic Papers*, vol. 6, 1955.
_____. *Szkice o kulturze staropolskiej*. Andrzej Biernacki, ed. Maria Daszkiewicz, trans. Warsaw: PIW, 1975.
Birnbaum, Henrik. "Some Aspects of the Slavonic Renaissance," *The Slavonic and East European Review*, vol. xlvii no. 108, 1969, pp. 37-56.
Borowy, Wacław. *O poezji polskiej w wieku XVII*. Warsaw: PIW, 1978.
Brody, Ervin C. "Spain and Poland in the Age of the Renaissance and the Baroque: a Comparative Study," *The Polish Review*, vol. xv no. 4, 1970, pp. 86-105. Continued in vol. xvi no. 1, 1971, pp. 53-107.
Brahmer, Mieczysław. *Petrarkizm w poezji polskiej XVI wieku*. Cracow: Kasa im. J. Mianowskiego, 1927.
Dłuska, Maria. *Studia z historii i teorii wersyfikacji polskiej*. 2nd ed. Warsaw: PIW, 1978. 2 vols.
_____. *Studia i rozprawy*. Cracow: WL, 1970.
Fiszman, Samuel, ed. *The Polish Renaissance in Its European Context*. Bloomington, Indiana: Indiana University Press, 1988.
Giergielewicz, Mieczysław. *Introduction to Polish Versification*. Philadelphia: University of Pennsylvania Press, 1970.
Goliński, Zbigniew, ed. *Problemy literatury polskiej okresu Oświecenia*. Wrocław: Ossolineum, 1973.
_____. *Problemy literatury polskiej okresu Oświecenia*. Seria 2. Wrocław: Ossolineum, 1977.
Hernas, Czesław. *Barok*. Warsaw: PIW, 1976.
_____. *Literatura baroku*. Warsaw: PIW, 1987.
Kleiner, Juliusz. *Zarys dziejów literatury polskiej*. Wrocław: Ossolineum, 1963.
Klimowicz, Mieczysław. *Oświecenie*. Warsaw: PWN, 1975.
Kridl, Manfred. *A Survey of Polish Literature and Culture*. The Hague: Mouton, 1956.
Krzyżanowski, Julian. *Dzieje literatury polskiej*. 3rd ed. Warsaw: PWN, 1979.
_____. *A History of Polish Literature*. Doris Ronowicz, trans. Warsaw: PIW, 1978.
_____. *Od średniowiecza do baroku. Studia naukowo-literackie*. Warsaw: Rój, 1938.
_____. *W wieku Reja i Stańczyka. Szkice z dziejów Odrodzenia w Polsce*. Warsaw: PWN, 1958.

Lewin, Paulina. "Polish-Ukrainian-Russian Literary Relations of the Sixteenth-Eighteenth Centuries: New Approaches," *Slavic and East European Journal*, vol. 24 no. 3, Fall 1980, pp. 256-269.

Libera, Zdzisław. *Problemy polskiego Oświecenia. Kultura i styl*. Warsaw: PWN, 1969.

Miłosz, Czesław. *The History of Polish Literature*. London: The Macmillan Company, 1969.

Nowak, Zbigniew Jerzy, ed. *Wśród zagadnień polskiej literatury barokowej*. Katowice: Uniwersytet Śląski, 1980. 2 vols.

Otwinowska, Barbara and Pelc, Janusz, eds. *Przełom wieków XVI i XVII w literaturze i kulturze polskiej*. Wrocław: Ossolineum, 1984.

Pelc, Janusz, ed. *Literatura staropolska i jej związki europejskie. Prace poświęcone VII Międzynarodowemu Kongresowi Slawistów w Warszawie w roku 1973*. Wrocław: Ossolineum, 1973.

_____, ed. *Problemy Literatury Staropolskiej*. Wrocław: Ossolineum, 1972

_____, ed. *Wiek XVII —Kontrreformacja —Barok. Prace z historii kultury*. Wrocław: Ossolineum, 1970.

Segel, Harold B. *The Baroque Poem*. New York: E.P. Dutton, 1974.

Starnawski, Jerzy. *Barok w literaturze*. Cracow: PWN, 1973.

Tazbir, Janusz. *Kultura polskiego baroku*. Warsaw: Omnipress, 1986.

_____. *A State without Stakes: Polish Religious Toleration in the Sixteenth and Seventeenth centuries*. A.T. Jordan, trans. New York: Twayne Publishers, 1973.

Weintraub, Wiktor. *Od Reja do Boya*. Warsaw: PIW, 1977.

Williams, George H. "Erasmianism in Poland: an Account and an Interpretation of a Major, Though Ever Diminishing, Current in Sixteenth-Century Polish Humanism and Religion, 1518-1605," *The Polish Review*, vol. xxii no. 3, 1977, pp. 3-50.

Zawodziński, K. W. *Studia z wersyfikacji polskiej*. Wrocław: Ossolineum, 1954.

Ziomek, Jerzy. *Renesans*. 2nd ed. Warsaw: PWN, 1976.

_____. *Ze studiów nad literaturą staropolską* Wrocław: Ossolineum, 1957.


INDIVIDUAL POETS

Biernat z Lublina. *Wybór pism*. Jerzy Ziomek, ed. Wrocław: Ossolineum, 1954, Biblioteka Narodowa, I, 149.

———. *Żywot Ezopa Fryga mędrca obyczajnego*. Jan Trzynadlowski, ed. Wrocław: Ossolineum, 1981. Facsimile of the 1578 edition.
    Budzyk, Kazimierz. *Przełom wersyfikacyjny w strofice Biernata z Lublina*. Wrocław: Drukarnia Naukowa, 1954.
    Freedman, John. "Biernat of Lublin: The First Polish Writer in the Vernacular," *The Polish Review*, vol. xxx no. 3, 1985, pp. 265-276.

*Bogurodzica*. Jerzy Woronczak, Ewa Ostrowska and Hieronim Feicht, eds. Wrocław: Ossolineum, 1962, Biblioteka Pisarzów Polskich, A, 1.
    Krzyżanowski, Julian. "Back to the Oldest Polish *Carmen Patrium*," *Studies in Russian and Polish Literature in Honor of Wacław Lednicki*. Zbigniew Folejewski, Michael Karpovich, Albert Kaspin and Francis J. Whitfield, eds. The Hague: Mouton, 1962.

Grabowiecki, Sebastian. *Rymy Duchowne 1590*. Józef Korzeniowski, ed. Cracow: Nakładem Akademii Umiejętności, 1893, Biblioteka Pisarzów Polskich, 26.
    Litwornia, Andrzej. *Sebastian Grabowiecki. Zarys monograficzny*. Wrocław: Ossolineum, 1976.
    Śmieja, Florian. "New Sources of Sebastian Grabowiecki's Poetry," *The Slavonic Review*, vol. 32 no. 78, 1953, pp. 226-230.

Jasiński, Jakub. *Poezje wybrane*. Andrzej Krzysztof Guzek, ed. Warsaw: LSW, 1982.
    Kelera, Józef. *Poezje Jakuba Jasińskiego. Zarys monograficzny*. Wrocław: Ossolineum, 1952.

Karpiński, Franciszek. *Poezje wybrane*. Andrzej Krzysztof Guzek, ed. Warsaw: LSW, 1972.
———. *Wiersze wybrane*. Jan Kott, ed. Warsaw: PIW, 1966.
———. *Wybór wierszy*. Warsaw: Krajowa Agencja Wydawnicza, 1986.
    Kostkiewiczowa, Teresa. *Model liryki sentymentalnej w twórczości Franciszka Karpińskiego*. Wrocław: Ossolineum, 1964.
    Kwaśniewska-Mżyk, Krystyna. *Język Franciszka Karpińskiego*. Warsaw: PWN, 1979.
    Sobol, Roman. *Franciszek Karpiński*. 2nd ed. Warsaw: PWN, 1987.
    ———. *Ze studiów nad Karpińskim*. Wrocław: Ossolineum, 1967.

Klonowic, Sebastian Fabian. *The Boatman*. Marion Moore Coleman, tr. Mary Elizabeth Osborn, intr. Cambridge Springs, Pennsylvania: Alliance College, 1958.

———. *Flis, to jest spuszczanie statków Wisłą* Stefan Hrabec, ed. Wrocław: Ossolineum, 1951, Biblioteka Narodowa, I, 137.

———. *Flis to jest spuszczanie statków Wisłą i inszymi rzekami do niej przypadającymi*. Adam Karpiński, ed. Warsaw: PIW, 1984.

Wiśniewska, Halina. *Renesansowe życie i dzieło Sebastiana Fabiana Klonowicza*. Lublin: Wydawnictwo Lubelskie, 1985.

Kniaźnin, Franciszek Dionizy. *Wiersze wybrane*. Andrzej K. Guzek, ed. Warsaw: PIW, 1981.

———. *Wybór poezji*. Wacław Borowy, ed. Wrocław: Ossolineum, 1948, Biblioteka Narodowa, I, 129.

Kostkiewiczowa, Teresa. *Kniaźnin jako poeta liryczny*. Wrocław: Ossolineum, 1971.

Kochanowski, Jan. *Dzieła polskie*. Julian Krzyżanowski, ed. 8th ed. Warsaw: PIW, 1976. 2 vols.

———. *Dzieła wszystkie*. Maria Renata Mayenowa, ed. Wrocław: Ossolineum, 1983, Biblioteka Pisarzów Polskich, 22, 23, 24.

———. *Pieśni*. Ludwika Szczerbicka-Ślęk, ed. Wrocław: Ossolineum, 1970. Biblioteka Narodowa, I, 100.

———. *Pisma zbiorowe*. Aleksander Brückner, ed. Warsaw: Biblioteka Polska, 1924.

———. *Poezje*. Janusz Pelc, ed. Warsaw: Czytelnik, 1979.

———. *Poems*. George Rapall Noyes, ed. Dorothea P. Radin, Marjorie B. Peacock, Ruth E. Merrill, Hazel H. Havermale, G. R. Noyes, trans. Berkeley: University of California Press, 1928. Reprint. New York: AMS, 1978.

———. *Treny*. Maria Renata Mayenowa and Lucyna Woronczakowa, eds. Wrocław: Ossolineum, 1983, Biblioteka Pisarzów Polskich, B, 24.

———. *Treny*. Janusz Pelc, ed. Wrocław: Ossolineum, 1986.

Birnbaum, Henrik. "The Sublimation of Grief: Poems by Two Mourning Fathers," *For Wiktor Weintraub: Essays in Polish Literature, Language, and History*. Victor Erlich, Roman Jakobson, Czesław Miłosz, Riccardo Picchio, Aleksander M. Schenker and Edward Stankiewicz, eds. The Hague: Mouton, 1975.

Grzeszczuk, Stanisław. *"Treny" Jana Kochanowskiego: próba interpretacji*. Wrocław: Ossolineum, 1979.

Jastrun, Mieczysław. *Poeta i dworzanin. Rzecz o Janie Kochanowskim.* 3rd ed. Warsaw: PIW, 1980.

Krzyżanowski, Julian. *Jan Kochanowski i humanizm w Polsce.* Warsaw: Czytelnik, 1947.

Lubaś, Władysław. *Rym Jana Kochanowskiego: próba lingwistycznej charakterystyki i oceny.* Katowice: Uniwersytet Śląski, 1975.

Mayenowa, Maria Renata. *O języku poezji Jana Kochanowskiego.* Cracow: WL, 1983.

Mersereau, John, Jr. "Jan Kochanowski's 'Laments': A Definition of the Emotion of Grief," *Studies in Russian and Polish Literature in Honor of Wacław Lednicki.* Zbigniew Folejewski, Michael Karpovich, Albert Kaspin and Francis J. Whitfield, eds. The Hague: Mouton, 1962.

Pelc, Janusz. *Jan Kochanowski: szczyt renesansu w literaturze polskiej.* 2nd ed. Warsaw: PWN, 1987.

_____. *"Treny" Jana Kochanowskiego.* 2nd ed. Warsaw: Czytelnik, 1972.

Pietrkiewicz, Jerzy. "The Medieval Dream-Formula in Kochanowski's Treny," *Slavonic and East European Review,* vol. xxxi no. 77, 1953, pp. 388-404.

Rospond, Stanisław. *Język i artyzm językowy Jana Kochanowskiego.* Wrocław: Ossolineum, 1961.

Weintraub, Wiktor. "Kochanowski's Renaissance Manifesto," *Slavonic and East European Review,* vol. xxx no. 75, 1952, pp. 412-424.

_____. *Rzecz czarnoleska.* Cracow: WL, 1977.

Welsh, David. *Jan Kochanowski.* New York: Twayne Publishers, 1974.

Wilson, Reuel K. "Kochanowski and Ronsard: Contemporaries and Kindred Spirits," *The Polish Review,* vol. xxii no. 1, 1977, pp. 19-28.

Kochowski, Wespazjan. *Niepróżnujące próżnowanie ojczystym rymem na liryka i epigramata polskie rozdzielone i wydane. Wybór.* Wacław Walecki, ed. Warsaw: PIW, 1978.

_____. *Poezje wybrane.* Halina Kasprzakówna, ed. Jerzy Starnawski, intr. Warsaw: LSW, 1977.

_____. *Psalmodja polska oraz wybór liryków i fraszek.* Julian Krzyżanowski, ed. Cracow: Krakowska Spółka Wydawnicza, 1926, Biblioteka Narodowa, I, 92.

Eustachiewicz, Maria and Majewski, Wiesław. *Nad lirykami Wespazjana Kochowskiego.* Wrocław: Ossolineum, 1986.

Krasicki, Ignacy. *Bajki*. Zbigniew Goliński, ed. Wrocław: Ossolineum, 1975, Biblioteka Narodowa, I, 220.

———. *Pisma poetyckie*. Zbigniew Goliński, ed. Warsaw: PIW, 1976. 2 vols.

———. *Pisma wybrane*. Tadeusz Mikulski, ed. Warsaw: PIW, 1954. 4 vols.

———. *Satyry i listy*. Zbigniew Goliński, ed. Wrocław: Ossolineum, 1958, Biblioteka Narodowa, I, 169.

———. *Utwory wybrane*. Zbigniew Goliński, ed. Warsaw: PIW, 1980. 2 vols.

———. *Wybór liryków*. Sante Graciotti, ed. Wrocław: Ossolineum, 1985, Biblioteka Narodowa, I, 252.

    Cazin, Paul. *Le prince-évêque de Varmie Ignace Krasicki: 1735-1801*. Paris: Bibliothèque Polonaise, 1940.

    ———. *Książę Biskup Warmiński Ignacy Krasicki: 1735-1801*. Michał Mroziński, trans. Olsztyn: Wydawnictwo Pojezierze, 1983.

    Goliński, Zbigniew. *Ignacy Krasicki*. Warsaw: PIW, 1979.

    Piszczkowski, Mieczysław. *Ignacy Krasicki. Monografia literacka*. Cracow: WL, 1969.

    Welsh, David. *Ignacy Krasicki*. New York: Twayne Publishers, 1969.

    Wołoszyński, Roman. *Ignacy Krasicki. Utopia i rzeczywistość* Wrocław: Ossolineum, 1970.

Lubomirski, Stanisław Herakliusz. *Wybór pism*. Roman Pollak, ed. Wrocław: Ossolineum, 1953, Biblioteka Narodowa I, 145.

    Roszkowska, W., ed. *Stanisław Herakliusz Lubomirski*. Wrocław: Ossolineum, 1982.

Miaskowski, Kasper. *Zbiór rythmów znowu przez autora poprawionych, rozszerzonych i na dwie części podzielonych*. Jan Rymarkiewicz, ed. Poznań: Księgarnia Jana Konstantego Żupańskiego, 1855.

———. *Zbiór rytmów Kaspra Miaskowskiego*. Kazimierz Józef Turowski, ed. Cracow: Czas, 1861.

    Nieznanowski, Stefan. *O poezji Kaspra Miaskowskiego. Studium o kształtowaniu się baroku w poezji polskiej*. Lublin: Towarzystwo Naukowe Katolickiego Uniwersytetu Lubelskiego, 1965.

Morsztyn, Hieronim.

    Gömöri, Gyorgy. *Światowa rozkosz: Hieronim Morsztyn's Poetic Survey of Human Life*. Oxford: Oxford University Press, 1983.

Morsztyn, Jan Andrzej. *Utwory zebrane.* Leszek Kukulski, ed. Warsaw: PIW, 1971.
    Sokołowska, Jadwiga. *Jan Andrzej Morsztyn.* Warsaw: Wiedza Powszechna, 1965.
Morsztyn, Zbigniew. *Muza domowa.* Jan Dürr-Durski, ed. Warsaw: PIW, 1954. 2 vols.
_____. *Wybór wierszy.* Janusz Pelc, ed. Wrocław: Ossolineum, 1975, Biblioteka Narodowa, I, 215.
    Pelc, Janusz. *Zbigniew Morsztyn, arianin i poeta.* Wrocław: Ossolineum, 1966.
    _____. *Zbigniew Morsztyn na tle poezji polskiej XVII wieku.* Warsaw: Wiedza Powszechna, 1973.
    Welsh, David. "Zbigniew Morsztyn's Poetry of Meditation," *Slavic and East European Journal*, vol. ix no. 1, 1965, pp. 56-61.
Naborowski, Daniel. *Poezje.* Jan Dürr-Durski, ed. Warsaw: PIW, 1961.
_____. *Poezje wybrane.* Krzysztof Karasek, ed. Warsaw: LSW, 1980.
    Durr-Durski, Jan. *Daniel Naborowski. Monografia z dziejów manieryzmu i baroku w Polsce.* Łódź: Ossolineum, 1966.
    Freedman, John. "A Period of Transition, Baroque Humor in the Fraszki of Daniel Naborowski," *The Polish Review*, vol. xxxiii no. 4, 1988, pp. 447-455.
Naruszewicz, Adam Stanisław. *Satyry.* Stanisław Grzeszczuk, ed. Wrocław: Ossolineum, 1962, Biblioteka Narodowa, I, 179.
_____. *Liryki wybrane.* Juliusz W. Gomulicki, ed. Warsaw: PIW, 1964.
_____. *Poezje.* Warsaw: Czytelnik, 1975.
_____. *Poezye Adama Naruszewicza.* Jan Nep. Bobrowicz, ed. Leipzig: Breitkopf et Haertel, 1855.
    Aleksandrowicz, Alina. *Twórczość satyryczna Adama Naruszewicza.* Wrocław: Ossolineum, 1964.
    Platt, Julian. *Sielanki i poezje sielskie Adama Naruszewicza.* Wrocław: Ossolineum, 1967.
Niemcewicz, Julian. *Powrót posła oraz wybór bajek politycznych z epoki Sejmu Wielkiego.* Stanisław Kot, ed. Wrocław: Ossolineum, 1950, Biblioteka Narodowa, I, 4.
    Krzyżanowski, Ludwik, ed. *Julian Ursyn Niemcewicz and America.* New York: The Polish Institute of Arts and Sciences in America, 1961.

Potocki, Wacław. *Dzieła*. Leszek Kukulski, ed. Warsaw: PIW, 1987. 3 vols.

———. *Wojna chocimska*. Aleksander Brückner, ed. Cracow: Krakowska Spółka Wydawnicza, 1924, Biblioteka Narodowa, I, 75.

Kaczmarek, Marian. *Sarmacka perspektywa sławy: nad Wojną chocimską Wacława Potockiego*. Wrocław: Ossolineum, 1982.

Malicki, Jan. *Słowa i rzeczy. Twórczość Wacława Potockiego wobec polskiej tradycji literackiej*. Katowice: Uniwersytet Śląski, 1980.

Rej, Mikołaj. *Dzieła wszystkie*. Konrad Górski and Witold Taszycki, eds. Wrocław: Ossolineum, 1965, Biblioteka Pisarzów Polskich, B, 1, 14, 19.

———. *Figliki*. Maria Bokszczanin, ed. Julian Krzyżanowski, intr. Warsaw: PIW, 1970.

———. *Pisma wierszem*. Julian Krzyżanowski, ed. Wrocław: Ossolineum, 1954, Biblioteka Narodowa, I, 151.

———. *Zwierzyniec 1562*. Wilhelm Bruchnalski, ed. Cracow: Nakładem Akademii Umiejętności, 1895, Biblioteka Pisarzów Polskich, 30.

Brückner, Aleksander. *Mikołaj Rej. Człowiek i dzieło*. Lwów: H. Altenberg, 1922.

Krzyżanowski, Julian. *Mikołaja Reja "Krótka rozprawa" na tle swoich czasów*. Warsaw: PIW, 1954.

Starnawski, Jerzy. *Mikołaj Rej*. Warsaw: PIW, 1970.

———. *O "Zwierzyńcu" Mikołaja Reja z Nagłowic*. Wrocław: Ossolineum, 1971.

Weintraub, Wiktor. "The Paradoxes of Rej's Biography," *Indiana Slavic Studies*, vol. iv, 1967, pp. 215-237.

Sęp Szarzyński, Mikołaj. *Mikołaia Sępa Szarzyńskiego Rytmy abo wiersze polskie*. Po iego śmierci zebrane y wydane. Roku Pańskiego 1601. Paulina Buchwald-Pelcowa, intr. Warsaw: Czytelnik, 1978. Facsim.

———. *Rytmy oraz anonimowe pieśni i listy miłosne z XVI wieku*. Jerzy Sinko, ed. Cracow: Krakowska Spółka Wydawnicza, 1928, Biblioteka Narodowa, I, 118.

———. *Rytmy abo wiersze polskie*. Jadwiga Sokołowska, ed. Warsaw: PIW, 1957.

———. *Rytmy abo wiersze polskie oraz cykl erotyków*. Julian Krzyżanowski, ed. Wrocław: Ossolineum, 1973, Biblioteka Narodowa, I, 118.

Błoński, Jan. *Mikołaj Sęp Szarzyński a początki polskiego baroku.* Cracow: WL, 1967.

Gömöri, Gyorgy. "Baroque Elements in the Poetry of Mikołaj Sęp Szarzyński and Balint Balassi," *Slavonic and East European Review*, vol. xLvi no. 107, 1968, pp. 383-396.

Gruchała, Janusz S. *Mikołaj Sęp Szarzyński.* Wrocław: Ossolineum, 1987.

Mrówcewicz, Krzysztof. *Czemu wolność mamy?: antynomie wolności w poezji Jana Kochanowskiego i Mikołaja Sępa Szarzyńskiego.* Wrocław: Ossolineum, 1987.

Weintraub, Wiktor. "Some remarks on the Style of Mikołaj Sęp Szarzyński," *Festrschift fur Max Vasmer zum 70 Geburstag.* Margarete Woltner and Herbert Brauer, eds. Wiesbaden, 1956, pp. 560-569.

Szymonowic, Szymon. *Sielanki i pozostałe wiersze polskie.* Janusz Pelc, ed. Wrocław: Ossolineum, 1964, Biblioteka Narodowa, I, 182.

_____. *Sielanki.* Jacek Sokolski, ed. Wrocław: Ossolineum, 1985.

Świerczyńska, Dobrosława. *Przysłowia w "Sielankach" Szymona Szymonowica.* Wrocław: Ossolineum, 1973.

Trembecki, Stanisław. *Pisma wszystkie.* Jan Kott, ed. Warsaw: PIW, 1953. 2 vols.

_____. *Poezje wybrane.* Juliusz W. Gomulicki, ed. Warsaw: LSW, 1978.

Backvis, Claude. *Un grand poète polonais du XVIIIe siècle Stanislas Trembecki.* Paris: Bibliothèque Polonaise, 1937.

Rabowicz, Edmund. *Stanisław Trembecki w świetle nowych źródeł.* Wrocław: Ossolineum, 1965.

Węgierski, Kajetan. *Poezje wybrane.* Juliusz W. Gomulicki, ed. Warsaw: LSW, 1981.

_____. *Wiersze wybrane.* Juliusz W. Gomulicki, ed. Warsaw: PIW, 1974.

Zabłocki, Franciszek. *Pisma. Ody. Pasterki. Wiersze rozmaite. Pamflety polityczne wierszem i prozą Przekłady i naśladowania. Urywki różnych komedyi.* Bolesław Erzepki, ed. Poznań: Drukarnia Dziennika Poznańskiego, 1903.

Zimorowic, Bartłomiej. *Sielanki (1663).* Jan Łoś, ed. Cracow: Nakładem Akademii Umiejętności, 1916, Biblioteka Pisarzów Polskich, 71.

Zimorowic, Szymon. *Roksolanki.* Aleksander Brückner, ed. Cracow: Krakowska Spółka Wydawnicza, 1924, Biblioteka Narodowa, I, 73.

_____. *Roksolanki.* Leszek Kukulski, ed. Warsaw: PIW, 1981.